Theatr Y Gymraes

Byth Rhy Hwyr
Mefus
Mab

gan
Sera Moore Williams

Cyhoeddwyd gyntaf yn 2020
gan Honno
'Ailsa Craig', Heol y Cawl, Dinas Powys,
Bro Morgannwg, CF6 4AH

www.honno.co.uk

ISBN: 978-1-912905-31-7
e-lyfr ISBN: 978-1-912905-32-4

Llun y clawr: Mefus, Eisteddfod Bro Ogwr, 1998:
Carys Gwilym, Gwenllian Rhys
Ffotograffydd: Andy Freeman

Cysodydd: Olwen Fowler

THEATR
Y GYMRAES
Byth Rhy Hwyr,
Mefus, Mab

Sera Moore Williams

honno

Cynnwys

Rhestr o Luniau

Diolchiadau

Hoffwn ddiolch yn fawr iawn i'r Athro Lisa Lewis, Dr Gareth Evans a Sian Summers am eu cyfraniadau i'r gyfrol.

Diolch hefyd i bawb fu'n gysylltiedig â gwaith cwmni theatr Y Gymraes, ond yn benodol felly Andy Freeman fu'n gyd-sefydlwr ac yn gynhyrchydd a chynllunydd ar bob cynhyrchiad ac i'r actorion Gwenllian Rhys, Llinos Clwyd a Nia Samuel a fu'n ddigon dewr i gymryd rhan yng nghynhyrchiad cyntaf y cwmni.

Hoffwn ddiolch o galon i Honno am y cyfle i gyhoeddi y gyfrol hon a chydnabod yn benodol fy nyled i Jane Aaron, Wini Davies, ac i Rosanne Reeves am eu cymorth hael.

Diolch hefyd i Owain Kerton a Phwyllgor Ymchwil Cyfadran y Diwydiannau Creadigol, Prifysgol De Cymru am eu cefnogaeth.

Yn fwy na dim, fodd bynnag, hoffwn ddiolch i fy nheulu, fy ngŵr Andy, fy merched Malltwen a Saran, fy chwaer Teresa a'm diweddar Mam annwyl iawn am eu cefnogaeth frwd iawn i'r fenter ac am amynedd diddiwedd ambell un ohonynt.

Rhagair

Yn ôl ysgolheigion ffeministaidd mae tystiolaeth bendant ynglŷn â'r ffordd y mae cyfraniad menywod i ddrama, theatr a pherfformiad yn aml iawn yn cael ei hepgor, ei 'ysgrifennu allan', ei osod ar yr ymylon yn ddiwylliannol a'i wneud yn anweledig.[1] Gan hynny, yn ogystal â'r ffaith nad oes fawr o astudiaeth o hanes y theatr yng Nghymru sydd naill ai'n cydnabod neu'n cynrychioli gwaith ysgrifennu menywod ar gyfer y theatr Gymraeg, mae'r gyfrol hon yn ymdrech i gyfoethogi ychydig ar yr astudiaeth trwy ddogfennu rhai o destunau cwmni theatr Y Gymraes sydd heb eu cyhoeddi, eu gosod yn fras yng nghyd-destun theatr yng Nghymru yn y 1990au ac ystyried hefyd rai ymatebion i'r gwaith. Gwnaf hyn o safbwynt personol fel dramodydd/gyfarwyddwr â chefndir mewn theatr amgen, ffurf a dyfodd allan o wrthwynebiad i werthoedd theatr brif ffrwd ym Mhrydain yn yr 1960au a'r 1970au, yn aml yn wleidyddol ac yn gydweithredol ei hanfod ac yn archwilio ffyrdd newydd o greu ac o gyfathrebu gyda chynulleidfa.

Yn y cyfnod dan sylw, sef 1992–2001, yn ôl yr hyn a ddogfennir ar wefan 'theatre-wales', sydd yn debygol o fod yn gofnod anghyflawn, roedd y menywod canlynol, fel finnau, yn ysgrifennu dramâu yn Gymraeg: Branwen Cennard, Menna Elfyn, Ffion Emlyn, Mari Gwilym, Mair Gruffydd, Eirwen Hopkins, Geinor Jones, Valmai Jones, Gwen Lasarus, Miriam Llywelyn, Sharon Morgan, Mari Rhian Owen, Sian Summers, Angharad Tomos ac Iola Ynyr.[2]

Yn 1999 hola Gwenan M. Roberts yn y cyfnodolyn *Taliesin*:

Sawl awdur rhyddiaith benywaidd adnabyddus fedrwch chi eu henwi? Cwestiwn hawdd? Ydy siwr – y frenhines Kate, ac Angharad Tomos i enwi dim ond dwy sydd yn ymddangos ar ein cyrsiau coleg ni'n gyson. Manon Rhys hwyrach, Rhiannon Davies Jones, Jane Edwards, Meg Elis; mae 'na ddigon o enwau yn neidio i'r cof. Ac er fod barddoni eisteddfodol yn dal i fod yn faes gwrywaidd ar y cyfan, mi all pawb sy'n ymwneud â'r Gymraeg dwi'n siŵr adnabod gwaith Menna Elfyn, Nesta Wyn Jones, Angharad Jones ac eraill. Sawl dramodydd o ferch sy'n ymddangos ar y cwricwlwm? Dim un? Faint o ddramâu merched sydd wedi eu cyhoeddi dros y blynyddoedd? Ychydig iawn, yn enwedig yn y blynyddoedd *cost effective* diweddaraf. Ble mae llais y ferch yn ein theatr gyfoes? A oes, neu a fu, gan Gymru theatr ffeministaidd?[3]

Mae gan sawl un ohonom erbyn hyn gyrff o waith arwyddocaol ond serch hynny gellid dadlau nad ydym yn amlwg fel ag y mae dramodwyr gwrywaidd â chanddynt swmp cymharol o waith.

Erbyn 1992, yng nghyd-destun meithrin cynulleidfa Gymraeg ei hiaith, roeddwn yn gofidio nad oedd y Gymraeg yn ddigon presennol fel elfen o theatr oedd yn arbrofi gyda ffurf. Roedd Cwmni Cyfri Tri,[4] a ddefnyddiai straeon gwerin a cherddi a chaneuon, wedi dod i ben, ac er i Lis Hughes Jones, wrth sôn am sail gwaith Brith Gof,[5] esbonio bod dyn mewn argyfwng yn mynegi ei hun "mewn barddoniaeth, mewn cân, mewn ystum, mewn dawns ac mewn distawrwydd",[6] gellid dadlau erbyn y 1990au cynnar fod presenoldeb y Gymraeg yng ngwaith y cwmni, boed ar ffurf libretto, caneuon neu gerddi, yn aml yn cystadlu fel un elfen, gefndirol iawn ar adegau, o gynyrchiadau mawr aml-gyfrwng. Fel un o sefydlwyr Cwmni Cyfri Tri a chydweithiwr cyson gyda Brith Gof, yn credu bod celf oedd yn newid ac yn esblygu yn rhan o'r hyn sy'n galluogi i iaith a diwylliant ffynnu, a gyda'r awydd i barhau i arbrofi gyda llywio'r gynulleidfa i ystyried beth arall allasai theatr fod heblaw am gynyrchiadau confensiynol o ddramâu, roeddwn hefyd am i'r Gymraeg fod yn elfen fwy blaenllaw o'm gwaith i gwmni Y Gymraes. Roeddwn yn gobeithio y byddai fy ngwaith i'r cwmni yn rhan fechan o'r datblygiad theatr trwy gyfrwng y Gymraeg a oedd eisoes wedi (ac a oedd yn parhau i) symud i ffwrdd o ddarpariaeth un-gyfeiriog y theatr brif ffrwd.

Yn y gyfrol hon fe fyddaf yn rhoi cyd-destun i dri o destunau a ysgrifennwyd gennyf a fu'n sail i gynyrchiadau cwmni theatr Y Gymraes yn y cyfnod 1992–2001 gan adlewyrchu ar yr amgylchiadau fu'n sbardun i sefydlu'r cwmni ac ar y broses greadigol a esgorodd ar y testunau ysgrifenedig a'r cynyrchiadau o *Byth Rhy Hwyr* (1992), *Mefus* (1998), a *Mab* (2001) ac ymateb cynulleidfa iddynt.

Gan gyfeirio at *Byth Rhy Hwyr*, testun cyflwr y byd, byddaf yn rhoi cyd-destun i sefydlu cwmni Y Gymraes fel rhan o'r tirwedd o gwmnïau ac o waith theatr yng Nghymru ar y pryd. Byddaf yn defnyddio ffrâm ysgrifennu gan fenywod i ailymweld a myfyrio ar y broses o greu a chyflwyno *Mefus*, testun rwy'n ei ystyried yn sgil ei gynhyrchu, fel deuawd rhwng dwy berfformwraig, gyda'r geiriau yn gyfeiliant i'r symud. Gan gyfeirio at *Mab*, drama gomisiwn yr Eisteddfod Genedlaethol yn 2001 a luniwyd gennyf gyda'r gynulleidfa benodol honno mewn golwg ac sy'n deillio o'm profiadau o weithio gyda phobl ifanc ddifreintiedig tra'n Gyfarwyddwr Cyswllt yn Arad Goch,[7] ac o gydymdeimlo gyda'u diffyg llais, byddaf yn ystyried perthynas cynulleidfa Gymreig â'r cynhyrchiad o'r testun hwnnw ac eraill.

Yn anorfod ac yn anad dim mae'r testunau a'r cyd-destun a roddaf iddynt yn cyfeirio at y profiad diwylliannol o fod yn fenyw ac yn Gymraes a'r estheteg fenywaidd sydd yn cydnabod y corff benywaidd fel gwraidd creadigrwydd.

Rhan I

Y Cyd-destun

1. Sefydlu Y Gymraes

Ers oddeutu degawd cyn sefydlu cwmni theatr Y Gymraes roedd darpariaeth theatr gymharol eang yn bodoli tu allan i'r brif ffrwd yng Nghymru, yn deillio'n bennaf o'r wyth cwmni Theatr mewn Addysg (ThMA) a sefydlwyd ledled Cymru (gan ddechrau gyda Theatr Powys yn 1973), a'u cenhadaeth i gynnig darpariaeth nid yn unig mewn ysgolion, ond hefyd yn eu cymunedau a thu hwnt.[8] Deilliodd y symudiad ThMA ym Mhrydain o theatr y Belgrade yng Nghofentri yn 1965, gyda'r bwriad o geisio defnyddio theatr fel arf i ddylanwadu'n bositif ar addysg a chymuned y ddinas honno.[9] Yn ôl Eirwen Hopkins yn ei chyflwyniad i *Nid Ar Chwarae Bach*, mae ideoleg ThMA yn deillio o wrth-ddiwylliant yr 1960au a'r 1970au ym Mhrydain.[10] Roedd y ffurf yn rhyng-ddisgyblaethol, ac roedd yna reidrwydd, oherwydd bwriad ac amgylchiadau perfformio'r gwaith, i greu perthynas newydd rhwng actorion a chynulleidfa. Apeliodd y maes felly at ymarferwyr ifanc radicalaidd "oedd wrthi yn brysur yn creu meysydd celfyddydol amgen."[11] Efelychodd cwmnïau yng Nghymru uchelgais a methodoleg gwreiddiol y gwaith Seisnig, ond datblygwyd y cwmnïau ThMA cyntaf yng Nghymru fel cwmnïau annibynnol gan Adran Ddrama Cyngor Celfyddydau Cymru yn y 1970au, gyda'u strwythurau rheoli eu hunain, ac nid, fel yn Lloegr, yn gwmnïau o dan adain cwmnïau prif ffrwd. Wrth i'r cwmnïau ThMA yng Nghymru ddechrau derbyn arian gan y Swyddfa Gymreig i ddarparu yn y Gymraeg yn yr 1980au, daeth ymarferwyr ifanc a'u diddordeb yn hunaniaeth ac yn niwylliant Cymru (yn hytrach efallai na sosialaeth Brydeinig), yn rhan amlycach o'r maes. Erbyn 1987, wrth i'r mwyafrif o'r cwmnïau Cymraeg ymbellhau o'r ideoleg wreiddiol, a thynnu allan o'r *Standing Conference of Young People's Theatre*[12] a sefydlu cynhadledd Gymreig yn ei lle, symudodd y cwmnïau "ymaith o ddylanwad ehangach ThMA ym Mhrydain, a newidiodd y pwyslais o'r addysgiadol flaengar tuag at y theatraidd."[13] Dywed Eirwen Hopkins hefyd, oherwydd i ni weld gwaith rhyngwladol yn ymweld â Chymru yn ystod yr 1980au, fod diddordeb wedi codi ymysg ymarferwyr y cwmnïau ThMA "ym mhroses a disgyblaeth ysbrydol y grefft".[14]

Trwy adnabod eu cynulleidfaoedd milltir sgwâr, yn blant ac yn oedolion, esblygodd y cwmnïau ThMA yng Nghymru i wneud nid yn unig waith mewn ysgolion ond gwaith cymunedol (yn aml gydag agenda o ymyrraeth neu ysgogiad diwylliannol wrth ei galon, er enghraifft *Jeremiah Jones* gan Theatr Gorllewin Morgannwg),[15] ac yn ddiweddarch i ledaenu eu dalgylchoedd er mwyn dangos eu gwaith i gynulleidfaoedd ledled Cymru, ac ar brif lwyfannau yn ogystal â chanolfannau cymunedol. Gellid dadlau bod y cwmnïau hyn ar y pryd yn trin y cynulleidfaoedd cenedlaethol fel cynulleidfa leol ond ar wasgar. Roedd ethos y cwmnïau hyn yn gydweithredol, a'r gwaith yn aml yn waith dyfais, ond roedd y cwmnïau hyn hefyd yn comisiynu dramodwyr, ac yn wir gellid dadlau i'r cwmnïau fod yn gyfrifol i raddau helaeth am gynnal gyrfaoedd rhai dramodwyr amlwg sy'n ysgrifennu yn Saesneg megis Charles Way (a fu'n gysylltiedig â Theatr Gwent, Spectacle ac Hijinx),[16] a Greg Cullen (a fu'n ddramodydd preswyl gyda Theatr Powys yn 1983),[17] a gyda dyfodiad arian y Swyddfa Gymreig, iddynt fod yn gyfrifol am ddechrau comisiynu gwaith trwy gyfrwng y Gymraeg hefyd.

Erbyn y 1990au ariannu cwmnïau yn hytrach nag adeiladau theatr oedd ffocws Cyngor Celfyddydau Cymru: "From the annual report of 1992/93, it is notable that investment and development have taken place: in the repertory companies, in experimental work and in touring groups (twenty-two companies with recurrent funding)", meddai Anna-Marie Taylor,[18] ac roedd y prif theatrau, gafodd eu hadeiladu yn y 1970au, yn aml mewn lleoliadau ymhell o fwyafrif y boblogaeth, yn fwy-fwy dibynnol ar eu gallu i raglennu gwaith poblogaidd a fyddai'n cynnig gobaith o lwyddiant yn y swyddfa docynnau. Gellid dadlau, felly, nad oedd modd i theatrau Cymru fedru creu ecoleg i gynnal dramodwyr Cymreig boed yn y naill iaith na'r llall. Llwyddodd y cwmnïau llai, cyfrwng Cymraeg a dwyieithog, yn well, er i Nic Ros nodi fod colli nawdd cwmni theatr Hwyl a Fflag (1984–94), cwmni ysgrifennu newydd yn y gogledd, yn ogystal â'r nawdd i'w gŵyl flynyddol, *Codi'r Hwyl*, yn 1994, wedi gadael angen dybryd am gwmni a oedd wedi ymrwymo i ddatblygu a chyflwyno ysgrifennu newydd trwy gyfrwng y Gymraeg.[19] Gellid dadlau bod y math o ddramâu a ddatblygwyd gan gwmni Hwyl a Fflag o safbwynt yr arddull a chynnwys yn gymharol i ryw raddau â gwaith cymunedol y cwmnïau ThMA ac i raddau llai â'r model confensiynol prif ffrwd. Nid oedd gan gwmni Dalier Sylw (1988), cwmni ysgrifennu newydd deheuol a esblygodd erbyn 2000 i fod yn Sgript Cymru, fwy o sicrwydd o nawdd na Hwyl a Fflag, ond nid oeddent chwaith wedi eu cyfyngu gan berthynas gonfensiynol rhwng y testun, y gofod a'r gynulleidfa a berthyn i fodel theatr gonfensiynol orllewinol, a hynny o bosibl oherwydd dylanwad cyfarwyddwr artistig Dalier Sylw, Bethan Jones a'r cyfarwyddwr gwadd, Ceri Sherlock.[20]

Yn ogystal â gwaith radical y cwmnïau ThMA a'u datblygiad i fod yn gwmnïau teithio cymunedol, a gwaith y cwmnïau ysgrifennu newydd, daeth y gwaith theatr amgen, gorfforol, ddelweddol, ôl-ddramataidd, nad oedd yn ddibynnol ar gyflwyno testunau llenyddol dramataidd, ac a fodolai yn y brifddinas ers y 1970au, i'w benllanw yn yr 1980au a'r 1990au cynnar. Dywed Mike Pearson, yn ysgrifennu yn 1994, ei fod e'n ystyried perfformiad (theatr) yn fwy na llwyfannu drama ("not merely a set of operational devices and techniques for the staging and presentation of plays"). Aiff ymlaen i ddweud:

> It [performance] is manifest in space, time, pattern and detail and I can generate theatrical material in any of these axes. It is a sophisticated network of contracts – performer to performer, performer to spectator, spectator to spectator, signalling systems – kinesics (communicative body

movements), haptics (touch of self and others), proxemics (the relative distances of body to body) and space/time manipulations. And it is autonomous. Which is not to say I dismiss the verbal text. It simply becomes one element jostling to find a place within a matrix of physical action, music and scenography.[21]

Gyda chwmnïau megis Moving Being yn symud i Gaerdydd (1972), Cardiff Laboratory Theatre (1974) a Paupers Carnival (1975) yn sefydlu yng Nghaerdydd, a chwmnïau megis People Show, a The Welfare State/Welfare State International yn ymweld â Chapter a'r Sherman,[22] cafwyd dylanwad hirdymor ar y ddarpariaeth, nid yn unig o safbwynt sefydlu cwmnïau arbrofol Cymraeg megis Cwmni Cyfri Tri (1980) a Brith Gof (1981), ond o safbwynt ymwybyddiaeth fwy cyffredinol ymysg ymarferwyr a chynulleidfa o ehangder y modd posibl o gyfathrebu trwy gyfrwng theatr. Roeddwn i, fel amryw o'm cyfoedion, yn gyfarwydd â'r syniad o 'drydedd theatr', term a fathwyd gan Eugenio Barba i ddisgrifio theatr sydd ddim yn draddodiadol brif ffrwd, nac yn theatr arbrofol sy'n ymateb i gonfensiynau theatr draddodiadol brif ffrwd, ond yn hytrach yn fath newydd o theatr gyda'i gwraidd a'i harferion ei hun, ac roedd chwilio am y gwreiddioldeb hwn yn atyniadol. Cyfoethogwyd ystod theatr trwy gyfrwng y Gymraeg gan sawl ffactor: gwaith cynnar y cwmnïau amgen, cysylltiad uniongyrchol aelodau nifer o gwmnïau theatr megis Cwmni Cyfri Tri yn gynnar yn eu gyrfaoedd ag ymarferwyr dylanwadol o'r tu hwnt i Brydain, megis Eugenio Barba a Jaques Lecoq, ac yn ddiweddarach effaith unigolion fel Mike Pearson, un o sefydlwyr Cwmni Labordy Caerdydd a chwmni theatr Brith Gof, a ddylanwadwyd gan waith Jerzy Grotowski, a fu mewn cysylltiad â Barba ac a fu'n ddiweddarach yn Athro Astudiaethau Perfformio ym Mhrifysgol Aberystwyth.[23] Cafodd ei theatr ddylanwad mawr ar genhedlaeth o ymarferwyr, gan fy nghynnwys i, ac mae'r sgil-effeithiau yn parhau.

Wrth sôn am ymweliad cwmni Eugenio Barba, Odin Teatret, â

Chymru yn 1980 dywed Anna-Marie Taylor fod gwaith y cwmni o bwysigrwydd i'r rhai ohonom oedd â diddordeb yn y profiad dramataidd Cymraeg am ddau reswm:

First in a linguistically divided culture, it offered a working practice that was not based on a word-bound literary theatre. Furthermore the roots of the group's practice lay in the dramatic expression of folk and non-Western cultures. Odin stood outside the European mainstream associated with the political and cultural hegemony of metropolitan centres such as Paris, Berlin and London.[24]

Gyda chymaint o gyfoeth o ddylanwadau ar waith ymarferwyr a chwmnïau bychain yng Nghymru, erbyn i'r drafodaeth am greu Theatr Genedlaethol Cymru (2003) gyrraedd ei hanterth felly, roedd carfan yn ystyried bod y casgliad o gwmnïau bychain, a wasanaethai bob rhan o Gymru, eisoes yn creu naratif diwylliannol cenedlaethol a negyddai yr angen i greu un cwmni penodol. Yn ôl Roger Owen, ffynnodd y cwmnïau hyn "yn y bwlch a adawyd gan Gwmni Theatr Cymru" ers 1982, gyda'u dylanwadau amrywiol wedi eu haddasu a'u cymhathu i anghenion Cymru.[25]

Er gwaethaf y sefyllfa led iachus o safbwynt trywydd ac argaeledd theatr trwy gyfrwng y Gymraeg ar ddechrau'r 1990au, yn y blynyddoedd yn arwain at sefydlu Y Gymraes yn 1992 roedd y rhan fwyaf o gyfarwyddwyr cwmnïau yng Nghymru yn ddynion. Tim Baker oedd cyfarwyddwr Theatr Gorllewin Morgannwg (1984–97) cyn mynd yn Gyfarwyddwr Cyswllt Theatr Clwyd; Mike Pearson oedd cyfarwyddwr Brith Gof (1981–97), a Jeremy Turner oedd yr enw cysylltiedig â Cwmni Cyfri Tri (1980–89) er i Christine Watkins a minnau fod yn gyd-gyfrifol am sefydlu'r cwmni ac am greu pob elfen o'r gwaith. Turner hefyd oedd cyfarwyddwr olaf Theatr Crwban cyn i'r cwmni asio gyda Cwmni Cyfri Tri i greu Arad Goch (1989) o dan ei gyfarwyddyd, ac yn gwmni sy'n parhau hyd heddiw. Dyfan Roberts a Mei Jones oedd yr enwau amlwg yn

Bara Caws,[26] er bod Valmai Jones, Catrin Edwards, Sharon Morgan a Iola Gregory yn gyd-gyfrifol am sefydlu'r cwmni (1977) a chreu y gwaith. Wyn Williams, Wyn Bowen Harris a Gruff Jones oedd y cyfarwyddwyr a gysylltir yn bennaf â Hwyl a Fflag (1984–94) a Graham Laker oedd y cyfarwyddwr a gysylltir â Theatr Gwynedd (1990–97). I actor ar ddechrau'r 1990au (boed mewn theatr, teledu neu ffilm yn Gymraeg), dyn fyddai'n debygol o fod yn gyfrifol am gyflogi neu beidio, a dyn fyddai'n arwain y gwaith. Siôn Eirian, Gareth Miles a Meic Povey oedd y dramodwyr cyfoes amlwg, gyda Wil Sam, John Gwilym Jones, Gwenlyn Parry a Saunders Lewis yn cynrychioli'r traddodiad dramayddol. Nid oedd un ferch â chanddi broffil amlwg fel dramodydd yn ysgrifennu yn y Gymraeg, ond mae'n amlwg nad dim ond yn y Gymraeg yr oedd argyfwng o safbwynt presenoldeb gwaith ysgrifennu merched fel rhan o'r canon. Noda Gilly Adams, yng nghyd-destun Made in Wales, cwmni ysgrifennu newydd dan ei chyfarwyddyd a sefydlwyd yn Theatr y Sherman yn 1981, bod y dramodwyr a gomisiynwyd yn cynnwys Roger Stennett, Alan Osborne, Ed Thomas, Tim Rhys, Ian Rowlands, Greg Cullen, Frank Vickery, Laurence Allan, Dic Edwards, Charles Way a Tony Conran. Ychwanega, 'Regrettably, there has been a lack of major work by female playwrights.'[27]

Yn ôl Elaine Aston roedd ymdeimlad fod y theatr yn Lloegr yn wynebu argyfwng ar ddechrau'r 1990au oherwydd y diffyg cymharol o ddrama newydd, ond roedd gobaith y byddai'r ffrwydriad o ddrama a ysgrifennwyd gan fenywod yn Lloegr yn y 1980au (nad oedd wedi digwydd yng Nghymru) yn parhau i mewn i ddegawd olaf y ganrif ac yn achub y sefyllfa.[28] Beth a ddigwyddodd yn Lloegr fodd bynnag, a'r hyn a gafwyd tua chanol y 1990au, oedd llith o ddramâu 'In Yer Face' gan ddynion ifanc yn bennaf, er bod dramâu rhai menywod fel Sarah Kane a Phyllis Nagy yn cael eu hystyried fel rhan o'r symudiad yma hefyd.[29] Roedd y math yma o theatr, fel mae'r term yn ei awgrymu, yn ymosodol, yn diystyru gofod personol, ac yn gorfodi cynulleidfa i brofi, mewn modd agos at yr asgwrn, wleidyddiaeth bywyd bob dydd y cyfnod ôl-Thatcheraidd hunanol. Roedd y gwaith yn ddinesig i raddau helaeth, y defnydd o iaith yn ffiaidd, y themâu yn heriol (yn aml yn rhywiol) ac o safbwynt gwleidyddiaeth rhywedd yn gadael y 'new man' yn yr wythdegau. Y prif themâu oedd y gwryw a'r gwrywaidd wedi ei ddisodli. Tybed na ellid dadlau, fodd bynnag, fod gwaith Sarah Kane a rhai o ddramodwyr 'In Yer Face' eraill Lloegr yn ymdrech i atgyfodi ysgrifennu dramataidd pan oedd drama efallai yn cael ei hystyried yn gynyddol fel ffurf oedd wedi chwythu ei phlwc o ran cyfathrebu â chenhedlaeth newydd a fynychai'r theatr, ac yn cael ei disodli felly gan theatr wedi ei chreu heb ddramodydd? Nid wyf yn cofio bod yn ymwybodol o drywydd y gwaith Seisnig, ond roeddwn yn yr un cyfnod â'r gwaith 'In Yer Face' yn Lloegr, hefyd yn ail-gysylltu gyda thestun dramataidd. Yr her a osodais i mi fy hun o'r dechrau oedd i geisio creu pont rhwng yr amgen a'r dramataidd trwy gynnig profiad cymharol gyfarwydd i gynulleidfa gan ddefnyddio deialog a iaith gyfarwydd, tra'n ceisio disodli ffurf ddramataidd. Credaf efallai bod ymarferwyr amgen eraill y bûm yn gweithio gyda hwy wedi ystyried fy menter fel cam yn ôl (tuag at waith prif ffrwd) o safbwynt f'ymarfer. Yr oeddwn hefyd, er o ogwydd gwahanol iawn i'r gwaith 'In Yer Face', yn archwilio effaith disodli'r gwrywaidd, gan ganolbwyntio ar effaith hynny ar y berthynas rhwng dynion a menywod, yn fwyaf amlwg efallai yn y testun *Trais Tyner* (1994), ac yna eto yn *Morforwyn* (1999). (Hyd yn hyn nis cyhoeddwyd un o'r dramâu yma.) Yn *Trais Tyner*, sy'n fwy o 'ddrama' nag unrhyw un o'r testunau cynnar eraill efallai, mae tair cenhedlaeth o fenywod – Nain, Mam a Merch – yn dod ynghyd pan fo'r ferch a'i gŵr yn ceisio datrys problemau yn eu perthynas. Mae Nain yn fam i Mam, fu'n briod â Llew. Mae'r ddwy wedi marw ond yn arsylwi (yn yr un gofod) y cyfarfod rhwng y ferch ifanc a'i gŵr. Mae'r ddrama yn archwilio gwleidyddiaeth perthynas gydradd rhwng gwryw a benyw.

NAIN: Wel man's man oedd Llew. Dim doubt am hynny.

MAM: Dim eich teip chi o man Mam! Man mawr, man cryf.

NAIN: Fatha dy dad.

MAM: Yn eich breuddwydion chi ia?

NAIN: Be?

MAM: Allai ddim credu bod eich cof chi mor wael Mam fel bo chi ddim yn cofio maint eich gŵr eich hun!

NAIN: Dwi'm isio siarad am y peth ... Paid ti â meiddio ...

MAM: Be wnewch chi? N'ôl y wialen fedw? 'Da chi'n ei chofio hi?

NAIN: Ddoth hi 'rioed i lawr oddi ar y wal.

MAM: 'Sa chi'm 'di gwybod be i neud efo Llew Mam. Dyn go-iawn, baw ar 'i ddwylo fo, drewi o chwys ffos ceiniog a dima. Am dyna be es i i chwilio. Dim cyfathrebu, dim ond yn y gwely a minna'n licio hynny. (WRTH Y FERCH) Goelie ti? Little old me!!! Anodd dychmygu tydi? SAIB. Dim fanna ma'r ateb i'ch problema chi gyd ... yn anffodus ... ond mae o'n sbort trio, neu mi oedd o i ddechra. 'Sa chi 'rioed 'di' ddal o'n cwcio Mam.

NAIN: Fi oedd yr unig gwc yn tŷ ni hefyd.

MAM: O, ia. Ddwedsoch chi. Na' llnau, na' golchi na' smwddio. Na' (AM Y FERCH) cymryd cyfrifoldeb am ei mhagu hi.

NAIN: Ar fynwes Mam mae'r magu gorau. Dim lle dyn ydi ...

MAM: Fe ro'n i'n arfer credu hyna.

MERCH: (WRTH EI GŴR) Dwyt ti ddim yn gwisgo dy fodrwy di.

DYN: O'dd hi'n brifo mys i.

Yn *Morforwyn* rwy'n dewis arbrofi mewn modd ymwybodol gyda defnydd pwrpasol iawn o iaith (gymharol) gref. Mae *Morforwyn* wedi ei gosod mewn tafarn ar lan y môr, ac yn seiliedig ar chwedlau a storïau am forforynion ac felly ar natur perthynas grym, ar berthynas merched a dynion, ac ar ddiffyg llais a diffyg rhyddid. Defnyddiais iaith gref mewn un olygfa yn unig. Roedd effeithiolrwydd yr iaith yn deillio nid yn unig o'i lleoli yn ofalus ond hefyd o'r ffaith ei bod yn dod o enau merch ifanc, brydferth, a'r bwriad, fel ym mhob un o destunau Y Gymraes, oedd pryfocio a herio a cheisio tynnu sylw'r gynulleidfa at y profiad o wylio, a thrwy hynny at ddealltwriaeth fod pob ffurf (beth bynnag y bo) yn effeithio ar gyfathrebu cynnwys – ac nad ydi hi byth yn ddim ond mater o gymeriadau yn siarad â'i gilydd (er bod naturiolaeth fel sail i ysgrifennu theatr brif ffrwd wedi ein harwain i gredu hynny).

Yn y dyfyniad isod o *Morforwyn* mae'r cymeriadau Ffion (merch ifanc) a Llŷr (morwr)[30] yn ffraeo. Ymhlyg yn y ddeialog, sy'n ymdrech amlwg i beidio cefnu yn llwyr ar 'ddrama', mae fy rhwystredigaeth fel ymarferydd theatr sy'n ymdrechu i newid agweddau tuag at beth y gallasai theatr fod:

F: Elli di byth â stico neges mewn potel sy' 'di ffycin torri elli di? Fydd e'm yn cyrredd 'na fydd e? Ffycin sens yn deud 'na yn 'dyw e? O's sens i ga'l 'da ti? O's e? Iwsia dy ffycin sens ta wnei di, os o's ffycin sens i ga'l! Elli di byth a stico neges mewn potel sy' 'di ffycin torri elli di? Fydd e'n ffycin suddo yn bydd e?

Ll: Ella ond …

F: (YN DYNWARED) "Ella"? Do's dim ffycin "ella" am byti fe! Stica di neges mewn potel sy wedi torri a bydd e'n ffycin sinco lawr at y mwd a'r rubbish a'r ffycin drewdod, dim byd sicrach, a fydd e'm yn cyrredd wedi'ny fydd e?

Ll: Ella.

F: Ella? D'yw neges mewn potel ddim ffycin iws i neb os nad yw e'n ffycin cyrredd odyw e? (CHWERTHIN) Ffycin hel. Ffycin hel! D'yw neges mewn ffycin potel

ddim yn mynd i gyrredd eniwei odyw e? Bydde fe'm
yn ffycin cyrredd eniwei! D'yw e ddim fel mynd â
llythyr i'r ffycin post odyw e?

Ll: S'raid i ti regi?

F: Oes ffycin oes oes oes mae'n raid i mi! Ond sdim raid
ti wrando o's e? Wi'm 'di gwerthu ffycin tocynne! Cer
bant os nag 'y ti isie gwrando. Free country yn d'yw
e? Taflud ffycin potel i'r môr!

Ll: 'Sdim angen

F: E?

Ll: 'Sdim isio.

F: Be?

Ll: Rhegi. 'Sdim isio nag oes?

F: Pwy ffwc wyt ti i ddweud ... oes ffycin oes oes oes ma'
isie ... pwy wyt ti i ddweud 'tho fi sut i siarad? E?

Ll: 'Sa pawb yn deud r'un peth wrtha ti.

F: (YN ATEB EI CHWESTIWN EI HUN) Ffwcin neb
dyna pwy.

Ll: 'Sdim byd gwaeth na dynas yn rhegi.

F: O's mae! Lot o bethe gwaeth i ti gael ffycin deall. Lot
fawr o bethe ffycin gwaeth.

Ll: Dim i fi.

F: Wel ffycin biti drosto ti felly.

Ll: Os ti'n deud.

F: Biti drosto chi gyd, y no-brains, knob-heads ddiawl.
MAE LLŶR YN YMOSOD HEB GYFFWRDD Â HI,
OND DIM OND JUST METHU HI MAE O.
Ffyc off wnei di!

Rwy'n tybio bod *Morforwyn* yn fwy heriol i'r gynulleidfa theatr
draddodiadol Gymreig oedd yn mynychu popeth (oherwydd ei fod
yn Gymraeg), nag oedd y gwaith 'In Yer Face' i gynulleidfaoedd

theatr a fyddai wedi dewis mynychu y math yna o theatr yn benodol yn ninasoedd Lloegr gan ddisgwyl cael eu herio. Fy arbrawf yn *Morforwyn* oedd herio elfen o'r gynulleidfa a oedd, yn fy nhyb i, yn geidwadol barchus ac yn ystyried mai perfformiad o waith llenyddol gorffenedig oedd theatr. Des yn llwyr ymwybodol am y tro cyntaf o faint yr her yr oeddwn wedi ei gosod i'r gynulleidfa wrth wylio *Morforwyn* gyda fy rhieni fel rhan o gynulleidfa reit niferus yn Theatr y Werin, Aberystwyth, a theimlo yn anghyfforddus drostynt. Bûm yn dyst hefyd i aelodau o gynulleidfa yn gadael yn ystod yr olygfa uchod yn Theatr Mwldan, Aberteifi, eto mewn cynulleidfa niferus, gan dderbyn galwad ffôn y diwrnod canlynol gan un aelod o'r gynulleidfa, estron llwyr, oedd wedi gadael yn ystod yr olygfa uchod, yn datgan na fyddai byth yn mynychu y theatr eto, wedi gweld *Morforwyn*! Petai hi wedi aros i weld gweddill y cynhyrchiad fe fyddai wedi sylweddoli nad oedd defnydd o iaith gref yng ngweddill y ddrama. Roeddwn yn falch o fod wedi ennyn ymateb eithafol, ond ar yr un pryd, yn y foment, yn pryderu am yr effaith a gawsai ar unigolion. Er bod y cynulleidfaoedd yn gymharol niferus i *Morforwyn,* mae'n anodd fel cynhyrchydd gwaith yn Gymraeg i beidio â theimlo yn bersonol gyfrifol am bresenoldeb arfaethedig pob un aelod posibl o gynulleidfa ar gyfer pob un cynhyrchiad theatr Cymraeg yn y dyfodol. Efallai fod yr ethos mamol, y syniad o ofalu am y gynulleidfa, sy'n rhan o'r broses ThMA, yn ddylanwad cryf arnaf, ond gellid dadlau hefyd efallai ein bod yn gyffredinol euog o fod wedi bod yn rhy ofalus o'r gynulleidfa cyfrwng Cymraeg oherwydd ein bod (yn wahanol i ymarferwyr yn gweithio yn Saesneg) yn teimlo cyfrifoldeb tuag at barhad yr iaith, a'n bod felly trwy ein gofal wedi ei chadw yn gynulleidfa yn ei phlentyndod. Mae'r tensiwn rhwng y cyfrifoldeb i beidio dieithrio cynulleidfa a'r awydd i arbrofi ac i herio cynulleidfa yn un real ac anodd i ymarferwyr sy'n gweithio trwy gyfrwng y Gymraeg.

Erbyn 1992, roeddwn yn gyfarwydd iawn â chyd-greu a pherfformio gwaith theatr heriol o safbwynt ffurf, i gynulleidfa

Gymreig. Roedd y cwmnïau y bûm yn bennaf gysylltiedig â hwy ers 1980 yn creu gwaith nad oedd yn deillio o ddrama destunol er bod ffurfiau eraill ar destun yn aml yn elfen o'u gwead. Defnyddiwyd *Y Gododdin* gan Aneirin, er enghraifft, yng nghynhyrchiad Brith Gof, *Gododdin* (1988); fe wnes i greu monologau i Mary Shelley yng nghynhyrchiad y cwmni o *Haearn* (1992); a gweithiais ar addasu fersiwn Don Taylor o *Merched Caerdroia* (*Ewripides*) ar gyfer eu cynhyrchiad *Cusanu Esgyrn* (1994). Wrth sôn yn benodol am ysgrifennu drama mae Anwen Jones yn trafod cysyniad Raymond Williams ynglŷn â "structure of feeling", sy'n disgrifio'r modd y bydd "artistiaid yn ymateb i ddiffygion o safbwynt ffurf a chonfensiynau drama nad ydynt yn gallu mynegi neu gario cynnwys cyfredol. Eu hadwaith yw creu ffurfiau newydd sy'n adlewyrchu anghenion y gynulleidfa yn hytrach na thraddodiadau'r ddrama fel ffurf ar gelfyddyd."[31] Roedd y cwmnïau y bûm yn gysylltiedig â nhw yn sicr yn chwilio am ffurfiau mwy addas er mwyn cyfathrebu cynnwys cyfoes yn well trwy gyfrwng theatr, ac yn ôl Elaine Aston, mae damcaniaeth Raymond Williams ynglŷn â thorri gyda thraddodiad diwylliannol, a chwilio am batrymau, arddulliau ac estheteg newydd fel ymateb i ddiwylliant dominyddol, yn berthnasol i theatr ffeministaidd hefyd.[32]

Roedd fy mhrofiadau i o fod yn rhan o waith a geisiai ddarganfod ffurf newydd yn cynnwys cynyrchiadau megis *Blodeuwedd* di-eiriau, awyr agored (Theatr Labordy Caerdydd, Eisteddfod Genedlaethol Caernarfon, 1979); *Manawydan*, gwaith corfforol heb eiriau, gyda chaneuon gan Lis Hughes Jones, cyd-sefydlwr y cwmni (Brith Gof, 1982); sawl cynhyrchiad dyfeisiedig gan Gwmni Cyfri Tri mewn safleoedd megis ffeiriau a thafarndai yn ogystal â theatrau ac ysgolion, gyda'r defnydd o farddoniaeth, caneuon gwerin a storïau gwerin (1980–85); a chynyrchiadau graddfa-fawr safle-benodol ac aml-gyfrwng Brith Gof, *Gododdin* (1988), *Pax* (1991) a *Haearn* (1992), gyda libretto gan Lis Hughes Jones, a monologau gennyf i. Nid dramâu neu ddylanwadau eraill o Loegr oedd yn bwydo'r gwaith y bûm yn rhan ohono ond yn hytrach gwaith ymarferwyr megis Jerzy Grotowski ac Eugenio Barba, a chysylltiad uniongyrchol â chwmnïau wedi'u dylanwadu gan ffurfiau perfformio byd-eang.

Newidiodd Brith Gof gyfeiriad mewn modd eithafol ar ddiwedd yr 1980au. Dyma Roger Owen yn disgrifio'r newid trywydd: "drastically revising the nature of its output by abandoning the creation of single works which contained a direct reference to the Welsh cultural tradition, and turning instead to an elongated project consisting of 'radically unfinished' pieces, which commenced with *The Disasters of War* (1988), and was followed by *Pax* (1991) and *Arturius Rex* (1993)." Aiff Owen ymlaen i ddweud:

> These changes came in response to a changed economic and social climate under Thatcherism, which the company felt was in danger of compromising its operation, and so it sought a more radical theatrical aesthetic with which to arm its audience against the vicissitudes of the age. Coupled with a move from its original base in Aberystwyth to Cardiff, this change brought Brith Gof's work to a new, urban, English-speaking audience; but in the opinion of many, it also broke the company's contract with the largely Welsh-speaking audience which had backed its early work.[33]

Mae'r defnydd o'r gair 'contract' yn ddiddorol yma gan fod y cysyniad o gytundeb yn un pwysig hefyd mewn ThMA, fel sail i'r ymddiried rhwng y gynulleidfa a'r perfformwyr. Efallai bod fy ymwybyddiaeth o'r cytundeb hwnnw wedi gwneud ymateb rhai aelodau o'r gynulleidfa i *Morforwyn* yn fwy anodd i mi. Gellid dadlau fy mod wedi anwybyddu'r cytundeb arferol rhwng cynhyrchydd a chynulleidfa Gymraeg draddodiadol. Serch hynny, gweithio gyda chynulleidfa (heb fod hynny'n negyddu yr hawl i'w herio) oedd fy niddordeb – nid dim ond arddangos 'dramâu' iddynt.

Erbyn diwedd 1990, wedi'm sbarduno gan newid mewn amgylchiadau personol (yn briod ers Ebrill 1987, ac yn fam ers Mehefin 1990), ond hefyd gan yr hyn yr oeddwn i fel eraill yn ei ystyried fel cam gwag o safbwynt datblygiad y theatr yng Nghymru, sef diffyg argaeledd gwaith cyfredol Brith Gof (y bûm yn rhan mor frwdfrydig ohono) i'r gynulleidfa Gymraeg, dechreuais ar lwybr personol newydd. Cefais fy nghyflogi fel cyfarwyddwr cyswllt ar *Pax* (1991), gan Brith Gof, yn Aberystwyth a Glasgow ac yna fel cyd-gyfarwyddwr gyda Mike Pearson a Clifford McLucas ar *Haearn* (Tredegar, 1992). Ond gweithiais hefyd i Theatr Clwyd fel cyfarwyddwr tri phrosiect i ysgolion sef *Ffair* (1991), cynhyrchiad wedi ei ddyfeisio, *Gormod o Ddim* (1993) gan Iola Ynyr, drama fuddugol cystadleuaeth Medal Ddrama Eisteddfod yr Urdd yn 1992, ac yna fel dramodydd/gyfarwyddwr *Cyfrinachau* (Gorffennaf 1994). Fe'm comisiynwyd fel dramodydd am y tro cyntaf, fodd bynnag, yn 1991 gan Theatr Iolo (cyfarwyddwr Kevin Lewis) a Theatr Gwent (cyfarwyddwr Gary Meredith) i ysgrifennu drama ar gyfer ysgolion cynradd De Morgannwg a Gwent. Roedd gan y ddau gwmni staff sefydlog di-Gymraeg, ond o dderbyn nawdd gan y Swyddfa Gymreig roedd modd iddynt ddechrau darparu, ar y cyd, waith trwy gyfrwng y Gymraeg mewn ysgolion cynradd yn y ddwy sir. Ysgrifennais *Gwreiddiau* (taith Chwefror 1992) ac fe ddaeth ail gomisiwn ar ei hôl, *Yn Y Gorlan* (taith 1993), eto ar gyfer ysgolion cynradd. Dechreuais fy ngyrfa fel 'dramodydd', felly, fel rhan o'r sefyllfa gyflenwi galwad a fodolai ar y pryd yng Nghymru, gyda chwmnïau (a chanddynt arddull benodol) yn comisiynu dramâu ar gyfer eu cynulleidfaoedd penodol. O weithio fel dramodydd yn y modd hwn, ond hefyd (ac yn anarferol felly) yn cael y cyfle i gyfarwyddo fy nramâu fy hun (oherwydd bod diddordeb gan y cyfarwyddwyr ThMA yn fy nghefndir mewn theatr amgen, rwy'n credu), cefais gyfle i arbrofi nid yn unig gyda chreu testunau gwreiddiol dramataidd (hynny yw, yn cynnwys deialog a naratif, her, argyfwng a datrysiad), ond hefyd gyda chyfuno'r testun hwnnw gydag arddull berfformio gorfforol oedd yn gyfarwydd iawn i mi. Roeddwn yn gyfarwydd â syniadaeth 'theatr dlawd' Grotowski, o theatr a oedd yn hepgor popeth ond yr hyn a oedd yn hanfodol i'w bodolaeth, sef y berthynas fyw rhwng actor a gwyliwr:

> By gradually eliminating whatever proved superfluous, we found that theatre can exist without make-up, without autonomic costume and scenography, without a separate performance area (stage), without lighting and sound effects etc. It cannot exist without the actor-spectator relationship of perceptual, direct, "live" communion. This is an ancient theoretical truth, of course, but when rigorously tested in practice it undermines most of our usual ideas about theatre. It challenges the notion of theatre as a synthesis of disparate creative disciplines – literature, sculpture, painting, architecture, lighting, acting (under the direction of a metteur-en-scène). This "synthetic theatre" is the contemporary theatre which we readily call the "Rich Theatre" – rich in flaws.[34]

Yn ôl Grotowski roedd y theatr gyfoes 'synthetig' yn defnyddio pob math o dechnolegau i gystadlu gyda theledu a ffilm, ond ni fyddai byth yn ennill y gystadleuaeth honno. Roedd Grotowski yn cynnig felly y syniad o theatr dlawd. Er nad oedd ThMA yn deillio o ddisgyblaeth wedi ei chanoli ar hyfforddiant corfforol a lleisiol actor, roedd elfennau o syniadaeth y theatr dlawd yn gweddu'n berffaith iddi, ac yn rhan o arfer y cwmnïau. Roeddwn hefyd yn gyfarwydd ag arddull gwaith Brecht, ac roedd elfennau ohono, er enghraifft y dechneg o ddieithrio,[35] hefyd yn rhan o arddull theatr mewn addysg. Roedd creu gwaith ble roedd disgwyl i'r gynulleidfa weithio yr un mor galed â'r perfformwyr yn ystod perfformiad yn hollol naturiol mewn cyd-destun ThMA ac roeddwn yn gweld bod potensial o safbwynt creu gwaith testunol – gan ddefnyddio iaith gyfarwydd i bob pwrpas – ond gydag arddull gyflwyno llai cyfarwydd, a fyddai'n herio cynulleidfa o oedolion yn yr un modd.

Roeddwn am greu gwaith ble byddai cynulleidfa o oedolion yn sylweddoli eu bod, wrth fynychu digwyddiad theatraidd, yn rhan o broses o archwilio, yn union fel roedd cynulleidfaoedd o blant eisoes yn sylweddoli, gan greu gofod dramataidd fel "lle dychmygus, ble mae'r gweithgarwch yn digwydd" fel y'i disgrifir gan Ioan Williams.[36] Y diddordeb pennaf i mi oedd creu cytundeb newydd gyda chynulleidfa lle roedden nhw'n bresennol ar y cyd gyda'r perfformwyr, yn y foment, ac mewn modd dwysach na'r arfer.

Ysgrifennais *Gwreiddiau* (1991) fel ymateb i'r brîff i annog plant i gymryd diddordeb yn hanes eu teuluoedd ac annog trafodaeth yn eu mysg am Gymru a Chymreictod. Roedd y ddrama yn trafod hanes teulu estynedig (dychmygol) â'u gwreiddiau yn ne Cymru, teulu gyda chof mor wael fel eu bod nhw'n methu darganfod eu ffordd adref ar ôl mynd am dro flynyddoedd yn ôl. Er bod cymeriadau gwrywaidd yn y ddrama, penderfynais ddefnyddio arddull glownio ar gyfer y cynhyrchiad er mwyn gallu cyfiawnhau castio'r pump perfformiwr gorau a fyddai'n dod i'r clyweliadau, yn hytrach na chastio i ryw. Tra bod hyn yn benderfyniad naturiol iawn i mi (yn deillio o'm profiadau o berfformio mewn cynyrchiadau lle nad oedd rhywedd y perfformiwr yn ffactor), roedd yn tanseilio'r syniad o 'wirionedd' cymeriadau a'r confensiwn o gastio i deip. Nid wyf erioed wedi cael fy narbwyllo gan y syniad bod modd i ddramodydd lwyddo i greu cymeriadau 'crwn', ys dywedir, rhai gorffenedig, cig a gwaed ar bapur, a bu hyn yn un maen tramgwydd amlwg wrth geisio ymroi i broses gonfensiynol ddramatwrgaidd o ddatblygu gwaith yn ddiweddarach yn fy ngyrfa, ac i lwyddiant cynyrchiadau o'm gwaith dan gyfarwyddyd eraill. Rwy'n nodi, er enghraifft, mewn ymateb i holiadur am waith Y Gymraes yn 1994, fy mod, wrth greu *Byth Rhy Hwyr* "yn chwilio am arddull sy'n emosiynol fanwl heb fod yn gorfforol naturiolaidd".[37] Yn deillio o'm cefndir mewn ThMA a gwaith amgen, roedd perfformwyr mewn perfformiad yn hytrach nag actorion mewn rôl – y syniad bod perfformiwr bob amser yn ymwybodol o'r gynulleidfa, ac felly yn gweithio gyda hwy, gan gynrychioli yn hytrach na llwyr ymgorffori cymeriad mewn amser, lleoliad a sefyllfa – yn syniad mwy diddorol o lawer i mi, ac mae hynny'n parhau.

Cynrychioli cymeriadau yw rôl perfformwyr yn fy ngwaith i. Menywod oedd y pump perfformiwr gorau, yn fy marn i, ar y diwrnod clyweld ar gyfer *Gwreiddiau*, ac felly pump menyw a gastiwyd.

O fod wedi arfer gyda gweithio o dan gyfarwyddyd dynion, ac ar waith theatr wrywaidd ei naws a gwrywaidd o safbwynt proses e.e. *Gododdin* Brith Gof (1989),[38] roeddwn, heb fwriadu, wedi creu gweithle yn llawn menywod, ac roeddem i gyd yn cydnabod fod awyrgylch yr ystafell ymarfer yn wahanol i'r profiad arferol, a'r teimlad o berchnogaeth o'r gwaith yn wahanol hefyd. Yn sgil trafodaethau am rwystredigaeth ynghylch y diffyg cyfleoedd i weithio mewn modd ystyrlon hyd eithaf ein gallu fel menywod sy'n ymarferwyr theatr, a'r rhyddhad yr oeddem yn ei deimlo o gael cyfle i wneud hynny, penderfynasom geisio gweithio gyda'n gilydd eto.[39] Ar ddiwedd y prosiect dechreuais ysgrifennu nid i brîff y tro hwn, ond oherwydd 'mod i eisiau ac angen gwneud. Fel perfformiwr roeddwn yn gyfarwydd â'r cysyniad o 'waith personol' a anogir gan Eugenio Barba, hynny yw, o weithredu yn ddefodol er mwyn ceisio dod o hyd i fodd o fod yn bresennol ac o ddarganfod 'gwaith'. Rhoddais fy ffydd yn y broses honno gan ysgrifennu yn ddefodol heb wybod pam, ond o gredu y byddwn trwy wneud y gwaith yn darganfod fy llwybr. Nid wyf fel arfer yn ymuno â grwpiau a chymdeithasau ond bûm yn ffodus yn y cyfnod yma i gael fy mherswadio i ymuno yn rheolaidd â grŵp o fenywod oedd yn ysgrifennu yn Aberystwyth o dan arweiniad y dramodydd Lucy Gough,[40] a chael fy hun am gyfnod yn rhan o gymuned yr oeddwn yn gyfforddus i fod yn rhan ohoni ac ar ddechrau cyfeillgarwch hir-oes a chyd-gefnogol gyda dramodydd arall. Roedd gwerth y grŵp yma, a drafodai waith ein gilydd mewn modd anffurfiol ond difrifol, yn amhrisiadwy i mi o safbwynt dilysu fy hun fel dramodydd mewn hinsawdd ble roedd gwaith yn brin, dramodwyr benywaidd yn gymharol brin, a chyfleoedd i ddramodwyr benywaidd gynhyrchu gwaith yn fwy prin eto.

Boed yn addysgiadol, yn gymunedol, yn arbrofol neu'n gwmnïau ysgrifennu newydd, roedd y rhan fwyaf o'r cwmnïau yng Nghymru yn cyflogi staff sefydlog neu'n gweithredu fel 'ensemble' llac o gyfranwyr penodol, ac felly roedd cyfleoedd (digon i gynnal gyrfaoedd) i eraill (yn wryw neu benyw) yn brin, er bod cymaint o waith yn cael ei greu. Nid oes rhyfedd, felly, i'r dramodwyr Ian Rowlands (Theatr y Byd), Ed Thomas (Y Cwmni) a Sharon Morgan (Rhosys Cochion) sefydlu cwmnïau annibynnol er mwyn gallu cynhyrchu eu testunau eu hunain (er i Rowlands gyflwyno gwaith eraill hefyd), a 'mod innau wedi sefydlu Y Gymraes.[41]

Cyflwynais gais am nawdd prosiect i Gyngor Celfyddydau Cymru, ac o ganlyniad perfformiwyd *Byth Rhy Hwyr*, cynhyrchiad cyntaf Y Gymraes, wedi ei ysgrifennu a'i gyfarwyddo gennyf i, i gynulleidfa fechan yn Neuadd y Buarth, Aberystwyth, yn ystod Eisteddfod Genedlaethol Aberystwyth (1992). Cafwyd £5000 o nawdd i dalu am gast o dair (fu yn *Gwreiddiau*), sef Nia Samuel, Gwenllian Rhys a Llinos Clwyd, cynllun gan Andy Freeman, fy nghymar a'm cydweithiwr ar holl brosiectau Y Gymraes (yn gyd-sefydlydd y cwmni ac yn gynhyrchydd pob prosiect yn ogystal â chynllunydd), a gwisgoedd gan Edwina Williams Jones. Cyfuniad o'r cwmni gwreiddiol hwnnw, ac o berfformwyr eraill (gwryw a benyw), y cerddor Nic Jones, a thechnegwyr llawrydd fu Y Gymraes wedi hynny.

Rhwng 1992 a 2002, cynhyrchwyd y gwaith canlynol gan Y Gymraes:

Byth Rhy Hwyr (1992): Eisteddfod Aberystwyth (Awst 7–8); Neuadd Llangernyw (Rhagfyr 2); Neuadd Goffa y Felinheli (Rhagfyr 3); Neuadd Goffa Talybont (Rhagfyr 4); Neuadd Derfel, Llandderfel (Rhagfyr 5); Tŷ Tawe, Abertawe (Rhagfyr 10); Neuadd Llangathen, ger Llandeilo (Rhagfyr 11); a Chanolfan Chapter, Caerdydd (Rhagfyr 14).

Trais Tyner (1994) Neuadd Ddinesig, Llandeilo (Chwefror 1); Ysgol Gyfun Llanhari (Chwefror 2); Ysgol Maes Garmon,

Yr Wyddgrug (Chwefror 3); Neuadd John Phillips, Bangor (Chwefror 4); Arad Goch, Aberystwyth (Chwefror 6); Clwb y Bont, Pontypridd (Chwefror 10).

Mae Siân yn Gadael Cymru (1996): Festri Capel y Tabernacl, Ffair Fach, yn ystod Eisteddfod Llandeilo (Awst 5–9).

Mefus (1998): Chapter, Caerdydd, Eisteddfod Pen-y-Bont (Awst 5–7); Theatr y Werin, Aberystwyth (Chwefror 22); Theatr Ardudwy, Harlech (Chwefror 23); Theatr Twm o'r Nant, Dinbych (Chwefror 25); Theatr Taliesin, Abertawe (Chwefror 28); Canolfan Chapter, Caerdydd (Mawrth 1–2).

Morforwyn (1999): Theatr Gwynedd, Bangor (Mawrth 17–18); Theatr Mwldan, Aberteifi, Theatr Felinfach (Mawrth 2–21); Canolfan Chapter, Caerdydd (Mawrth 23–24); Theatr y Werin, Aberystwyth (Mawrth 25).

Mab (2001), mewn cydweithrediad â Sgript Cymru: Ysgol Brynhyfryd Rhuthun, yn ystod Eisteddfod Sir Ddinbych a'r cyffiniau (Awst 6–10); Canolfan y Celfyddydau Aberystwyth, (Tachwedd 7); Theatr Felinfach (Tachwedd 9).

Son (2002), cyfieithiad o *Mab*, gŵyl a chynghrair ASSITEJ, Seoul, De Korea (Gorffennaf 20).

Cynyddodd nawdd Cyngor y Celfyddydau i Y Gymraes o flwyddyn i flwyddyn trwy gydol hanes y cwmni, er na fu'r nawdd erioed yn sylweddol. Talodd yr Eisteddfod y ffi gomisiynu am *Mab* ac roedd nawdd y Cyngor Celfyddydau i gynhyrchu a theithio'r gwaith (gyda chymorth gweinyddol Sgript Cymru) oddeutu £40,000. Enillodd *Mab* y wobr am y Cynhyrchiad Cymraeg Gorau yng Ngwobrau Theatr Cymru yn 2001 ar ôl chwarae i theatrau gorlawn yn yr Eisteddfod Genedlaethol ac ar daith fer.

Cafodd pob un o weithiau Y Gymraes, heblaw am *Mae Siân yn Gadael Cymru* (1996) eu hysgrifennu cyn dechrau gweithio gyda pherfformwyr ar gynhyrchiad, a heblaw am *Mab* (2001), eu hysgrifennu yn gyflym dros gyfnod o oddeutu mis. Heblaw am *Mab*, a gafodd ei chomisiynu trwy broses gystadleuol o gynnig syniadau, doedd dim proses ymlaen llaw o orfod dwyn perswâd ar neb am ganiatâd i wneud y gwaith (heblaw bod angen gwneud cais am nawdd). Nid oedd chwaith broses o gyflwyno drafftiau, na dramatwrgiaeth o unrhyw fath arall. Yn sgil hynny roeddwn i'n teimlo perchnogaeth lwyr, ond hefyd gyfrifoldeb llwyr.

Dim ond nawr, yn y gyfrol hon, y mae rhai o destunau Y Gymraes wedi eu cyhoeddi gan mai cwmni a ddibynnai ar nawdd prosiect oedd Y Gymraes a doedd dim arian yn ein cyllidebau tyn iawn (roeddem yn dibynnu yn aml ar ffafrau) ar gyfer cyhoeddi. Gellid dadlau fod pwysigrwydd cyhoeddi yn cael ei amlygu drwy wrthgyferbynnu ymwybyddiaeth ryngwladol o un o'm dramâu, *Crash* (2008), sydd wedi ei chyhoeddi (er nad yw'n perthyn i'r un cyfnod ac efallai fod hynny'n arwyddocaol) gyda'r diffyg ymwybyddiaeth llwyr o destunau Y Gymraes nas cyhoeddwyd.[42]

Er y gellid dadlau mai gan ddynion oedd mwyafrif y grym amlwg (ac felly'r cyfleoedd a'r llais) yn y theatr yng Nghymru ar ddechrau'r 1990au, nid oeddwn yn unigryw o bell ffordd fel menyw yn cyflwyno *Byth Rhy Hwyr* yn yr Eisteddfod Genedlaethol yn Aberystwyth (1992). Yn ôl Paula Griffiths roedd llu o waith benywaidd, neu waith "gydag ymwybyddiaeth fenywaidd gref" wedi ei berfformio yr wythnos honno, gan gynnwys *Canu o Brofiad* (Magdalena), *Y Forwyn Goch* (Menna Elfyn, cynhyrchiad Dalier Sylw, dan gyfarwyddyd Bethan Jones), *Yn Ein Dwylo* (drama fuddugol y Fedal Ddrama gan Pam Palmer,[43] cynhyrchiad Arad Goch), *Canu Llywarch Hen a Heledd* (myfyrwyr adran ddrama Prifysgol Aberystwyth, dan gyfarwyddyd Lisa Lewis) a *Chwiorydd* (dosbarth oedolion, Ysgol Glanaethwy), ynghyd â *Byth Rhy Hwyr* (Y Gymraes). Dywedodd Paula Griffiths mewn adolygiad yn *Y Cymro*,

Yn y cynyrchiadau hyn (dim ond cyfran o'r hyn oedd ar gael) yr hyn oedd yn ddiddorol oedd y broses o hyfforddi actorion (*Canu o Brofiad*, *Canu Llywarch Hen*), y dewrder artistig (*Canu o Brofiad*, *Canu Llywarch Hen*, *Byth Rhy Hwyr*), yr addewid o ddawn i greu drama (*Y Forwyn Goch*, Menna Elfyn; *Byth Rhy*

Hwyr, Sera Moore Williams) a'r amrywiaeth o ddylanwadau theatrig sydd ynghlwm wrth y cynyrchiadau, theatr gymunedol, theatr mewn addysg a cabaret comedi arallfydol. Yng nghanol hyn i gyd cawsom ddelweddiaeth cryf, dychmygus a heriol o fenywod mewn bywyd a theatr.[44]

Roedd tipyn o ddiwygiad ar droed yn 1992 felly.

Noda Elaine Aston bod yna mewn dramâu gan fenywod yn yr 1990au "an emergent urgency and concern for the child (literally and metaphorically) at risk in a world where feminist agency is lost to the individualist, materialist principles of late twentieth-century capitalism".[45] Gwelaf fy ngwaith fy hun yn y cyd-destun hwnnw, gyda genedigaeth fy mhlentyn cyntaf (Malltwen Gwladys, Mehefin 1990) yn brofiad corfforol ysgytwol, yn newid byd anferthol, ac yn sbardun creadigol personol. Yn y rhan o destun *Byth Rhy Hwyr* a ddyfynnir isod, gwelir Llinos (rhan a berfformiwyd gan Llinos Clwyd) yn ceisio dyfalu, gan gyfeirio at y gorffennol, pwy fydd/yw y plentyn yn ei breichiau, a thrwy hynny beth fydd cyflwr y byd yn y dyfodol.

Mae poster *Byth Rhy Hwyr*, sef ffotograff wedi ei gymryd gan ei thad o Malltwen yn fabi yn eistedd ar garthen brethyn Cymreig, gyda chwpan babi yn ei dwylo, a bwyd babi mewn 'tin' wrth ei thraed, yn syllu ar ddelwedd o blentyn bach arall yn newynu ar sgrîn deledu, yn fy atgoffa o'r pethau yr oeddwn yn ceisio gwneud synnwyr ohonynt ar y pryd, ynghyd â'r naid enfawr o fod yn berson annibynnol i fod yn rhan o gwpl, ac yna'n gyfrifol wedyn am fywyd arall.

Fel ymarferydd theatr roeddwn eisoes ers oddeutu deng mlynedd wedi bod yn rhan o fyd ble roeddwn yn aml oddi cartref ac ynghanol bwrlwm creadigol, ond ers dod yn fam i blentyn ifanc roeddwn yn treulio'r mwyafrif o'm hamser adref (mewn tŷ teras bychan yn Nhalybont, Ceredigion), ac er cymaint fy mwynhad o fagu fy mhlentyn – uchafbwynt fy mywyd heb unrhyw amheuaeth fu magu fy mhlant – roeddwn mewn sefyllfa ddomestig ynysig.

Doedd dim gorthrwm o gwbl yn fy mherthynas, i'r gwrthwyneb, ond teimlais fy niffyg llais i'r byw yn y cartref ac yn y byd, ac yn enwedig felly wrth wrando ar ddynion yn siarad am ryfel wrth i ffrind teuluol, oedd yn galw bron yn ddyddiol tra roeddwn yn feichiog, siarad yn ddwys gyda'm gŵr am Ryfel y Gwlff (1990–91) wrth i Irac ymosod ar Kuwait. Wrth ailymweld â'm testunau mae'n amlwg fy mod i wedi bwydo fy mhrofiad yn uniongyrchol i mewn i'm hysgrifennu.

> Llinos: Mae'r tŷ ma'n rhy fach i dderbyn ymwelwyr. Tydi?
> Yn enwedig dynion.
> Yn enwedig dynion sy'n anghytuno am bethau.
> T'isio cysgu cariad?
> Tydi creu rhyfeloedd ddim yn ddigon yn nac 'di?
> Mae'n rhaid trafod pob bwled pob bom.
> Maen nhw bron â'm 'myddaru.
> Tyrd yma at Mami.
> Dwi'n fud yn eu cwmni.
> Yndw, cofia.
> Mae eu lleisiau nhw'n treiddio.
> Tyrd at Mami i ti gael cysgu.
> Mae eu presenoldeb nhw'n treiddio i bob twll a chornel.
> (YN RHYTHMIG IAWN O NAWR YMLAEN)
> Mae o rhwng pob carreg o waliau'r tŷ,
> Wedi'i sathru i'r carped, yn dringo'r llenni,
> O dan y clustogau, sh-sh, rhwng y cynfasau, i fyny'r simne. Mae o ar y teledu. Ydi. (SAIB)
> Mae o'n llain ar y llestri. Dwi'n ei smwddio fo mewn i'n dillad glân ni. Ydw. (SAIB)
> Cysga rŵan. Dwi'n siŵr fy mod i.
> (YN ÔL I RHYTHM SIARAD NATURIOL)
> Tydw i byth yn cyfrannu, i'r dadlau a'r dadansoddi.
> Dwi'n mygu.
> Mae'r tŷ 'ma'n bendant yn rhy fach. (tt. 110–111)

Unwaith 'mod i'n fam roedd f'ofnau yn ymwneud â dyfodol fy mhlentyn. Roeddwn yn teimlo mai dynion oedd yn gyfrifol am greu rhyfeloedd ac fy mod i, fel y byddai fy merch (a phob mam a merch arall), yn ddi-rym o safbwynt hynny.

Llinos: Do'n i erioed wedi meddwl rhyw lawer am ryfel tan
          i mi gael babi. Ac wedyn dyma fi'n sylweddoli na
          fyddwn i byth yn profi heddwch eto.(t. 106)

Roedd diffyg llais yr unigolyn mewn cymdeithas, ac yn enwedig felly leisiau menywod, wrth galon *Byth Rhy Hwyr*. Roeddwn eisoes ers rhai blynyddoedd wedi bod yn ymchwilio yn ysbeidiol (heb gynllun pendant) fywyd a marwolaeth Hilda Murrell, garddwr adnabyddus oedd hefyd yn ymgyrchydd yn erbyn ynni ac arfau niwclear, a ddarganfuwyd wedi ei llofruddio yn 1984. Dim ond yn 2003 y cafodd yr achos ei ail-agor ac i ddyn lleol (oedd yn 16 oed adeg y llofruddiaeth) gael ei ddedfrydu i garchar, er bod amheuaeth o hyd am y canlyniad hwnnw. Roedd rhai yn crybwyll i Murrell gael ei llofruddio gan y wladwriaeth am wrthwynebu adeiladu Sizewell B (ail adweithydd niwclear gafodd ei godi'n ddiweddarach yn Suffolk, rhwng 1988 ac 1995), neu bod rhyw gysylltiad rhwng ei llofruddiaeth hi a suddo'r Belgrano yn ystod rhyfel y Malvinas (digwyddiad a gysylltwyd â nai Murrell).[46] Roeddwn wedi treulio ychydig amser mewn ystafell ymarfer gyda'r ddawnswraig a'r coreograffydd Margaret Ames yn archwilio posibliadau perfformiadol yr hanes yma ond heb lwyddo i ddatblygu unrhywbeth penodol. Erbyn 1991 roeddwn yn cysylltu llofruddiaeth Murrell â'r ffaith ei bod hi wedi mynnu defnyddio ei llais, a defnyddiais fanylion ei llofruddiaeth (y modd y gorweddai corff Murrell pan ddarganfyddwyd hi yn ôl nodiadau'r heddlu) fel mantra sy'n adeiladu yn ei fanylder wrth gael ei ailadrodd ar lafar ac yn gorfforol droeon yn *Byth Rhy Hwyr*:

Gwen: Mae menyw oedrannus, gwyn ei chroen,
        Yn gorwedd ar ei hochr dde,
        Y fraich dde wedi plygu o flaen y corff

Y fraich chwith yn gorwedd tu ôl i'r corff.
Y goes dde wedi plygu ychydig
Ac yn gorwedd o dan
Y goes chwith. (tt.119, 127)

Rwy'n ymwybodol nawr wrth ailymweld â'r testun fy mod, trwy dynnu sylw at gorff drylliedig menyw oedrannus dro ar ôl tro ac yn gynyddol fanwl, a thrwy greu coreograffi o symudiadau wedi eu perfformio gan gyrff benywaidd i gynrychioli'r llofruddiaeth, nid yn unig yn crybwyll diffyg statws menywod yn y byd ond yn defnyddio llofruddiaeth y corff benywaidd fel symbol hefyd o drallod y byd. Roedd y manylion llwm am y corff hwnnw yn ddychryn i mi. Dyma ddistewi llais benywaidd mewn modd hollol derfynol a di-drugaredd. Mae Mair Rees yn ei chyfrol *Y Llawes Goch a'r Faneg Wen* yn nodi bod Hélène Cixous yn *Le Rire de la Méduse* (1975)[47] yn gweld "cysylltiad agos rhwng y ffordd y mae cyrff menywod a'u hysgrifennu, fel ei gilydd, wedi cael eu darostwng."[48] Teimlaf bod gwirionedd hynny wedi ei adlewyrchu yn fy awydd i ysgrifennu yn y cyfnod yma o 'mywyd ac (yn anymwybodol felly) yn y testun hefyd.

Serch y byd yr oeddwn yn byw ynddo, roeddwn eisiau i ddiweddglo *Byth Rhy Hwyr* fod yn un gobeithiol, ac yn fwy na dim roeddwn am iddo fod yn un positif i fy merch ac i'm mam. O stori yn y testun ynglŷn â fy mam (Olwen Moore Williams) a minnau, y daeth y gobaith hwnnw, a theitl y testun:

Gwen: (WRTH LLINOS) Y'ch chi? Barod?
(MAE'R TAIR YN PARATOI)
"Wyddost ti be leiciwn i wneud rŵan" medda hi.
"Rhedeg" (MAE GWEN YN RHEDEG YN YR UNFAN) "Mae'r awyr 'ma mor iach, a'r lle 'ma mor dawel, ac wel ... gwag! Fasa 'na neb yn ein gweld ni! Ti'n gêm?" Ac i ffwrdd â ni, carlamu fatha dau filgi ... ond bo' ni law yn llaw!

Rhedeg. Efo'r gwynt yn ein dyrnau, tuag at y tonnau, tan bo' rhaid i mi stopio. Ond fe gariodd hi mlaen i

redeg ... yn mynd fatha corwynt ... tan iddi hi
gyrraedd y dŵr. Mi'r oedd hi'n fyr ei hanadl, ond
ddim felly chwaith, pan ddalies i i fyny efo hi. "Ew
ti'n gwybod be" medda hi, "mae'n rhaid rhaid fod 'na
ddeugain mlynedd wedi mynd heibio ers i mi redeg!"
(MAE LLINOS A NIA'N RHEDEG YN YR UNFAN)
Dychmygwch! Blynyddoedd o fihafio, mynd i'r
swyddfa mewn siwt a sodlau, cadw ei hun at ei hun,
peidio rhoi lle i neb achwyn, dilyn y patrwm yn
wasaidd ac wedyn, mwyaf sydyn, yn drigain oed, y
munud iddi hi riteirio, sylweddoli bod ganddi hi'r
hawl, ei bod hi'n rhydd i wneud a deud, heb sôn am
feddwl, beth bynnag pryd bynnag, pryd bynnag fod yr
awydd yn taro. Yn drigain oed! "Wnes i enjoio hynny"
medda hi, "wnest ti?" "Do," medda fi. "Do mi wnes i".
(tt. 104–5, 131)

Caiff y stori ei hailadrodd ar ddiwedd y ddrama, ond gyda'r
ychwanegiad:

"Dwi'n mynd i brynu sgidia rhedeg" medda hi "o'r
'catalogue'. Achos tydi hi byth yn rhy hwyr yn nac
ydi?" "Nac 'di," medda fi. "Tydi hi byth rhy hwyr.
Nac 'di". (t. 131)

Mae'r cyfrifoldeb o greu diweddglo sy'n crybwyll, trwy ei adael
yn ben agored, bod yna bosibliadau, bod yna obaith, yn nodwedd
o'm gwaith fel ag y mae o waith ThMA, ond credaf hefyd tra bod
ysgrifennu gwrywaidd yn debygol o gynnig thesis gyda dadl ac
ateb neu ddatrysiad pendant, bod ysgrifennu benywaidd yn fwy
tebygol o ofyn cwestiwn neu gwestiynau heb gynnig y datrysiad.
Mewn ThMA mae'r diweddglo yn ben agored er mwyn ysgogi mwy
o feddwl ac o drafod ac o wneud penderfyniadau ar sail ymateb
unigol. Ysgrifennu am hualau cymdeithas ac am ddiffyg llais yr
unigolyn yr ydw i bob amser, er i'r ffocws ar lais y fenyw mewn
cymdeithas, sydd yn amlwg yn *Byth Rhy Hwyr*, newid wrth i'm

gofyn a barn yn cael ei gynnig am y cyflwr o fod yn Gymraes. Daw rhywfaint o berthynas rhwng y creaduriaid yn amlwg, ond trwy ysgrifennu o amgylch y storïau y digwyddodd hynny ac nid trwy wneud penderfyniadau am gymeriadau ymlaen llaw.

Roedd cynulleidfa gyntaf Y Gymraes yn fechan, ond ar sail ymateb positif iawn bu modd sicrhau nawdd i deithio *Byth Rhy Hwyr* i ganolfannau cymunedol. Roedd trefnu i Y Gymraes deithio, gyda fawr ddim cyllid, a heb arbenigedd gweinyddol neu farchnata, yn anodd. Y weithred greadigol bersonol oedd prif sbardun fy ngwaith gydag Y Gymraes, ac er fod gennyf hefyd arddeliad (wedi ei ddarganfod tra'n astudio Drama ym Mhrifysgol Aberystwyth, 1977–80, a'i gynnal trwy flynyddoedd o weithio fel ymarferydd arbrofol) dros yr angen i ddatblygu gwaith theatr blaengar yng Nghymru ac yn benodol ar gyfer cynulleidfaoedd Cymraeg eu hiaith, roedd creu a chynnal cynulleidfa i gwmni teithiol yn waith a fynnai ddiddoreb a sgiliau gwahanol i'm rhai i. Roedd hyn yn broblemus o'r dechrau gan fod llwyddiant unrhyw waith, unwaith bod yr ymateb cyntaf i newydd-deb y gwaith yn pylu, yn cael ei fesur gan y Cyngor Celfyddydau mewn termau ariannol, sef ar sail sawl tocyn oedd yn cael ei werthu mewn sawl perfformiad. Nid gwaith cymunedol ynghlwm wrth ardal benodol oedd gwaith Y Gymraes (mae'n dristwch i mi 'mod i ddim yn teimlo fod gen i wreiddiau cryf mewn unrhyw ardal), ac nid cwmni ag iddo gyllid a alluogai deithio oeddem ni chwaith – doedd gennym ni ddim gofod, dim swyddfa, dim cerbyd, dim offer a dim staff, heblaw am y cyfnodau byr iawn, wythnosau yn unig, pan roeddem yn cynhyrchu gwaith. Roedd yr hyn a ddywed Ed Thomas mewn cyfweliad gyda Hazel Walford Davies wrth son am Y Cwmni, "We are in fact not a company, but a rag-bag of individuals"[50] (er bod gan Y Cwmni weinyddydd llawn amser mae'n debyg), yn wir hefyd am Y Gymraes. Dod at ein gilydd yn ysbeidiol yr oeddem, pawb â'i yrfa ei hun i'w gynnal weddill yr amser. Wedi deall, yn rhy hwyr efallai, pa mor amhosibl oedd ceisio dynwared y modd yr oedd cwmnïau eraill, mwy o faint, yn gweithredu, daethom i'r casgliad mai'r datrysiad i ni oedd i berffomio yn bennaf yn ardal yr Eisteddfod Genedlaethol, gan fod canran uchel o'n darpar gynulleidfa'n debygol iawn o fod yno. Nid wyf yn eisteddfodwraig naturiol, nid wyf yn gyfforddus gyda pherfformio fy Nghymreictod yn y modd yna, ac felly mae'n eironig i mi (ac rwy'n mwynhau eironi) mai'r Eisteddfod (sydd hefyd gellid dadlau yn sefydliad gwrywaidd), oedd cartref naturiol Y Gymraes.

Wrth geisio marchnata gwaith Y Gymraes, ffeministiaeth oedd agenda'r cyfryngau yn gyffredinol, oherwydd mai cwmni o fenywod oedd yn amlwg yn y creu ac yn perfformio, ac ar y cyfan roedd gogwydd y cyfryngau ar ffeministiaeth yn un negyddol dirmygus; agwedd a ddeuai i'r amlwg yn y cyfryngau wrth drafod theatr arbrofol hefyd, fel y dengys ymateb Lis Jones i adolygiad a llythyrau yn y wasg am berfformiad o *Manawydan* (Brith Gof, 1982). Dywed Jones,

> Dylid cofio mai dim ond traddodiad cymharol ddiweddar, a hynny yn y Gorllewin, sydd y tu ôl i drin drama fel llenyddiaeth, a dylid gofyn faint o brofiad dynol sy'n cael ei golli, ei ddibrisio, trwy geisio ei wasgu i mewn i fframwaith y ddrama resymegol. Nid syndod yw cael beirniaid ac adolygwyr yn drysu wrth geisio disgrifio a dehongli perfformiad fel *Manawydan* fel pe bai'n ddrama yn y traddodiad llenyddol. Os taw geiriau yw eich bara, gall perfformiad sy'n dodi cymaint o bwyslais ar iaith y corff ag ar iaith yr ymennydd ymddangos yn amhosibl.[51]

Roedd cynnwys gwaith Y Gymraes yn ffeministaidd ond nid mewn modd hunanymwybodol sosialaidd ond yn hytrach yn ddiwylliannol radicalaidd.

Wrth sôn am theatr ar ddiwedd yr ugeinfed ganrif, dywed Ioan Williams,

> Whilst earlier writers ultimately sought forms of closure that celebrated the inter-dependence of identity and social

practice, cemented by language, dramatists writing as the millennium turned tended to interpret cultural practice and tradition as restrictive and oppressive mythology. For example, both Ed Thomas and Gareth Miles, the former primarily through the medium of English, the latter through Welsh, developed iconoclastic analyses of current mythologies valid across traditional cultural and linguistic boundaries. Simultaneously, gender issues brought together the English-language group Man Act and the feminist Magdalena project (both formed from within Cardiff Laboratory Theatre) with the Welsh-language company Y Gymraes, set up by Sera Moore Williams after initial experience with Cwmni Cyfri Tri and several years as an actress with Brith Gof.[52]

Roeddwn yn aml (yn llwfr efallai) yn defnyddio'r cymal, "o safbwynt benywaidd", wrth ddisgrifio'r gwaith, a hynny dim ond er mwyn osgoi y sgwrs am ffeministiaeth gydag amryw o gyflwynwyr radio neu deledu oedd ddim â'r diddordeb lleiaf mewn difrif. Dywed y dramodydd Charlotte Keatley[53] mewn ymateb i gwestiwn am pam yr oedd hi wedi dweud unwaith nad oedd ei drama *My Mother Said I Never Should* (1985) yn ddrama ffeministaidd, ei *bod* yn ddrama ffeministaidd wrth gwrs, ond hefyd:

I like the word 'female'. It feels like some things are older than 'feminist'. I mean, people have been making theatre for thousands and thousands of years and if you can start to make theatre in which not just the verbal language, but the physical language, the imagery, the place, the subtext are true to ourselves, then that's 'female' if you like rather than feminist.[54]

Roedd fy ngwaith innau, wrth reswm, yn ddrych ar gyflwr benywaidd. Roedd y cynnwys yn codi'n naturiol o'r bywyd roeddwn yn ei fyw. Roedd gen i rywbeth i'w ddweud am y cyflwr dynol (mae gan bawb), ond y modd o'i ddweud oedd yn fy niddori i. Ffurf oedd fy mhrif ddiddordeb. Creu theatr, nid theatr ffeminyddol, oedd fy niddordeb, ac arbrofi gyda chyfuno elfennau o gyfathrebu cyfarwydd ac anghyfarwydd (i rai) mewn modd a fyddai'n herio confensiwn y brif ffrwd wrywaidd.

Bu cyfraniad nifer o fenywod i sefydlu cwmnïau theatr Cymraeg cyn i mi sefydlu Y Gymraes, yn rhan bwysig, ac eto anhysbys i bob pwrpas, o hanes y theatr yng Nghymru. Ymysg y merched hyn yr oedd Sharon Morgan, Valmai Jones, Iola Gregory (Bara Caws), Eirwen Hopkins (Y Frân Wen), Lis Hughes Jones (Brith Gof), Christine Watkins (Cwmni Cyfri Tri) a Bethan Jones (Dalier Sylw). Doedd gen i ddim dyhead i greu cwmni, heb sôn am gynllun i greu cwmni a fyddai'n endid sefydlog, a dim ond er mwyn gallu derbyn nawdd prosiect (i dalu cyfranwyr) y cofrestrwyd Y Gymraes fel cwmni gyda Thŷ'r Cwmnïau. Sefydlwyd y cwmni, nid er mwyn creu swyddi, patrwm rheolaidd o weithio a modd o ennill cyflog rheolaidd, ond er mwyn gweithio pan oedd yr awen yn gryf. Er fod y cysyniad o awen yn un rhamantus (heblaw ei fod ynghlwm wrth y gwaith o farddoni) roedd datgan bod Y Gymraes ddim ond am weithio pan roedd yr awen yn gryf yn ddatganiad didwyll ar y pryd. Credaf fy mod ar y pryd yn ceisio perchnogi angen greddfol (yn hytrach nag angen ymarferol i ennill cyflog) fel man cychwyn ar gyfer creu gwaith celfyddydol. Yn y cyfnod hwn roedd proses nawdd 'prosiect' Cyngor Celfyddydau Cymru yn galluogi gweithredu'n weddol gyflym i wireddu gwaith gan fod modd sicrhau nawdd (os o gwbl) yn gymharol gyflym. Credaf bod awen neu ysbrydoliaeth yn aml wedi cael ei llethu gan systemau ariannu a chefnogi clogyrnaidd o araf.

Er i mi gyd-sefydlu dau gwmni, ni fûm i erioed yn ddynes fusnes. Mae astudiaeth gan Senedd Cymru ar ferched yn yr economi, 'Women mean Business', yn datgan fod yr ymchwil yn crybwyll bod merched yn mesur llwyddiant yn wahanol i ddynion, "with a focus on autonomy, personal satisfaction and freedom to innovate outweighing high earnings, turnover or profit."[55] Mae hyn yn taro deuddeg gyda mi o safbwynt hanes sefydlu Y Gymraes.

2. Ysgrifennu gan fenywod

SERA: So o'n i'n ista gyferbyn â fo.
Yn ei swyddfa fo.
A dyma fo'n deud, "*I had what was on the back of this
...*" a mae o'n chwifio darn o A4 efo receipts wedi
steiplo mewn rhesi'n dwt arno fo, yn fy ngwyneb i.
"*Translated*".
"Oh", medda fi, heb wbod pam 'sa neb 'di boddran
neud hynny, never mind fo. "It's just scrap".
"*So according to your tax form you're a playwright*"
medda fo.
"Yes" medda fi.
O'dd rhaid i fi fod yn succinct, achos efo dyn treth
ma'n rhaid i ti.
"I AM ... A PLAYWRIGHT".
"*It says here,* medda fo, am y geiria ar gefn y papur
o'dd o'di chwifio,
"*something about a woman being scared of being eaten ...*"
Shit!
"*and a man being afraid of being poisoned*".
Shit shit! "Uhuh" medda fi.
"*Are all your plays like that?*" medda fo. Ac yn codi
ei lais rhyw fymryn, "*Bit worrying really*".
"Mmm" medda fi. Yn dawelach. "Yep. – Little bit
worrying mm". [56]

Mae *Mefus* yn destun sy'n archwilio arwyddocâd a hunaniaeth yr
unigolyn. Mae'n deillio rwy'n teimlo'n gryf, fel ag y gwnaeth *Byth
Rhy Hwyr*, o greadigwrwydd wedi ei sbarduno gan feichiogrwydd.
(Fel y soniais uchod, ganwyd Saran Maglona, fy ail blentyn, yn
Nhachwedd 1997). Mae'n waith personol sy'n ennyn adwaith
emosiynol ynof i o hyd wrth ei ddarllen (neu ei weld) bron i ugain

mlynedd yn ddiweddarach. Gellid dadlau bod testun *Mefus* yn ymdebygu ar bapur i destun dramataidd, hynny yw, mae iddi undod amser a gofod i bob pwrpas gan nad yw'r cymeriadau'n torri ar y rhith amser a lle a gyflwynir yng nghorff y testun, a gan fod ymateb y cymeriadau dramataidd i'w gilydd yn gyrru'r digwydd yn ei flaen. Mae modd darllen *Mefus* fel testun dramataidd ble mae'r weithred ddramataidd yn y siarad.[57] Ymddengys bod modd gwneud rhyw fath o synnwyr ohoni hi, ond rwy'n deall yn well erbyn hyn, o fod wedi gweld cynhyrchiad didwyll Prifysgol Dewi Sant o'r testun yn 2015,[58] nad oes modd gwneud synnwyr llwyr ar sail y testun yn unig, gan mai un elfen yw'r testun mewn gwaith ôl-ddramataidd.

Dywed Nic Ros (2001), bod "modd mwynhau *Mefus* bron heb fod yn ymwybodol o ddechreubwynt y stori/ddawns, sef bod 'Carys' wedi dwyn cariad 'Gwen' oddi wrthi."[59] Mae Ros yn crybwyll nad y 'plot' oedd y cyfathrebiad cryfaf (pwysicaf) yn ei brofiad o wylio'r perfformiad. Gellid dadlau mai yn yr is-destun (sef yr ystyr a ddaw trwy effaith y sefyllfa gyd-destunol a symudiadau a synau'r actorion ar y testun wrth iddynt ymateb iddo) y mae calon fy ngweithiau i Y Gymraes. Ceisio galluogi'r gynulleidfa i gysylltu ag is-destun trwy gyfuno'r testun gydag elfennau eraill o gyfathrebu a nodir gan Pfister fel "a structured complex of individual visual codes"[60] oedd yr her i mi fel cyfarwyddwr. Dywed Pfister am yr elfennau eraill, "The most important of these are the stature and physiognomy of the actor, choreography and grouping of characters, mime and gesture, mask, costume and properties, the size and form of the stage itself, the set and finally, lighting."[61] Mae'r elfennau hyn wedi eu gosod gennyf i raddau fel cyfarwyddiadau yn nhestun *Mefus* ond mae dadansoddi testun mewn gwirionedd yn aml yn ymwneud yn bennaf, mewn proses ymarfer gonfensiynol, â dadansoddi deialog, ac nid yw cyfarwyddiadau llwyfan bob amser yn cael eu darllen mor fanwl na'u hystyried mor ganolog i ystyr testun. Gellid dadlau, fodd bynnag, er bod y cyfarwyddiadau llwyfan yn arwyddocaol iawn yn *Mefus*, fod peth o'r ystyr wedi ei guddio yn rhy ddwfn i eraill ei ddarganfod yn rhwydd oherwydd er fy mod am gyfathrebu gwirioneddau sy'n codi o'm profiadau personol i, rwyf hefyd, i ba bynnag raddau, am amddiffyn fy hun rhag yr oblygiadau hynny, sef rhag amlygu fy hunan a chael fy ngweld. Rwy'n sylweddoli erbyn hyn bod elfen o'm proses i fel cyfarwyddwr yn ymwneud â rheoli beth ac i ba raddau y datguddir pethau os o gwbl weithiau gan bod rhan o'm gwaith yn perthyn dim ond i mi – hyd yn oed pan ei fod yn cael ei rannu ar goedd. Rwy'n deall hefyd gan bod fy is-ymwybod ar waith wrth ysgrifennu – ac yna wrth weithio ar y testun gyda actorion – fod yna her sylweddol i eraill gynhyrchu rhai o'm gweithiau eildro a llwyddo yn ôl fy llinyn mesur i. Dywed Pfister "Whilst the linguistic codes represent a strictly standardised system of rules that guarantees a relatively high level of explicitness in the decoding process, the non-verbal indices and icons are much more ambiguous. As a result, this frequently leads to marked differences of interpretation."[62]

Heb fy mod yn sylweddoli ar y pryd, roedd y ffaith fy mod yn cynnwys cyfarwyddiadau llwyfan mewn ymdrech i oleuo'r testun i eraill, yn achosi i'r testunau edrych yn debycach i ddramâu confensiynol, ac roedd hyn efallai yn gam gwag. Canllawiau yw testunau *Byth Rhy Hwyr* a *Mefus* mewn gwirionedd, i mi fy hun yn bennaf, er mwyn datgloi ac ail-gydio yn yr hyn yr oeddwn yn ei deimlo wrth ysgrifennu. Wrth adlewyrchu ar y broses o greu gweithiau ar gyfer Y Gymraes, (o'u darllen fel dramâu), ac efallai yn enwedig felly *Mefus*, rwy'n deall nad yw'r haenau o ystyr angenrheidiol i lwyddiant cynhyrchiad yn ddigon amlwg na hysbys i ddarllenydd, a bod y diffyg hwn yn deillio o broses greadigol nad oedd yn perthyn i'r drefn arferol o gyfansoddi drama a'i rhoi i gwmni neu gyfarwyddwr arall i'w chynhyrchu.

Heb gwmni parhaol na chanolfan i weithio ynddo doedd dim modd dilyn y drefn arferol o ddyfeisio gwaith chwaith, ac felly roeddwn yn gwneud y gwaith cychwynnol trwy greu testunau/canllawiau cyn ein bod yn dod ynghyd fel cwmni. Tra bod yna ddiffygion o safbwynt y mwyafrif o'r testunau fel canllawiau i gyfarwyddwyr eraill, i mi, fel cyfarwyddwr, roeddent yn fodd o gysylltu yn unionsyth ac yn ddwfn â'r hyn yr oeddwn am ei gyfathrebu, ac yn sail gadarn i broses o weithio, a hynny yn gyflym (o reidrwydd nid o ddewis) gyda pherfformwyr i ddarganfod y testun perfformiadol, hynny yw, yr oll yr oeddem yn ei glywed a'i weld yn y theatr.[63] Mewn holiadur am *Byth Rhy Hwyr*, dywed rhai o'r perfformwyr nad oeddent yn deall y gwaith ar y darlleniad cyntaf, ond eu bod yn ymddiried ynof.[64] Credaf eu bod wedi gallu gwneud hynny trwy gydol hanes Y Gymraes oherwydd fy sicrwydd amlwg o safbwynt y cynnwys. Roeddwn i'n sicr oherwydd fy mod yn deall hanfod y testun yn llwyr ar lefel emosiynol a chorfforol, er fy mod yn darganfod llawer mwy nag a wyddwn wrth weithio gyda'r perfformwyr yn ystod y broses ymarfer.

Fodd bynnag, gan fod yna destunau yn bodoli, mae'n hawdd eu camgymryd a'u trin fel 'dramâu' yn hytrach na'r hyn ydynt, sef un elfen o'm hymarfer fel ymarferydd theatr gyda chefndir hir mewn theatr amgen. Mae'r naratif gyffredinol ar ddrama yng Nghymru yn fy ystyried yn ddramodydd efallai. Yn ôl Simon Harris yn ei arolwg o ddrama yng Nghymru i'r Cynulliad yn 2003:

> One still has to wonder why a culture that has produced, amongst many other talents, the likes of J.O. Francis, Richard Hughes, Caradoc Evans, Saunders Lewis, Emlyn Williams, Gwyn Thomas, Gwenlyn Parry, Dic Edwards, Meic Povey, Ed Thomas, and now Gary Owen, Kaite O'Reilly, Meredydd Barker and Sera Moore Williams, can still be considered by some to be a wasteland for playwrights. Given the obstacles and lack of opportunity these and other playwrights have faced, one begins to wonder if Brian Friel, Harold Pinter and Sarah Kane had been born in Wales whether anything would ever have been heard of them again.[65]

Rwyf innau wedi defnyddio'r termau 'dramâu' a 'dramodydd' yn weddol ddifeddwl (rwy'n sylweddoli nawr) am waith Y Gymraes. Yn hytrach, y perfformiad ei hun, cynnyrch proses gorfforol, oedd y prif wrthrych celfyddydol. Serch fy mod wedi gosod geiriau ar bapur, doeddwn i ddim wedi gwneud hynny gyda'r syniad y byddai cynulleidfa yn eu darllen. Doeddwn i ddim yn ystyried fy mod yn creu llenyddiaeth.

Rwy'n cofio bod ysgrifennu yng nghyfnod cynnar Y Gymraes yn teimlo i mi fel gweithgaredd hollol angenrheidiol. Dyna oedd fy man tawel. Dyna'r fan, ar fy mhen fy hun, ger fy nesg, ble roeddwn yn teimlo fwyaf byw. Nid wyf wedi ail-ddarllen y testunau ers blynyddoedd ond maen nhw'n teimlo'n bwysig i mi nawr o'u hailddarganfod, yn rhannol o safbwynt y gwerth sy'n perthyn iddynt fel rhan anhysbys o ganon theatr Gymreig gyfoes, ond hefyd maen nhw'n bwysig i mi fel rhan o'm gwead, yn nhermau'r cyfuniad o bethau sydd yn fy ngwneud i yn fi. Maen nhw'n rhywbeth a ddigwyddodd (i mi). Maen nhw'n cyfathrebu yn uniongyrchol iawn gyda mi.

> SERA: "I have a body of work" medda fi. *"I see"* medda fo. Ond doedd o ddim. Dyn treth o'dd o. 'Di arfer efo delio efo rhifa, ffeithia.
>
> Corff o waith. FY nghorff o waith. Rhwbath i wneud efo cig a gwaed. Rhywbeth cyhyrog. Wedi ei sgwennu yn fy nghynnwrf, yn fy angerdd, yn fy atgasedd, yn fy nagrau. Yn fy rhwystredigaeth. Teimlo fo'i gyd. Yn flin, yn drist, yn hapus, ddi-ots. Nid chwydu. Esgor ... *"and you write about men eating women?"* medda fo. (SAIB) "Sort of but that's not really – yeah, suppose so," medda fi. "Sorry. (SAIB) It's just scrap. You know, just something I used to staple receipts ... I didn't you know, didn't expect you to READ it."[66]

Mae'r broses draddodiadol o ddatblygu drama, i symleiddio yn fawr, yn dibynnu ar allu dramodydd i greu drafftiau, ac ar ddramodydd ynghyd â chyfarwyddwr ac actorion yn datblygu'r drafftiau trwy ddarlleniadau a thrafodaethau, a thrwy i'r dramodydd ail-ysgrifennu ar sail barn a chyngor eraill, gan wneud newidiadau i strwythur a/neu ddeialog er mwyn sicrhau bod y naratif, sydd fwy neu lai'n hysbys yn ei gyfanrwydd i'r dramodydd ac i'r cwmni comisiynu o'r dechrau, yn fwy eglur byth i gynulleidfa yn y pen draw. Disgwylir bod y testun sy'n cael ei ddefnyddio ar ddiwrnod cyntaf y cyfnod ymarfer yn weddol gyflawn ac mai newidiadau bychain os o gwbl fydd angen eu gwneud wedyn, ac fe wahoddir y dramodydd i ymarferiadau i arsylwi, ac i wneud y newidiadau. Mae'n hawdd deall sut y bu i'r broses yma ddatblygu fel modd o wasanaethu rhaglenni theatrau. Roedd fy mhroses i fel dramodydd/gyfarwyddwr, fodd bynnag, yn dibynnu ar fod mewn ystafell gyda pherfformwyr yn creu, nid ymarfer. Roeddwn yn gallu ymddiried yn y broses honno oherwydd fy mod wedi arfer gweithio fel perfformwraig mewn sefyllfaoedd dyfeisio corfforol ble roedd rhaid gweithio'n gyflym o fewn fframwaith oedd eisoes yn ei le o safbwynt sbardunau testunol, gofod ac yn y blaen, a ble roedd yr elfen gorfforol yn hollbwysig o safbwynt cludo ystyr. Roedd hap a damwain yn aml yn elfen o ddyfeisio gwaith, ac rwy'n parhau i fod â diddordeb mawr yn y modd y mae cydweithio yn galluogi darganfyddiadau annisgwyl.

Yn ôl Lehmann yn *Postdramatic Theatre* (1999), ni ellir diffinio theatr ôl-ddramataidd yn syml, ond mae tueddiadau i symud oddi wrth neu y tu hwnt i briodoleddau theatr ddramataidd a theyrnasiad testun yn nodweddiadol.[67] Mae'n ystyried theatr ôl-ddramataidd fel un ôl-Frechtaidd hefyd, yn yr ystyr rwy'n tybio bod arddull epig Brecht yn parhau i sefydlu ffuglen er ei fod yn lleihau y rhith o wirionedd. Tra bod symud i ffwrdd o destun dramataidd yn nodweddiadol o'r theatr amgen y bûm yn rhan ohoni, roedd y defnydd o'r iaith Gymraeg (ac i ryw raddau testun dramataidd) yng ngwaith Y Gymraes yn teimlo'n hanfodol i mi, o safbwynt yr hyn y gallaswn i yn bersonol fel ymarferydd ei wneud er mwyn cadw elfennau o waith amgen yn fyw, mewn cyfnod pan oedd theatr amgen trwy gyfrwng y Gymraeg bellach yn ddieithr i'r gynulleidfa Gymraeg. Nid mater o gofnodi naratif sydd eisoes wedi ei ffurfio'n llawn yn fy mhen yw ysgrifennu i mi, ac wrth greu gweithiau Y Gymraes (heblaw am *Mab*) ac yn bendant *Mefus*, doedd gen i ddim cymeriadau (enwau'r perfformwyr neu label i ddynodi eu statws, megis Mam neu Nain, neu Mab a ddefnyddir yn y testun) na naratif mewn golwg wrth ddechrau ysgrifennu. Gan mai gweithio pan oedd yr awen yn gryf oedd polisi Y Gymraes yn hytrach na cheisio gweithio'n gyson, gyda rhyw syniad yn dechrau cronni felly, ond heb wybod yn union beth (er mai creu theatr oedd y bwriad pob tro), roeddwn yn ysgrifennu storïau a'u cysylltu â'i gilydd trwy greu deialog i berfformwyr (nid cymeriadau), a'r cwmni yn ymateb (yn fy nychymyg), i'r storïau hynny. Nid oeddwn yn darganfod naratif emosiynol y gwaith, na'r modd o'i wneud yn eglur i eraill tan y cyfnod ymarfer, a hynny trwy weithio'n gorfforol gyda pherfformwyr ar y testun. Gan ailadrodd rhannau (hyd syrffed ar adegau rwy'n tybio) a thrwy arsylwi ar a chyfeirio'r gwaith hwnnw, roeddwn yn ymdrechu i gofio ac i ddeall beth oedd yn wirioneddol wrth galon fy ngwaith fy hun, ac yn anorfod (wedi i mi ei ddeall), beth oedd yn eisiau y tu hwnt i'r testun o safbwynt cyfathrebu'n effeithiol yr hyn yr oeddwn am ei ddatgelu i'r gynulleidfa. Gan ddefnyddio'r testun fel fframwaith a thrwy weithio fel 'ensemble' ar berthynas y perfformwyr â'i gilydd ac â'r gofod, ac ar y syniad fod gweithred yn amlygu bwriad (neu mai'r weithred yw'r bwriad), ac ar effaith edrychiadau, ebychiadau, symudiad ayyb, roeddem yn darganfod rhythmau a delweddau oedd yn goleuo'r testun. Trwy feicro-reoli yr elfennau hynny, ac ysgrifennu neu olygu testun roedd lled-gymeriadau a naratif, yn batrwm o gelu a datgelu, yn amlygu eu hunain. Nid yw'n syndod bod sawl un o berfformwyr Y Gymraes wedi nodi, ar ddechrau cyfnod ymarfer, gyda'r hyn a oedd i bob pwrpas yn ymddangos fel 'sgript' yn eu dwylo, nad oeddent yn deall. I mi, mae perfformiwr sy'n cynrychioli cymeriad (h.y. yn cludo testun) yn hytrach na'i ymgorffori, ynghyd ag elfennau eraill sy'n tynnu sylw cynulleidfa at y sefyllfa o wylio, yn gyfathrebiad mwy gonest. Ond nid dyma oedd y ffurf arferol yn y theatr Gymraeg yn y 1990au yng Nghymru.

Tra bod y confensiwn o sut roedd cynulleidfa yn gwylio perfformiad wedi cael ei herio gan Cwmni Cyfri Tri a Brith Gof, nid oedd hynny o reidrwydd yn wir mewn perthynas â gweithiau theatr oedd yn deillio o destun gyda chanran uchel o ddeialog. Rwyf yn sylweddoli bellach, o adlewyrchu ar y broses, mai gwendid *Mefus* yw fy mod wedi gor-ysgrifennu naratif. A hynny oherwydd ansicrwydd – er mwyn ceisio cadw rhyw elfen o'r cyfarwydd. Mae mwy o blot yn *Mefus* nag yn *Byth Rhy Hwyr,* er mai un sefyllfa (ac amser) yn hytrach na chadwyn o ddigwyddiadau dramataidd mewn gwahanol fannau ac ar wahanol adegau sydd wrth galon y ddau destun. Byddai llai o ymdrech i gysylltu'r storïau er mwyn creu math o naratif, gan ymddiried yn y modd y mae'r storïau'n crybwyll ystyr, wedi bod yn arbrawf gwell. Mae'n ddiddorol cofio, er fy mod i nawr yn ystyried bod gormod o blot yn *Mefus,* fod cwmni teledu Opus wedi saethu ffilm wedi ei seilio ar y testun oherwydd fod y cynhyrchiad theatr ddim yn eu geiriau hwy yn 'plot-led' a bod hynny yn eu diddori.[68] Arbrofi gyda phroses yn hytrach na dilyn proses sefydledig yr oeddwn i, ac mae'r camgymeriad o greu gormod o blot yn tanlinellu'r tensiwn rhwng fy ngwaith fel ymarferydd theatr amgen, ble roedd popeth yn cael ei greu trwy'r corff, a'm hawydd, yn deillio o ymarferoldeb ynghlwm wrth amgylchiadau personol a chyflwr y theatr yng Nghymru erbyn y 1990au, i ddefnyddio iaith ac ysgrifennu fel sail i'm hymarfer.

Daeth y broses draddodiadol gyfredol o ddatblygu drama i fodolaeth oherwydd i Urdd y Dramodwyr ac Undeb Ysgrifenwyr Theatr yn y 1970au a'r 1980au lunio cytundebau gyda'r prif theatrau ynglŷn â chomisiynu yn ogystal â'r ffaith iddynt, ynghyd â'r Cyngor Celfyddydau, lunio sawl modd o hybu a datblygu gwaith newydd trwy sefydlu adrannau llenyddol oddi fewn i gwmnïau theatr.[69] Ond y cyfnod ymarfer oedd y cyfnod o ddatblygu i mi. Nid ymarfer a chaboli perfformiadau oedd yn digwydd yng nghyfnod ymarfer *Y Gymraes,* ond mynd ati i ganfod gwir ystyr y gwaith drwy gyfrwng y gwaith corfforol, gofodol. Roeddwn yn cwestiynu fy hunan er mwyn amlygu hunaniaeth fenywaidd. Yn yr ystafell ymarfer roeddwn yn creu fy heterotopia bach fy hun, hynny yw, roedd y sefyllfa yn real yn yr ystafell ymarfer, ond ar yr un pryd roeddwn yn gweld fy hunan yn y gwaith ac yn datblygu'r gwaith hwnnw er mwyn ceisio'i berffeithio (a gwella fy hunan, neu fy nealltwriaeth i o mi fy hunan, mae'n siŵr).

Roedd y gwaith yn archwilio'r posibiliadau o ail-ddiffinio'r defnydd o'r iaith Gymraeg mewn theatr, yn ystyried awyrgylch a thensiwn a'r defnydd o ofod fel modd o gyfathrebu ac o greu profiad a fyddai'n cael ei rannu, yn hytrach na'i gyflwyno dim ond i gyfathrebu gwybodaeth.

Wrth greu'r testun *Mefus* daeth y ffobia am gael dy fwyta (*phagophobia*) ynghyd â'r ffobia o gael dy wenwyno (*toxiphobia*), yn fwy-fwy diddorol i mi. Bwyta neu cael dy fwyta yw'r rheol ym myd natur ac mae'r ofn o gael dy fwyta yn un hynafol. Wrth sôn am storïau canibaleiddio dywed Marina Warner, "Control of the processes of consumption confers great power, as we know from the priest officiating at the Christian mass." Dywed hefyd bod y weithred o ganibaleiddio o bosibl yn ateb "a fundamental human desire to incorporate the object of passion, of wonder, of worship, of dread, of love. Everytime a mother squeezes her child and murmurs, 'Mmm, you're so good I'm going to eat you', she's using the same imagery of union, of total comingling intimacy; everytime lovers pretend to gnaw and bite each other, they're tapping the same metaphor." Penllanw hynny, meddai Warner yw: "Oddly enough, the anticipation of cannibalism is naively self-flattering: my enemies want nothing better than to eat me because I am so delicious." Mae hwn yn syniad nad wyf hyd yma wedi gallu ei brosesu ar lefel bersonol.[70] Yn ei llyfr *From the Beast to the Blonde* dywed Warner hefyd, "In myth and fairy tale, the metaphor of devouring often stands in for sex."[71] Rwy'n defnyddio'r trosiad yn *Mefus* fel modd o archwilio ofn menyw y byddai'n diflannu oherwydd grym dyn drosti mewn perthynas.

Yn ôl Deborah Blum, mae'r syniad o fenyw sy'n wenwynig neu sy'n defnyddio gwenwyn i lofruddio yn ymddangos yn aml mewn llenyddiaeth. Cawn ein cyflwyno fel plant i'r syniad o fenyw yn cael gwared o fenyw arall gyda gwenwyn, gyda stori megis Eira Wen, ble defnyddir afal wedi ei wenwyno, ond mewn gwirionedd mae'r syniad poblogaidd cyfredol (cyfeiria Blum at *Game of Thrones*) mai dewis menyw yw gwenwyno, yn wallus, oherwydd caiff gwenwyn ei ddefnyddio'r un mor aml mewn bywyd go-iawn gan ddynion.[72] Rwyf yn defnyddio'r syniad o wenwyno yn *Mefus* fel modd o gynrychioli ofn dynion o rym menywod, ond mae hefyd yn ffactor yn y naratif.

Yng nghyfnod ysgrifennu *Mefus* (1997/8), roedd 'food is the new sex' yn ddywediad cyffredin. Yn ôl Mary Eberstadt mae yna wirionedd yn perthyn i'r dywediad oherwydd bod modd i bobl yn y gorllewin gael cymaint o fwyd ac o ryw ag y maent yn ei ddymuno, am y tro cyntaf erioed, ac o ganlyniad bod moesau cyffredinol y Gorllewin ynglŷn â'r ddeubeth wedi cyfnewid lle â'i gilydd.[73] Hynny yw, roedd y moesoldeb cynyddol ynglŷn â beth i'w fwyta yn ceisio cyfyngu ar ymddygiadau bwyta, fel y dengys twf llysieuaeth, figaniaeth a'r macrobiotig, tra bo safbwyntiau moesol ynglŷn â rhyw yn llacio ac o ganlyniad yn ehangu ystod o ymddygiadau. Rwy'n gynnyrch y cyfnod yma o newid cymdeithasol (yn lysieuwraig, ac yn feddwl-agored ynglŷn â rhyw), ac mae'r berthynas rhwng bwyd a rhyw yn bresennol iawn yn *Mefus*. Credaf hefyd fod perthynas menywod â bwyd a bwyta, sy'n parhau i fod yn gynyddol gymhleth yn y Gorllewin, hefyd yn rhan o'm profiad ac o'm gwaith, fel sy'n amlwg yn *Mefus*.

Os yw *Mefus* yn waith sy'n archwilio arwyddocâd a hunaniaeth yr unigolyn mae hefyd yn adlewyrchiad o gymdeithas ac o gyfnod yr unigolyn hwnnw. Archwiliad oedd *Mefus* o sut roedd un fenyw (Gwen) yn diflannu mewn perthynas â'i phartner, a menyw arall (Carys / Pob menyw) yn anwybyddu rhybudd am y dyn hwnnw (pob dyn). Roedd Gwen yn feichiog, ac felly, tra'n teimlo ei bod yn diflannu, roedd hi hefyd yn dod yn fwy amlwg. Rwy'n cysylltu bod yn feichiog ac yn fam mewn modd greddfol gyda chreadigrwydd a chreu *Byth Rhy Hwyr* (1992) a *Mefus* (1998) gan i fy mhlant gael eu geni yn 1990 ac 1997. Roeddwn yn cysylltu bod yn anweledig â fy mhrofiad o fod yn ymarferydd theatr benywaidd yn gweithio yng Nghymru yn ogystal â bod yn ferch mewn perthynas, a mam i blant ifanc.

Roedd *Mefus* yn ddatblygiad naturiol ar themâu fy ngweithiau blaenorol ar gyfer y cwmni, sef caethiwed a diffyg llais. Er mwyn cael llais mae'n rhaid i rywrai wrando ac roedd gwrando yn astud yn ystod y perfformiad o *Mefus* (fel *Byth Rhy Hwyr*) yn hanfodol i'r gynulleidfa, gydag arddull berfformiadol, gynnil a gofod moel y cynhyrchiad yn ymdrech i ganoli'r sylw ar wrando. Tra nad wyf yn mwynhau (fel aelod o gynulleidfa) dweud storïau fel cyfrwng perfformio pur, rwy'n cydnabod fy mod yn cofio hanes fy nheulu ar lun storïau yn bennaf ac mae gennyf ddiddordeb mawr mewn clywed storïau pobl gyffredin (gan gynnwys storïau aelodau Y Gymraes) am fywyd bob dydd, a bu storïau tebyg yn sail i lawer o'm gweithiau. Roedd gosod cynhyrchiad *Mefus* ar liain llawr enfawr a gynrychiolai liain bwrdd neu gynfas gwely, gyda'r gynulleidfa yn eistedd mewn rhesi ar naill ochr 'y bwrdd/gwely' a'u sylw (*gaze*) ar y ddwy berfformwraig yn weladwy/amlwg i hanner arall y gynulleidfa, yn bwysig. Roedd pawb yn gwylio pawb arall. Roedd cyfuniad syml o botel a dau wydr o win coch, bwyd, gan gynnwys cig wedi ei arddangos fel cerflun, dwy bowlen wydr fawr hardd o fefus, ynghyd â harddwch y ddwy berfformwraig, yn bwysig o safbwynt y llun llwyfan a fyddai mewn modd syml iawn, yn ystod y perfformiad, yn newid i gynrychioli harddwch wedi ei ddistrywio. Mae'r cyfarwyddiadau llwyfan yn nodi bod angen i bopeth fod yn hardd, oherwydd fod yr estheteg yn angenrheidiol fel rhan o greu ystyr *Mefus*. Os nad yw'r ddwy berfformwraig yn gonfensiynol hardd er enghraifft mae ystyr y llun llwyfan tuag at ddiwedd unrhyw gynhyrchiad am fod yn llai amlwg.

Fel y gweithiau blaenorol, mae *Mefus* yn gadwyn o storïau sy'n cynnwys storïau hunangofiannol o'm plentyndod, gan mwyaf, storïau yr oeddwn wedi dod ar eu traws a'u cofio neu eu hanner cofio, a storïau gwreiddiol yr oeddwn wedi eu hysgrifennu ar sail ymchwil wrth i bethau gydio yn fy nychymyg. Mae'r berfformwraig Gwen (a chwaraewyd gan Gwenllian Rhys yn y cynhyrchiad gwreiddiol) yn datgan un stori ar ôl y llall mewn modd sy'n ymddangos yn rhydd, bron fel petai'n cymryd rhan mewn therapi rhyddgysylltiol (*free association*) Freudaidd ar gyfer y sawl sy'n dioddef o hysteria, ble mae'r claf yn gweithio trwy ei bethau ei hun. Mae'r term *free association* yn ddisgrifiad da o'm proses ysgrifennu i hefyd ac mae'n debyg mai gweithio trwy fy mhethau fy hun roeddwn i mewn proses llif y meddwl, sy'n nodweddiadol o ysgrifennu gan fenywod. Yn ôl Collette Conroy, 'Feminist readings of hysteria have examined the ways in which hysteria was an expression of the impossibility of being female in a patriarchal society'. Fe ddywed Conroy hefyd bod Hélène Cixous yn cydnabod gweithred yr hysterig fel ffurf ar brotest corfforol.[74] Roeddwn yn teimlo baich bod yn ferch mewn cymdeithas wrywaidd ac roedd creu gwaith a oedd yn archwilio hynny a chyfathrebu hynny mewn modd nad oedd yn perthyn i'r brif ffrwd yn ffurf ar brotest i mi.

> SERA: *"So you like doing it, do you?"* medda fo. "Oh yes", medda fi. "Mostly. It's not just about earning a living." *"What?"* (SAIB) Doedd o really ddim yn deall hynna! *"Is it fun then?"* medda fo *"About having fun is it?"* yn ymbalfalu. *"Must be – it's obviously not making you very much money."* "Well", medda fi, "well no – not fun, not always actually". Dwi'n archwilio.
> Arddangos fi fy hun. I bawb. Ac heb fod o'n berffaith, berffaith, ma'n boenus. Yn hollol hollol boenus i'w rannu. Wnes i ddim rhannu hynny efo fo, obviously.[75]

Gofynna Conroy (2010) a yw gwylio perfformiad yn fath o brofiad, neu ai proses o ymchwilio ydyw. I mi, ymchwiliad fu'r ateb erioed, ac rwy'n derbyn y bydd pob aelod o gynulleidfa felly yn ymateb gan ddefnyddio dim ond eu gwybodaeth a'u canfyddiad eu hunain. Er nad oedd theatr genedlaethol ar lun un cwmni yn bodoli ar y pryd, ac er bod yna nifer fawr (yn gymharol) o gwmnïau bach yn cynnig trawsdoriad o wahanol fathau o waith yn ystod y 1990au yng Nghymru, credaf bod disgwyliadau canran uchel o unrhyw gynulleidfa theatr Gymraeg yn gyffredinol ynghlwm wrth ganfyddiad gweddol gonfensiynol o fynd i'r theatr a phrofi perfformiad oedd yn rhyw lun o ddrama *well-made*, gyda dechrau, canol a diwedd.[76] Yng ngolau hynny, mae'r adolygiadau o *Mefus* yn gwneud synnwyr hyd yn oed o gwestiynu dilysrwydd adolygiad gan adolygydd di-Gymraeg.

Yn ei adolygiad i'r *Guardian* (1998) tynnodd yr adolygydd David Adams sylw at y ffaith ei fod yn ddyn ac nad oedd yn deall Cymraeg, cyn dweud: "*Mefus* is the product of a mix of female experiences and fantasies. Despite its opacity and the impression that it still needs development, it was at least intriguing and made me want to understand it more."[77]

Mae Iwan England yn ei adolygiad i *Golwg* (1998), er ei fod yn cynnig mwy o gyd-destun, ac yn esbonio nad drama draddodiadol oedd hon, hefyd yn crybwyll, fel Adams, nad oedd modd (heb dderbyn bod rhaid addasu disgwyliadau) dilyn y ddrama yn llwyr:

> Roedd yr actio, fel y ddeialog yn doredig, ac yn dibynnu ar seibiau pwrpasol. Roedd hyn yn ei gwneud hi'n anodd i ganolbwyntio drwy'r adeg er bod yr elfen weledol a'r hiwmor ffraeth yn hoelio'r sylw. Drama ag iddi nifer o ystyron posibl oedd *Mefus*, ac wedi derbyn hynny, roedd hi'n llawer haws ei dilyn.[78]

Yn cael eu hadolygu hefyd gan England yn ystod wythnos yr Eisteddfod roedd *Skylight*, cyfieithiad John Owen o ddrama David Hare, gan Theatr Gorllewin Morgannwg, *Clymu Cymylau*, cyfieithiad Ian Staples o'i ddrama *The Wind Netters* i gwmni theatr 4Q, *Tair* gan

Meic Povey i Dalier Sylw, *Cwrw, Chips a darlith Deg* gan Sian Summers i Arad Goch, drama David Mamet, *Y Coed*, yn yr awyr agored gan Theatrig, a *Gwin Coch a Fodca* gan Wynford Ellis Owen. Tra'n cynnig mewnwelediad i'r toreth o waith oedd yn cael ei ddangos yn yr Eisteddfod, ychydig iawn o sylw a roddir yn yr adolygiad i'r testunau, er bod yr adolygydd yn cymryd y cyfle i nodi bod Ian Staples yn "tyfu'n enw adnabyddus ym myd y theatr" ac mai "Meic Povey yw un o'n dramodwyr mwya' enwog, ac roedd disgwyl eiddgar am ei ddrama newydd *Tair*."

Diddorol sylwi bod Toby O'Connor Morse hefyd yn dweud, mewn adolygiad i'r *Independent*, wrth gymharu yn ffafriol fy nrama *A Slag's Gig* (1997) â *Break, My Heart* (1997) gan Arnold Wesker, fod y ddrama (a ysgrifennais yn Saesneg) hefyd yn annelwig braidd.[79] Dywed, "It may not be quite as well articulated as one would like, but it both entertains and provokes. Which is, unfortunately, more than can be said for *Break, My Heart*."[80] Nid dim ond adolygwyr gwrywaidd oedd yn feirniadol o *Mefus*, fodd bynnag. Yn ôl Meg Elis, fu'n frwd ei chefnogaeth i waith Y Gymraes ar adegau eraill "roedd y ddrama yn mingamu ar linell denau rhwng awgrym a niwlogrwydd ystyr."[81] Ond dywed Gwenan M. Roberts mewn ymateb i Elis, "Efallai nad yw hynny bob amser yn beth i'w feirniadu."[82]

Nid wyf mewn sefyllfa i bwyso a mesur i ba raddau yr oedd y gwaith yr oeddwn yn ei greu yn annelwig i aelodau'r gynulleidfa ond credaf oherwydd bod yr adolygiadau i raddau helaeth yn defnyddio'r un pren mesur ag a fyddai wedi cael ei ddefnyddio ar gyfer cynyrchiadau o ddramâu confensiynol – lle byddai plot yn cael ei ddatgelu trwy ymddygiad cymeriadau a fyddai wedi eu portreadu mewn modd credadwy gan actorion – eu bod yn anorfod felly yn ystyried fy ngwaith yn anorffenedig neu'n credu nad oedd fy sgiliau fel dramodydd yn ddigon datblygedig i wneud pethau'n eglur. Mae'n hollol bosibl (yn fwy na thebygol, gan mai dysgu wrth wneud yr oeddwn) fod yna sgiliau yn eisiau, ond mae'n werth ystyried y gwahaniaeth mewn ymatebion adolygiadau pan fo'r pren mesur yn wahanol. Dywed Lisa Lewis (1992) am *Byth Rhy Hwyr*: "Cwestiynwyd ffyrdd derbyniol o dderbyn a deall gwybodaeth .... gwelwyd hefyd bod cynulleidfa'n mynd i ffurfio ystyr ac arwyddocâd allan o gyfres o straeon sydd heb fod yn llwyr berthnasol i'w gilydd. Dangosodd y ddrama bod yr ystyr hwnnw yn rhannol berthyn i gonfensiwn ac ymadrodd y geiriau eu hunain".[83] Wrth drafod gwaith Y Gymraes fel cyfanwaith yn *Barn* dywed Nic Ros (2001) am *Mefus*: "Mae'r cynllun llwyfan ysblennydd o syml yn hanfodol ar gyfer tanlinellu'r thema: mae yma liain enfawr gwyn ar y llawr sy'n gyfuniad o wely a bwrdd, gofod perffaith ar gyfer trafodaeth ar berthynas bwyd a rhyw."[84]

Mae yna gwmnïau theatr sy'n gwneud gwaith gwych o feithrin cymunedau penodol e.e. theatr gymunedol Bara Caws – ble mai denu pobl i ymgynnull efallai yw prif nod a phwysigrwydd y gwaith. Nid yw'r gynulleidfa yn gofyn nac yn disgwyl mwy efallai na bod y cynnyrch y maen nhw'n mynd i'w wylio yn digwydd trwy gyfrwng y Gymraeg a'i fod yn difyrru (er ei fod yn aml iawn yn fwy na hynny). Weithiau, ceir ymgais gan gwmnïau i drafod materion llosg sydd yn benodol i ardal, ond ran amlaf gwneir hyn mewn modd confensiynol, trwy gyfrwng drama draddodiadol, neu rifiw. Nid yw'r cynhyrchwyr sy'n creu'r gwaith ar gyfer y math yma o gynulleidfa am fentro eu colli ac mae'n hawdd deall hynny. Mae tuedd, fodd bynnag, i gwmnïau mwy o faint i drin Cymru gyfan fel un gymuned (fach) fawr, a chreu gwaith nad yw chwaith yn herio eu cynulleidfaoedd o safbwynt ffurf, eto rhag ofn eu colli. Mae theatr (fel teledu) yn cael ei hystyried fel arf i amddiffyn iaith a diwylliant yng Nghymru, ac mae creu theatr amgen sy'n herio cynulleidfa (a mentro ei cholli) yn anodd. Mae'r fath theatr yn un sy'n agored, sy'n croesawu cynulleidfaoedd hen ac ifanc, pobl gydag addysg a heb addysg, y Cymraeg a'r di-Gymraeg, ac mae'n amlygu awydd i gyfathrebu Cymru i'r byd yn hytrach na Chymru i'n gilydd fel Cymry Cymraeg. Gellid dadlau fod arbrofi bron â bod yn cael ei ystyried yn gyfystyr â bradychu'r gwaith caled mae pob cwmni yng Nghymru yn ei wneud i annog a meithrin cynulleidfa. Trwy arbrofi mae cwmni neu ymarferydd theatr yn gosod ei hun ar wahân. Trwy fethu, mae'n hoelen arall yn arch 'cynulleidfa'. Gellid dadlau fod yr ymgais i wneud rhywbeth 'gwahanol' (i'r math o waith sy'n sicrhau cynulleidfa i ba raddau bynnag) yn cael ei ystyried yn sarhaus, ac i'w sarhau.

Credaf bod *Mefus* yn gam tuag at greu *Mab* (2001), Drama Gomisiwn yr Eisteddfod Genedlaethol y flwyddyn honno, yr olaf o weithiau Y Gymraes, a'r tebycaf o'r gweithiau i ddrama draddodiadol.

3. Perthynas cynulleidfa Gymreig â'r cynyrchiadau o'r testunau

Cytunaf â Nic Ros yn *Barn* pan ddywed bod *Mefus* a *Mab* yn wahanol iawn i'w gilydd: "Mae yn *Mab* fwy o blot nag erioed o'r blaen, gyda naratif a fyddai yn gweddu i ddrama ddirgelwch gonfensiynol wrth ddadlennu fersiwn o stori wir am fachgen a ddiflannodd am dair blynedd".[85] Credaf bod *Mab* yn destun y mae modd i eraill ei aill-lwyfannu, gan bod y ddrama gyflawn yn bodoli ar bapur. Yr unig ail-lwyfaniadau hyd yma fu'r fersiwn a wnaed yn Saesneg yng ngŵyl Cymdeithas Ryngwladol Theatr i Blant a Phobl Ifanc, ac ASSITEJ,[86] yn Seoul, De Corea, yn 2002, pan wahoddwyd Y Gymraes i gynrychioli Prydain trwy lwyfannu'r ddrama mewn cyfeithiad gennyf i, *Son*, ac wedi ei gyfarwyddo gennyf i. Yna, yn 2019, llwyfanwyd fersiwn Almaeneg o'r ddrama yn Awstria. Cafwyd hefyd gynhyrchiad ohono a lwyfannwyd mewn Hwngareg yn Budapest, a fu, mae'n debyg, yn ddylanwadol o safbwynt theatr i ieuenctid yn y wlad honno, er nad dyna oedd fy nghynulleidfa darged yn wreiddiol. Mae Márta Minier, ysgolhaig sy'n arbenigo mewn theatr Hwngaraidd, mewn darn sy'n trafod fy nrama *Crash* (2009),[87] a gyfieithwyd i'r Hwngareg, yn sôn am *Mab* fel drama arloesol:

Within a Hungarian context Williams, in translation, can be seen as a contemporary pioneer of non-mainstream drama for young people. The first presentation of Williams' work in Hungary was the staging of her deeply metatheatrical 2001 play *Mab* (in her own English translation: *Son*), by the Budapest puppetry and children's theater Kolibri in the 2002–2003 season in Péter Horváth's translation from the English version and under his direction. The production, entitled *A mi fiunk* [Our Son], and starring Jozsef Tôth, Bea Tisza and Dávid Szanitter, was regarded by Novák (2003) as "our first performance for teenagers" [első saját, kamaszoknak szóló előadásunk]. The piece was also featured as part of Kolibri's twelfth international festival in 2003.[88]

Mae *Mab* yn sicr yn fetatheatraidd gan ei bod yn tynnu sylw o'r dechrau ac yn gyson at natur theatraidd y cynhyrchiad. Amlygir y dechnoleg sydd ar waith; mae actorion yn camu allan o gymeriad i rannu proses neu farn am gynnwys gyda'r gynulleidfa, ac mae yna ddrama yn digwydd o fewn y ddrama gan fynnu bod y gynulleidfa'n gwerthuso'r profiad, o safbwynt y berthynas rhwng rhith a realiti.

Bu hefyd gynhyrchiad o gyfieithiad Almaeneg o'r ddrama (*Spurlos*)[89] gan Theater der Figur, Nenzing, yn Dornbirn, Awstria yn 2019.

Dywed Nic Ros "Rhaid canmol ymdrech ddiweddar yr Eisteddfod i geisio comisiynau mwy uchelgeisiol, gyda *Môr Tawel* y llynedd gan Theatr y Byd [(2001) gan Ian Rowlands] ac eleni, *Mab*. Ond mae'r gambl yn llai eleni, gyda'r Gymraes wedi hen ennill ei blwyf gyda chynulleidfaoedd yr Eisteddfod."[90] Nid wyf yn sicr fod Ros yn gywir yn hynny o beth gan mai bach er triw oedd cynulleidfaoedd arferol Y Gymraes yn yr Eisteddfod, ac roeddwn yn ymwybodol wrth geisio am gomisiwn gan yr Eisteddfod mai dod i weld 'y ddrama gomisiwn' yn hytrach na gwaith Y Gymraes fyddai'r gynulleidfa. Roedd modd bod yn gymharol hyderus, fodd bynnag, o fod wedi ennill y comisiwn, y byddai'r gynulleidfa yn niferus, ac yn gymysg o safbwynt oedran a rhyw, a roedd y dasg o greu gwaith yn benodol i'r gynulleidfa fwy draddodiadol, geidwadol hon, tra'n parhau i ymdrechu i fod yn driw i'm bwriad o herio fy hun a'r gynulleidfa, yn teimlo fel cam ymlaen ar y pryd. Mae *Mab* yn ddi-os yn wahanol i waith blaenorol Y Gymraes, ac rwy'n deall pam bod Ros yn crybwyll ei fod yn "gam tua'r prif ffrwd"[91] ond fy mwriad wrth ysgrifennu oedd ceisio tynnu sylw'r gynulleidfa benodol hon at y broses o wylio, ac at beth allasai theatr (a drama) fod y tu hwnt i'r brif ffrwd, gan ddefnyddio'r hyn yr oeddwn wedi ei ddysgu am berthynas rhwng actor a chynulleidfa, a chynulleidfa a'r perfformiad/cynhyrchiad.

Os nad oedd y bwriad wedi newid, fodd bynnag, fe wnaeth y broses greadigol, ac mae natur y testun yn adlewyrchu hynny. Erbyn dechrau'r cyfnod ymarfer roedd *Mab* yn destun allasai gael ei lwyfannu trwy broses o ddehongli cymeriadau a'u cymhelliant, yng nghyd-destun naratif y darn, yn hytrach na bod y testun yn sbardun i'm proses i fel cyfarwyddwr wrth geisio datgloi ystyr nad oedd bob amser yn llwyr eglur i mi. Roedd gofynion y testun yn parhau i fod yn heriol iawn o safbwynt gwaith yr actor, ac oherwydd hynny i waith y cyfarwyddwr, ac roedd technoleg yn chwarae rhan fwy canolog hefyd nag erioed o'r blaen, nid yn yr ystyr bod yna werthoedd cynhyrchu uwch, er efallai bod hynny'n wir, ond yn hytrach fel dyfais ganolog i yrru'r 'ddrama' yn ei blaen. Am y tro cyntaf hefyd roedd y cwmni'n fwy gwrywaidd na benywaidd ac roedd hyn i gyd yn ddylanwad ar y broses ymarfer. Pan fo menyw yn rôl y cyfarwyddwr – rôl y 'boss' i bob pwrpas, ac yn gweithio gyda dynion, mae'r ddeinameg yn un gymhleth.[92]

Roedd y naratif yn canolbwyntio ar hanes bachgen ifanc, ac yn deillio o stori lawn potensial dramataidd a ddarllenais mewn papur newydd.[93] Yn 1994 fe ddiflannodd Nicholas Barclay, tair ar ddeg oed, o San Antonio yn Texas. Yn 1997 yn honni mai fo oedd Nicholas llwyddodd Frédéric Bourdin, dyn tair ar hugain mlwydd oed, i berswadio teulu Nicholas fod eu mab wedi dod adref a bod ei lygaid brown (gwahanol i lygaid glas Nicholas) wedi cael eu haltro gan gylch o ddynion fu'n ei gamdrin yn rhywiol, a bod ei acen wedi cael ei heffeithio trwy fyw dramor cyhyd. Llwyddodd i fyw gyda'r teulu am fisoedd cyn i dditectif ddarganfod mai twyllwr oedd o. Roedd o wedi twyllo lawer o weithiau'n barod, gyda'r bwriad bob tro o gael llety gyda theulu. Roedd ei hanes cynnar yn un o beidio adnabod ei dad, o gael ei ddiystyru gan ei fam, a chael ei fagu gan nain a thaid nad oedd eisiau'r cyfrifoldeb. Ni ŵyr neb beth ddigwyddodd i Nicholas hyd heddiw, er bod cryn amheuaeth erbyn hyn mae'n debyg am yr hyn y mae ei deulu yn ei wybod mewn gwirionedd. Er mai stori'r bachgen sy'n ganolog roeddwn hefyd wedi fy nharo gan yr hyn yr oeddwn yn ei ddychmygu fyddai cyflwr enbyd y fam yn y stori, ac mae ergyd y ddrama mewn gwirionedd ynghlwm wrth brofiad y fam a'r mab.

Erbyn 2001 roeddwn wedi bod yn gweithio yn rhan amser fel Cyfarwyddwr Cyswllt i Arad Goch yn Aberystwyth ers 1996, ac yn gweithio'n rheolaidd gyda phobl ifanc ddifreintiedig, ac mewn cydweithrediad ag Uned Gyfeirio Plant Cyngor Sir Ceredigion[94] a staff y Prosiect Gweithgaredd, sef rhan o dîm Cyfiawnder Ieuenctid y Gwasanaethau Cymdeithasol. Roedd diffyg llais amlwg y plant, a'r anghyfiawnderau a oedd yn llywio eu bywydau, yn cyffwrdd fy nghalon.[95] Yn fam i ail ferch erbyn hyn roedd bod yn rhiant yn parhau i fod yn hollol ganolog i 'mywyd i ac roedd gweithio gyda phobl ifanc nad oedd yn derbyn y math o ofal ges i fel plentyn ac yr oeddwn i yn fy nhro yn ei roi i fy mhlant i, yn agoriad llygad. Roeddwn yn hollol ymwybodol fy mod i a'm teulu yn gymharol freintiedig ond roedd darganfod byd mor arw, ac un mor gudd i bob pwrpas, ar fy stepan drws, yn wers ac yn agoriad llygad, ac yn un yr oeddwn yn credu y byddai gwerth ei rannu gyda chynulleidfa arfaethedig a fyddai, yn fy nhyb i, yr un mor ddall i fywydau'r Cymry ifanc hyn ag y bûm i. Dywed Steve Blandford, "A number of projects that Arad Goch created have involved young people from challenging backgrounds, and Sera Moore Williams' observations on this kind of work open up fascinating questions about language, identity and theatre in Wales".[96] Nid oedd yr heriau a wynebai'r bobl ifanc hyn yn ddyddiol yn rhan o fy mhrofiad i, ac roedd eu hymddygiad yn aml iawn ynghlwm â thlodi, anhwylderau megis ADHD, camdrin emosiynol a rhywiol, a gor-ddefnydd o alcohol a/neu eu cyffuriau hwy a'u rhieni. Er fy mod yn ystyried fy hun yn oddefgar iawn roeddwn yn llym iawn fy meirniadaeth ar y pryd o rieni na fyddai'n gofalu'n well am eu plant, er y gwyddwn eu bod mewn cylch diderfyn ac mai eu plentyndod garw hwy oedd yn aml wrth wraidd eu difaterwch neu anallu fel rhieni. Roedd yr hyn yr oeddwn eisiau ei gyfathrebu yn *Mab* yn eglur iawn yn fy meddwl cyn dechrau ysgrifennu, ac wedi ei hwyluso yn arw trwy ddarganfod cerbyd ar ffurf y stori bapur newydd. Nid archwiliad o'm cyflwr i fy hun oedd *Mab* er bod y ffaith fy mod yn fam yn ganolog i'm diddordeb dechreuol yn y stori. Yn hytrach, datganiad am gymdeithas o'm perspectif i yw'r ddrama.

Bu fy ngwaith gyda'r bobl ifanc yma yng Ngheredigion, a'r hyn a ddysgais am fywyd trwy weithio gyda hwy, wrth galon nifer o fy nramâu ar ôl *Mab*, gan gynnwys *Conffeti* (2002), *Riff* (2003/4), *Crash* (2004/5) a *Mwnci ar Dân* (2007).[97] Roedd creu *Mab*, sef cynhyrchiad olaf Y Gymraes, yn ddechrau proses o ysgaru ysgrifennu a chyfarwyddo i mi i raddau, er fy mod wedi parhau i geisio herio fy hun yn y ddau faes yn annibynnol ar ei gilydd. Yn *Crash*, er enghraifft, yr her oedd i geisio ysgrifennu digwyddiadau mawr dramataidd, credadwy, y tu fewn i fformat byr (h.y. llawer yn digwydd mewn ychydig o amser), ac fel cyfarwyddwr, i geisio creu coreograffi o symudiadau gyda'r testun yn gyfeiliant. Roedd y coreograffi (mewn rhai golygfeydd yn unig) yn llafurus, gan i mi greu gyda'r actorion luniau llonydd a gynrychiolai ddigwyddiadau ac awyrgylch, llinell wrth linell yn y testun, gan gysylltu'r lluniau wedyn yn un llif o symudiadau ynghyd â'r ddeialog. Dywed David Adams wrth adolygu *Crash*:

> Three very recognisable characters are here transported into a modern tragedy where the inevitable inches ever closer as surely as it does in Greek drama: but who will be the tragic hero (or heroine), who's the hubris and the nemesis, where the catharsis? We swing from character to character and, to the play's credit, the climax is surprise. As if to emphasise the classic model, the playwright/director employs a heightened style of writing and performance that gives it a not-quite-real

quality that makes for an intensely theatrical experience that is also utterly credible.[98]

Tra mai un elfen i'w defnyddio fel rhan o broses greadigol ehangach yn yr ystafell ymarfer oedd y testun wrth greu *Byth Rhy Hwyr* a *Mefus*, wrth adlewyrchu ar *Mab*, mae'n amlwg fod mwy o gymhlethdod y cynhyrchiad arfaethedig (er y gwyddwn wrth ysgrifennu mai fi fyddai yn cyfarwyddo) eisoes yn hysbys yn y testun, fel y dengys dadansoddiad bras ohono. Yn *Mab* cyflwynir y gynulleidfa yn syth i'r confensiwn o actorion yn siarad yn uniongyrchol â hwy, sy'n wahanol i'r confensiwn prif ffrwd o wylio drama tra'n eistedd yn anhysbys, goddefol a diogel mewn tywyllwch awditoriwm. Anogir y gynulleidfa hefyd mewn modd uniongyrchol iawn o'r dechrau i ystyried mecanyddiaeth theatr:

ACTOR: (WEDI DYCHRYN. YN CODI O'R SOFFA) Noswaith dda. Diolch am ddod.
Ac am wylio a gwrando mor astud hyd yn hyn!
Noson (braf/fudr) eto.
Ffrindia! Trwy gyfrwng y celfyddyd a elwir yn theatr, fe fyddwn ni, gwmni bach o dri actor,
(MAE O'N DISGWYL YN OFER AM LINELL GAN OWEN)
Owen?

OWEN: Cerddor, a dau dechnegydd,

ACTOR: ... yn gweithio heno i gyflwyno Stori, yn hytrach efallai na drama, i chi, y gynulleidfa.

OWEN: A honno wedi ei seilio ar stori wir. Barod?

ACTOR: Wyt ti'n iawn?

OWEN: (YN SARRUG) Yndw. Iawn.

ACTOR: Er mwyn deud y stori fe fydd yr actorion, ran amlaf, yn ymgorffori cymeriadau, wedi eu creu yn ystod wythnosau o weithio.

Ond ar adegau, rhyw rybudd bach fa'ma – fe fydd 'na ddiosg cymeriadau,

OWEN: (YN DDIRMYGUS) Huh!

ACTOR: Bydd! ... Er mwyn gwasanaethu thema, mewn ffyrdd eraill.
Siarad efo chi, fel hyn, er enghraifft.
Siaradwch yn ôl ar bob cyfri.
Byrfyfyrio falle! Pwy a ŵyr!
Rhyw bwt bach o fideo yma ac acw ...
A sain.
Ychydig o arbrawf – ond peidiwch â phoeni!
Waeth faint mor anghyfarwydd
ydi theatr
fel cyfrwng
i chi –
Fe fyddwch chi'n iawn! (SAIB)
Fe fyddwch chi'n cael eich effeithio heno.

OWEN: Gobeithio!

ACTOR: Fe fyddwch chi'n teimlo fel chwerthin.

OWEN: Teimlo fel crio.

ACTOR: Oherwydd trwy gyfrwng y celfyddyd a elwir yn theatr ...

OWEN: Come on!

ACTOR: ... Fe fyddwn ni'n manipiwleiddio synhwyrau. Eich arwain chi ar hyd llwybr o deimladau torfol. Codi cwestiynau. Gwneud i chi feddwl ...

OWEN: Dyna natur ein gwaith ni, dyna'i werth o.

ACTOR: O! Ac wrth gwrs, yn amlwg felly, fe fyddwn ni'n eich difyrru chi.
'Dan ni gant y cant o ddifri am hynny! (t. 194–5)

Cyflwynir y cymeriadau i'r gynulleidfa gan yr actorion sy'n eu chwarae, a chyflwynir y lleoliadau hefyd wrth i'r actorion ddechrau ymgorffori'r cymeriadau a'u gosod yn y man ble mae golygfeydd yn digwydd.

ACTOR: Mae Joe, y cymeriad dwi'n chwara, yn ista mewn bar,
(YN PWYNTIO AT Y BAR) Draw fanna. Joe fydd yn
adrodd y stori. (t. 195)

Rhaid cofio bod y tensiynau arferol y mae aelod o gynulleidfa yn ei
brofi, sef o fod yn ymwybodol o fod mewn cynulleidfa, ond hefyd o
ymroi i 'fyd' y ddrama, wedi eu cymhlethu ymhellach mewn gwaith
cyfrwng Cymraeg oherwydd bod actorion eisoes yn debygol o fod
yn gyfarwydd (nid dim ond fel actorion ond hefyd o bosibl fel pobl)
i'r gynulleidfa.

Yn y dyfyniad isod mae'r Actor – oedd yn cael ei chwarae gan
berfformiwr cyfarwydd i'r gynulleidfa gyfan, rwy'n tybio – yn
parhau i siarad â'r gynulleidfa tra'n symud i'r 'bar', gan ddisgrifio ei
gymeriad (Joe).[99] Mae'r iaith yn newid yma o fod yn gymharol
realistig, sgyrsiol, i fod yn fwy barddonol efallai, gydag adlais o
arddull stori dditectif *film noir* a cherddoriaeth â naws *jazz* yn
gyfeiliant isel.

YN YSTOD YR ISOD MAE'R ACTOR YN PARATOI I
DDECHRAU CHWARAE RHAN JOE.

Mae'r bar yma'n far lle does 'na neb call yn mynd.

O HYN YMLAEN YN YSTOD Y GOLYGFEYDD BLE MAE
ACTORION YN CHWARAE RHANNAU JOE, Y FAM A'R MAB
BYDD CYFEILIANT CYSON CYNNIL O GERDDORIAETH A
SYNAU.

Ar ochr stryd ble does 'na neb yn cerdded mewn llinell syth.
Mae'n lle ble mae bywydau yn gwegian dros wydra pwt trwm
eu gwaelodion sy'n cael eu gwagio'n rhy aml. Mae'n lle llwm
iawn i lyncu llymed, byddai hyd yn oed Joe yn cyfaddef hynny,
ac ma Joe yn adnabod llwm.
Dyn da. Mae o'n trio. Mae o'n gweithio ar ddatrys problema
– pobl eraill. Ditectif. Ond weithiau ma 'na broblema'n
agosach i gartra, ac i'r bar yma mae o'n dod bob tro mae gofid

yn taro fel morthwyl ar bostyn ffens bywyd. Mae o'n licio – diflannu – i le ble fydd 'na neb sy'n amlwg yn yr hen fyd 'ma'n ei weld o. Mae o'n nabod y dyn sy tu ôl i'r bar. Dyn byddar sy ddim am ailadrodd dim o'r hyn mae o'n fethu ei glywed. Ond unwaith i'r llwnc lacio ma Joe yn siarad efo pawb, pob estron, fel ffrind mynwesol. A dim ots lle mae o'n cychwyn, yr un hen epilog gawn nhw ar ddiwedd pob noson ... (t. 197)

Erbyn diwedd yr uchod, mae'r Actor wedi ymgorffori cymeriad Joe, ei osod mewn sefyllfa, ac wedi tywys y gynulleidfa tuag at ddechrau cyfnod o wylio cyfres o olygfeydd mewn arddull theatraidd mwy cyfarwydd a gyda deialog naturiolaidd. Mae'r cymeriad (Joe) yn siarad â phobl yn y bar, sef aelodau real o'r gynulleidfa wedi eu gwahodd i gymryd seddi, gyda diod, wrth fyrddau ar gyrion un ochr i'r gofod perfformio. Trwy osod aelodau o'r gynulleidfa 'yn y bar' yn y modd yma roeddwn yn ceisio pontio rhwng y perfformiad a'r gynulleidfa a'r perfformio a'r gwylio, a hefyd yn ceisio galluogi cymeriad Joe, sef prif storïwr y ddrama, i adrodd ei stori mewn modd personol er bod y rhan fwyaf o'r gynulleidfa (heblaw am y rhai a eisteddai ger y byrddau) yn gallu ymlacio i mewn i'r rôl draddodiadol oddefol o wylio. Wrth gwrs, mae'r gynulleidfa sy'n eistedd ger y byrddau yn ymwybodol trwy gydol yr amser eu bod hwy, yn ogystal â Joe, yn cael eu gwylio, a gweddill y gynulleidfa yn ymwybodol eu bod yn gwylio pobl nad ydynt yn actorion sydd wedi derbyn rôl yn y naratif.

Parabla Joe am ei fywyd ond cyn iddo ddechrau adrodd stori ganolog y ddrama wrth y bobl yn y bar, clywn gan yr Actores (fydd yn ymgorffori cymeriad Y Fam) ein bod yn gweld Joe heddiw, yn y bar, ar ddiwedd diwrnod anodd. Ceir felly, ar adegau, actorion sy'n chwarae cymeriadau, tra bo actorion eraill allan o gymeriad:

ACTORES: Joe druan. Fel arfer ma diwedd hanes y fodrwy yn arwydd i bawb fod Joe am faglu a llusgo ei ffordd i'w wely – dwbl – gwag! Ond ma heno 'ma'n wahanol.

Ma heddiw 'di bod yn gythral o ddiwrnod. Yn
ddiwrnod hir. Yn ddiwrnod anodd. – Fi sy'n chwarae
rhan y Fam. (t. 200)

Yn hytrach na dechrau adrodd y stori ganolog o'r dechrau'n deg, ac
yn wahanol i'r strwythur confensiynol o weithio tuag at uchafbwynt,
mae Joe yn datgelu yn syth i'w gynulleidfa yn y bar fod yna ddiwedd
hapus.

JOE: 'Ma chi stori. 'Dach chi'm 'di clywed hon. 'Dach chi
        ddim, 'dach chi ddim! Wnai ddechra o'r diwedd. Fel
        bo' chi'n gwybod, fod 'na ddiwedd hapus! Fod o werth
        gwrando ar Joe feddw gachu, achos bo' gynno fi
        ddiwedd hapus i chi.

        'Sa ni'n gwybod diwedd pob stori cyn ei chychwyn hi,
        'sa fo'n safio lot arna ni basa?... (t. 201)

Mae Joe yn cychwyn ei stori dair blynedd a phedwar mis yn
ddiweddarch, pan fo bachgen ifanc wedi diflannu o'i gartref, ac am
hanner cyntaf y ddrama mae'r naratif yn tywys y gynulleidfa trwy'r
digwyddiadau o'r foment honno hyd at y diwedd hapus y sonnir
amdano eisoes, sef pan fo'r bachgen yn cyrraedd adre eto.

Wrth adrodd y stori, mae cymeriad Joe yn camu allan o'r bar ac
i mewn i olygfeydd mewn lleoliadau eraill megis tŷ y fam, ac mewn
'ôl-fflachiadau' (fel petai e'n eu cofio) yn ail-fyw y stori mae'n ei
hadrodd i'w gynulleifa yn y bar. Mae'r ddeialog yn yr ôl-fflachiadau
yn naturiolaidd.

Wrth gyrraedd y diwedd hapus, mae'r actor sy'n chwarae Joe
yn dangos ei ddifaterwch tuag at sefyllfa'r cymeriadau yn y 'ddrama'
trwy ddiosg y cymeriad, a thrafod cael egwyl neu beidio. Trwy gydol
Mab, yn debyg iawn i'r hyn yr oeddwn yn ei wneud yn *Byth Rhy
Hwyr*, roeddwn yn ceisio denu cynulleidfa i mewn i olygfeydd gyda
chynnwys emosiynol ac yna eu gwthio allan eto er mwyn iddynt
ystyried a gwerthuso yr hyn yr oeddent yn ei wylio. Wedi i'r actorion

gymryd seibiant (tra bo'r gynulleidfa yn ansicr os yw'n egwyl iddynt hwy hefyd) mae cymeriad Joe yn datgelu bod chwe mis ers y diwedd hapus y mae wedi ei ddatgelu eisoes ac mae'n cychwyn adrodd y stori eto o'r pwynt hwnnw sef pan ddaeth y bachgen yn ôl, gan dywys y gynulleidfa trwy ei broses fel ditectif o ddarganfod a datgelu mai twyllwr, mewn ffaith, oedd y bachgen. Darganfyddwn fod Joe newydd arestio'r bachgen heddiw ac mai dyna pam ei fod yn y bar. Mae ergyd ail ddiweddglo'r stori yn fwy effeithiol oherwydd fod hanner cyntaf y ddrama wedi ei dreulio yn camarwain y gynulleidfa ynglŷn â'r diwedd hapus. Cofiaf glywed aelodau o gynulleidfaoedd yn datgan eu sioc (yn uchel – sy'n dynodi eu bod yn gyfforddus i wneud hynny) wrth i'r twyll gael ei ddatgelu.

Yn ystod y ddrama, daw'n amlwg nad yw'r actorion yn cytuno gyda barn ei gilydd am y deunydd yn y ddrama y maen nhw'n ei gyflwyno nac am y modd y maen nhw'n ei gyflwyno. Nid yn unig tynnu sylw at y gwylio yr ydwyf yn *Mab* felly, ond hefyd tynnu sylw at y broses o greu:

ACTORES: Do'n i'm yn siŵr pan ges i gynnig y rhan yma – os o'n i am dderbyn y gwaith neu beidio. Dwi'm yn smocio, felly fe roedd hynna'n un peth i'w ystyried ... ac a bod yn onest, dwi'm fam i fab bach fy hun, ac o'n i ofn (MEDDWL YN UCHEL) ... meddwl am y peth am wn i. Ofn y basa uniaethu efo'r cymeriad 'ma yn ormod i ddelio efo fo. Ofn 'swn i'n chwara rhan y fam yn y ddrama y baswn i rhywsut yn temptio – rhagluniaeth ...

OWEN: Dydi peidio meddwl am betha ddim yn amddiffynfa.

ACTORES: Be?! Na – ond beth bynnag, fe wnaethon ni benderfynu fel cwmni bo' ni ddim am drio uniaethu'n llwyr efo'r cymeriadau, ddim am drio gwneud i chi gredu maen nhw ydan ni, achos ... oeddan ni ofn peidio gallu gwneud cyfiawnder â nhw.

OWEN: Yeah yeah!

ACTORES: Ofn bod yn sarhaus i'w profiada nhw. Felly 'dan ni'n camu mewn ac allan o gymeriad ... just deud y stori fel 'dan ni'n teimlo bo' ni'n gallu ... oeddan ni'n teimlo mai dyna'r peth iawn i'w wneud.

OWEN: Do'n i ddim. (t. 209)

Mae diffyg cytundeb rhwng yr actorion yn arwain i ddadlau sydd fel petai heb ei sgriptio, ac felly'n awgrymu fod y perfformiad yn gwegian. Er mwyn gwneud i'r rhannau hyn ymddangos yn real (neu yn ddigon real i achosi ansicrwydd yn y gynulleidfa) rhoddais yr wybodaeth yr oeddwn eisiau ei chyfathrebu i'r actorion yn ystod yr ymarferion a gofyn iddynt fyrfyfyrio. Y canlyniad oedd fod eu rhythmau siarad naturiol yn dod i'r amlwg, gan arwyddo trwy ansawdd yr iaith, i'r gynulleidfa, fod rhywbeth gwahanol eto yn digwydd. Yn y cyfieithiad Saesneg roedd yr actorion yn defnyddio'r Gymraeg yn bennaf pan yn anghytuno, gyda dim ond yr wybodaeth hollol hanfodol yn cael ei ddweud yn Saesneg, gan wneud y rhan yn fwy credadwy eto. Roedd yn bwysig fod y rhannau hyn yn llwyddo oherwydd roeddwn am i'r gynulleidfa ystyried ai theatr ynteu rhywbeth arall yr oedden nhw'n ei weld o un foment i'r llall. Cymaint oedd y dadlau rhwng yr actorion ar adegau fel bod y technegwyr yn diffodd sain, fideo a goleuadau, fel bo'r gynulleidfa am gyfnodau yn yr un golau 'tŷ' â'r cast. Mae newid rhwng golau theatr a golau 'tŷ' yn newid eithafol ar ganol perfformiad, ac roedd yr effaith yn anesmwytho'r gynulleidfa.

Yn ystod y dadlau ynglŷn â'r angen i gael egwyl neu beidio, fe ddigwydd toriad arall yn y ddrama, ac yn arddull y cynhyrchiad, sef fod Owen, yr actor sy'n chwarae rhan y Mab, yn penderfynu dangos i'r ddau actor arall fod ganddo ymwybyddiaeth dda (od o dda) o'r math o gymeriad y mae'n ei bortreadu (mae'r ddrama'n datgelu bod ei gefndir yn debyg i'w cefndiroedd hwy). Defnyddir cyfres o fonologau mwy-fwy taer, gyda sŵn a llif y geiriau yn cario ystyr yn ogystal ag ystyr y geiriau eu hunain. Defnyddir iaith gref yma, sy'n effeithiol (fel ag yr oedd yn *Mefus*, er yn llai heriol gan mai o enau bachgen ifanc y dôi) oherwydd nas defnyddir yn unrhyw ran arall o'r ddrama.

I grynhoi felly, mae gan *Mab* strwythur dramataidd cymhleth sy'n hysbys yn y testun, ynghyd â chanllawiau ar gyfer cynhyrchiad o'r testun. Mae yn y ddrama actorion yn siarad yn uniongyrchol â chynulleidfa am gynnwys ac arddull yr hyn maen nhw'n ei wylio. Mae'r gynulleidfa yn gwrando ar storïwr (Joe), mae yna ddeialog naturiolaidd mewn ôl-fflachiadau naturiolaidd gyda chynnwys emosiynol dwys, mae yna fonologau, mae yna ysgrifennu sy'n ymylu ar fod yn farddonol o ran geirfa a rhythmau, ac mae yna iaith realistig pan fo'r actorion yn ffraeo. Mae'r gynulleidfa'n cael eu tywys i gydymdeimlo â chymeriadau, ond i dderbyn mai cynrychioli nid ymgorffori cymeriadau mae'r actorion, ac i ymateb yn ddeallusol i'r hyn maen nhw'n deimlo. Ar adegau mae'r cynhyrchiad cyfan fel petai'n methu. Mae amser yn cael ei ddefnyddio mewn modd sy'n galluogi datgelu tro yng nghynffon y stori gyfan yn araf iawn. Mae yna stori ganolog gyda sawl uchafbwynt, sef mam a mab yn dod yn ôl at ei gilydd, y darganfyddiad mai twyllwr yw'r bachgen a ddaw yn ôl, y datguddiad bod y fam wedi deall o'r dechrau nad ei mab hi oedd y bachgen a ddychwelodd, a'n sylweddoliad ni fel cynulleidfa nad yw'r fam felly yn gwybod beth ddigwyddodd i'w mab. Datgelir fod Owen, yr actor sy'n chwarae rhan y mab, yn debyg o ran cefndir i'r cymeriad. Mae technoleg yn bresenoldeb (wedi ei nodi yn y testun yn y cyfarwyddiadau llwyfan) ar lun sain sy'n gyfeiliant cyson, goleuo syml a chefnlen fideo sy'n dynodi lleoliadau. Defnyddir hefyd brolog ac epilog fideo, sy'n dangos digwyddiad mewn maes chwarae, pan fo bachgen ifanc yn cael ei wthio oddi ar ei feic gan griw o fechgyn (darganfyddwyd beic y bachgen wnaeth ddiflannu mewn parc chwarae yn y stori wreiddiol). Does dim modd adnabod dim o'r bechgyn yn y fideo oherwydd mai dim ond rhannau o gyrff a wynebau a welwn, ond roeddwn i'n falch mai'r actorion yn y fideo hwnnw oedd y bechgyn y bûm yn gweithio gyda hwy trwy'r prosiect

Cyfiawnder Ieuenctid, a'u bod hwy felly yn ymddangos (er yn gudd) mewn digwyddiad amlwg wrth galon parchusrwydd yr Eisteddfod Genedlaethol, a bod eu lleisiau hwy yn bresennol yn yr ŵyl.

Ers creu *Mab*, tra bod cwmni Arad Goch wedi'm galluogi i gyfarwyddo 'dramâu' wedi eu comisiynu gennyf gan y cwmni ar gyfer cynulleidfa ifanc, ni fu bodloni i eraill f'ystyried fel dramodydd ar un llaw neu gyfarwyddwr ar y llall, yn hytrach na dramodydd/ gyfarwyddwr, yn adeiladol. Er i mi ysgrifennu dwy 'ddrama' ar gomisiwn i Theatr Genedlaethol Cymru ni lwyfannwyd 'run o'r ddwy hyd yma, er i mi gyfarwyddo darlleniad sgript mewn llaw o'r ddiweddaraf, wedi cyfnod byr o ddatblygu gydag actorion yn ystod Eisteddfod Genedlaethol Caerdydd.[100] Does dim disgwyl i bob drama sy'n cael ei hysgrifennu gael ei chynhyrchu, ond ychydig iawn o bobl sydd ynghlwm wrth y penderfyniadau hyn mewn gwironedd, a chredaf fod trafodaeth ddiddorol eto i'w chynnal am effaith penderfyniadau comisiynu a llwyfannu ar drywydd a datblygiad y theatr yng Nghymru. Credaf fod un o'r ddwy ddrama hyn yn destun, fel *Mab,* y byddai modd i gyfarwyddwr arall fod wedi ei lwyfannu yn gymharol rhwydd, er fy mod, o'r dechrau, fel her i'r cwmni cynhyrchu (gan ei bod yn anodd i roi hen arfer i'r neilltu), wedi gosod y ddrama ar ben to, er mwyn annog lluniau llwyfan dychmygus. Bu hyn yn y pen draw, yn faen tramgwydd difrifol i'r sawl oedd yn ei darllen.

Efallai i'r testun diweddaraf gwympo rhwng dwy stôl. Cefais fy nghomisiynu unwaith eto fel dramodydd i ysgrifennu 'drama', ond credaf, oherwydd na fu cynhyrchiad o *Ar Ben To*, bod fy hyder o safbwynt creu gwaith ar bapur wedi ei danseilio, a hynny oherwydd bod buddsoddi heb sicrwydd fod hynny'n arwain at gynhyrchiad yn brofiad anghyfarwydd i mi. O ganlyniad, credaf fy mod wedi cymryd cam yn ôl tuag at broses fwy cyfarwydd fy ngwaith cymharol lwyddianus i *Y Gymraes*, lle nad oedd cwestiwn ynglŷn â chreu cynhyrchiad neu beidio. Canlyniad y broses honno oedd i mi gyflwyno cyfres o ganllawiau ar gyfer digwyddiad theatr fel rhan o broses ddatblygu oedd wedi ei hanelu at fy ngalluogi i lunio 'drama' gam wrth gam, a drafft wrth ddrafft. Nid yw'n syndod mewn gwirionedd, gan nad oedd yna naratif tryloyw, cymeriadau 'crwn' na phresenoldeb diweddglo cyflawn, i'r darllenwyr fethu gweld y tu hwnt i'r geiriau yr oeddwn yn eu cyflwyno. Bellach, trwy fod wedi adlewyrchu ar y broses, credaf fy mod yn agosach at ddeall y sefyllfa ac yn fwy ymwybodol nid yn unig o'm ffaeleddau fel ymarferydd wrth gymryd rhan mewn proses o ddatblygu dramâu mewn modd confensiynol, ond hefyd o ffaeleddau cynhyrchwyr efallai i allu bod yn ddychmygus a chreadigol.

Bu'r cynhyrchiad o *Mab* yn llwyddiant yn ôl yr adolygiadau, ac enillodd wobr 'Y Cynhyrchiad Gorau trwy gyfwng y Gymraeg' yng Ngwobrau Theatr Cymru yn 2002. Dywed Nic Ros am waith Y Gymraes, "Mae gwaith y cwmni hwn mor agored ei ymagwedd nes croesi ffiniau rhyw, mor unigryw ei ansawdd nes croesi ffiniau gwlad. Dyma Theatr Genedlaethol a thu hwnt."[101] Mewn gwirionedd, fodd bynnag, rwy'n credu nawr, naw mlynedd ar hugain wedi cynhyrchu *Byth Rhy Hwyr*, ac ugain mlynedd wedi cynhyrchu *Mab*, y gellid dadlau mai fy ngobaith gorau o lwyfannu fy ngwaith cyfredol fy hun fyddai i atgyfodi Y Gymraes!

Bûm yn rhan o ddiwygiad theatr yng Nghymru yn ystod yr 1980au a'r 1990au cynnar a oedd yn cymryd ysbrydoliaeth o'r tu hwnt i Brydain ac yn symud i ffwrdd o deyrnasiad 'drama'. Cafodd cynulleidfa ei meithrin yng Nghymru ar gyfer y math yma o waith, gan newid disgwyliadau cynulleidfa o'r hyn y gallasai theatr fod. Wrth i'r gwaith ôl-ddramataidd hwn ail-leoli i Gaerdydd, gan ddenu cynulleidfa Seisnig, a theithio yn Ewrop a thu hwnt, cafodd y gynulleidfa Gymraeg ei hamddifadu, a buan yr aeth y gynulleidfa honno yn ôl at yr hyn a ddarparwyd ar ei chyfer, sef 'drama', neu rifiw, neu sioe glwb. Fel ymarferydd fu ynghlwm wrth theatr arbrofol yr 1980au ac yn ymwybodol o waith radical y cwmnïau Theatr mewn Addysg, ac wedi fy nhrwytho felly yn y syniad o berthynas fyw iawn rhwng perfformiad a chynulleidfa, roedd yn naturiol i mi barhau i geisio datblygu gwaith arbrofol. Erbyn dechrau'r 1990au tyfodd fy niddordeb mewn arbrofi gyda thestun am sawl rheswm. Roedd ymgymryd â chreu gwaith testunol yn gweddu'n ymarferol i'm hawydd i fod gartref yn magu fy mhlentyn. Oherwydd fy mod yn briod ac yn fam newydd roeddwn yn fwrlwm o brofiadau a theimladau newydd, anghyfarwydd, ac yn chwilio am fodd o wneud synnwyr o'r rheiny, ac o gyfathrebu hynny. Roeddwn hefyd o'r farn fod yna fodd o arbrofi gyda'r iaith Gymraeg mewn ffurf gymharol gyfarwydd fel elfen o theatr ôl-ddramataidd nad oedd wedi ei wneud yn flaenorol, ac a fyddai'n denu cynulleidfa yn ôl unwaith eto i fod yn rhan o'r arbrawf. Sefydlais Y Gymraes oherwydd nad oedd llwybr arall i mi fel ymarferydd oedd eisiau rheolaeth ar fy ngwaith fy hun ar y pryd, a thra bod creu cyfleoedd i reoli eich gwaith eich hun yn heriol i bawb, roedd gwneud hynny fel menyw yng Nghymru yn yr 1980au a'r 1990au yn anos fyth.

Mae sefydlu cwmni yn ymddangos bron yn amhosibl o herfeiddiol i mi nawr, ond mae'r ffaith i mi wneud bryd hynny yn dystiolaeth o'm hawydd cryf ar y pryd i gyfathrebu fy hunaniaeth fel menyw, fel gwraig, fel mam a Chymraes. O fyfyrio ar fy nghorff o waith ar gyfer Y Gymraes credaf fy mod wedi ymbalfalu trwy broses, heb wybod yn iawn beth yn union yr oeddwn yn ei wneud, ond heb golli golwg byth ar yr awydd i herio fy hun fel ymarferydd, na'r awydd i greu modd o gyfathrebu oedd yn heriol i'r gynulleidfa. Mae'r gwaith yn dystiolaeth, rwy'n credu, o'm diddordeb mewn gwleidyddiaeth ddomestig, mewn gwleidyddiaeth rhywedd, mewn storïau pobl gyffredin, a'r pethau anghyffredin sydd ynghudd rownd pob cornel. Rwy'n canolbwyntio yn y testunau ar gyfathrebu diffyg llais yr unigolyn yn y gymdeithas, gan ganolbwyntio ar ddiffyg llais menywod ac yn ddiweddarach pobl ifanc ddifreintiedig. Mae'r testunau yn amlygu gofal, sy'n hanfodol i Theatr Mewn Addysg. Maent yn ben-agored (ac oherwydd hynny yn fwy gonest efallai, gan fod dim modd dweud celwydd heb wneud datganiad pendant), neu'n obeithiol, sydd hefyd yn nodwedd o waith ThMA ac o waith benywaidd. Mae'r is-destun yn hollbwysig a'r is-ymwybod a llif y meddwl, sydd hefyd yn nodwedd o waith benywaidd, yn ffactor yn y cyfansoddi a'r cyfathrebiad. Mae yna dystiolaeth yn y testunau, ac efallai ei fod yn fwyaf amlwg yn *Mefus*, o ddryswch ynglŷn â ffurf, sy'n deillio o'm hawydd i beidio â dieithrio'r gynulleidfa i'r pwynt ble byddaf yn eu colli. Dywed Gwenan M. Roberts wrth drafod fy ngwaith, "lle y gall cwmnïau benywaidd mewn gwledydd eraill droi fwyfwy at y corff fel modd o fynegiant, mae cwmni Y Gymraes, fel mae'r enw yn awgrymu, yn perthyn i ddau leiafrif. Ai dyma pam tybed bod cymaint o'n dramodwyr mor geidwadol ac mor amheus o weithiau corfforol, mae yma yng Nghymru etifeddiaeth o iaith i'w harbed? Codir y pwynt gan Elan Closs Stephens yn ei hastudiaeth o theatr yr ugeinfed ganrif: 'Is it possible that the apotheosis of Welsh theatre is to find a theatre language that does not need Welsh?'"[102]

Yn fy ngwaith cynnar i Y Gymraes roeddwn yn ceisio creu naratif i gysylltu storïau fel bod yna ryw debygrwydd yn y gwaith i'r hyn y byddai cynulleidfa i waith prif ffrwd yn ei adnabod. Roedd y broses o lunio'r testunau gorffenedig yn deillio o'm profiadau o ddyfeisio theatr arbrofol gan gynwys ThMA ac o weithio gydag eraill mewn ystafell ymarfer, yn anweledig yn y cynyrchiadau, ond ar bapur mae'r testunau *Byth Rhy Hwyr* a *Mefus*, o'u darllen fel dramâu fel ag y mae'n rhesymol i ddisgwyl y byddai darllenwr yn ei wneud, yn adlewyrchiad anghyflawn o'u defnydd fel canllaw ar gyfer profiad theatraidd ôl-ddramataidd. Nid dramâu roeddwn i'n ceisio eu creu wrth roi pin ar bapur, ond hyd yma, doeddwn i ddim yn hollol eglur yn fy meddwl fy hun am yr hyn yr oeddwn yn ei wneud. Mae *Mab* yn wahanol i'r ddau destun arall (a gweddill y corff o waith ar gyfer Y Gymraes) ac yn pontio i mewn i gyfnod newydd o weithio fel dramodydd a chyfarwyddwr yn hytrach na dramodydd/ cyfarwyddwr. Rwy'n ystyried *Mab* fel llai o ganllaw a mwy o ddrama ond nid oherwydd fy mod wedi cefnu ar yr arbrawf gwreiddiol. Yn y ddrama honno roedd modd i mi osod mwy o'r hyn yr oeddwn yn ei ddeall ynglŷn â chyfathrebu gyda chynulleidfa er mwyn cyflwyno cynnwys yn y modd mwyaf effeithiol i berfformwyr, trwy gyfrwng y testun, ac yn anorfod felly mae hynny'n newid y broses greadigol a'r broses yn yr ystafell ymarfer. Rwy'n tybio bod y rhan fwyaf o'r gynulleidfa ar gyfer drama gomisiwn yr Eisteddfod Genedlaethol yn ei mynychu oherwydd bod y 'ddrama' yn rhan o'u profiad hwy yn flynyddol ac mae'n galondid i mi bod fy ngwaith, gyda'r dylanwadau eang, a'r awydd i arbrofi, wedi llwyddo cystal i gyfathrebu â'r gynulleidfa hon.

Nodiadau

1   Elaine Aston, *Feminist Views on the English Stage. Women Playwrights 1990-2000* (Cambridge: Cambridge University Press, 2003), t. 2.

2   http://www.theatre-wales.co.uk/plays/index.asp (cyrchwyd 10/6/18)

3   Gwenan M. Roberts, 'Methu Torri dros y Tresi? Y Ferch a Theatr Gyfoes Gymraeg', *Taliesin*, 1999, tt. 58-59.

4   Sefydlwyd Cwmni Cyfri Tri yn 1980 gan Jeremy Turner, Christine Watkins a Sera Moore Williams.

5   Sefydlwyd Brith Gof yn 1981 gan Lis Hughes Jones a Mike Pearson.

6   Lis Hughes Jones, 'Atebion a Chwestiynau Actorion', *Y Faner*, 19 Tachwedd, 1982, t. 11.

7   Sefydlwyd Arad Goch yn Aberystwyth yn 1989.

8   Yn deillio o'r 1970au pan sefydlwyd Flint TIE, Breconshire TIE, Action Pie, Gwent Young People's Theatre, Open Cast Theatre, a Chwmni Theatr y Werin, ac erbyn canol yr 1980au trwy esblygiad y cwmnïau gwreiddiol ac eraill, roedd Theatr Powys, Spectacle Theatre, Clwyd Outreach, Theatr Gwent, Y Frân Wen, Theatr Gorllewin Morgannwg ac Arad Goch yn darparu ThMA yng Nghymru ac erbyn diwedd yr 1980au roedd Theatr Iolo hefyd wedi ei sefydlu.

9   Cafodd adeilad theatr y Belgrade, y theatr ddinesig gyntaf i gael ei hadeiladu ym Mhrydain ar ôl yr Ail Ryfel Byd, ei hagor yn 1958. Dyma gartref Theatr mewn Addysg ym Mhrydain, ac mae'r gwaith hwnnw ar gyfer a gyda phlant a phobl ifanc wedi parhau yn ddi-dor fel rhan o waith y cwmni ers yr 1960au.

10 Eirwen Hopkins, *Nid Ar Chware Bach* (Caerdydd: Argraff, 2005), t. 5.

11 Ibid.

12 Sefydlwyd y *Standing Conference of Young People's Theatre* (SCYPT) yn 1974 er mwyn codi ymwybyddiaeth genedlaethol o Theatr mewn Addysg

a Theatr i Bobl Ifanc, ac er mwyn datblygu ac ehangu ar y gwaith trwy gadw cwmnïau mewn cysylltiad â'i gilydd, a hyrwyddo'u cynyrchiadau a'u hallbwn addysgiadol. Cynhaliwyd dwy gynhadledd yn flynyddol a chyhoeddwyd cylchgrawn o'r un enw, SCYPT. Daeth SCYPT fel sefydliad i ben yn 1997.

13 Hopkins, *Nid Ar Chware Bach,* t. 7

14 Ibid.

15 Roedd *Jeremiah Jones* a berfformwyd gan Theatr Gorllewin Morgannwg yn Eisteddfod Genedlaethol 1986 yn trafod anallu llawer o Gymry i brynu cartref oherwydd fod prisiau tai yn codi.

16 Daeth ymarferwyr megis Tim Baker (fu wedyn yn gyfarwyddwr Theatr Gorllewin Morgannwg ac yn Gyfarwyddwr Cyswllt yn Theatr Clwyd), Jamies Gavin a Ros Hutt (fu wedyn yn gyfawyddwr i gwmni ThMA Coracle Theatr) at ei gilydd ar sail eu gwaith i Action Pie, Open Cast, a Gwent Theatre a chreu Spectacle Theatre Company yn 1979 i ddarparu ThMA yn ardal Morgannwg Ganol. Gary Meredith a Julia Davies, arweinwyr Cwmni Theatr Ieuenctid Gwent a sefydlodd Theatr Gwent yn 1976 (a buont yn gweithio i'r cwmni tan 2011 pan ddaeth i ben). Mae Hijinx, a sefydlwyd yn 1981, erbyn hyn wedi ei leoli yng Nghanolfan Mileniwm Cymru, Caerdydd, yn creu gwaith cymhwysol gydag actorion gyda ac heb anawsterau dysgu.

17 Sefydlwyd Breconshire TIE yn 1971 gan John Greatorex a datblygodd y cwmni i fod yn Theatr Powys yn 1972. Dyma'r cwmni gyda'r cysylltiad agosaf at wreiddiau y cyd-destun ThMA a ddeilliodd o Theatr y Belgrade.

18 Anna-Marie Taylor, 'Surviving on the Edge: Patterns of Contemporary Theatre-Making', yn A-M. Taylor, (gol.), *Staging Wales: Welsh Theatre 1979–1997* (Caerdydd: Gwasg Prifysgol Cymru, 1997), t. 39.

19 N. Ros, 'Leaving the Twentieth Century: New writing on the Welsh-Language Mainstage 1979-1995', yn A-M. Taylor (gol.), *Staging Wales,* t. 31.

20 Roedd y dylanwadau ar Bethan Jones fel perfformwraig, cyn dechrau gweithio fel cyfarwyddwr, yn cynnwys gweithio gyda chwmni theatr arbrofol Geoff Moore, Moving Being, a hefyd Brith Gof, dau gwmni arwyddocaol iawn o safbwynt theatr amgen yng Nghymru. Mae Jones bellach yn uwch-gynhyrchydd gyda'r BBC. Rhan o'r dylanwad ar waith Ceri Sherlock, cyfarwyddwr ffilm, teledu a theatr, fu ei gyfnodau yn

cysgodi'r cyfarwyddwr Peter Brook ac yn cyd-weithio gyda'r cyfarwyddwr Peter Stein, dau o gewri theatr Ewrop ar ddiwedd yr ugeinfed ganrif.

21   Mike Pearson, 'The Script's Not the Thing', *New Welsh Review*, 27 (Gaeaf 1994), tt. 64–71 (71).

22   Bu Moving Being, dan gyfarwyddyd Geoff Moore, a leolwyd (1972-1982) yng Nghanolfan Celfyddydau Chapter cyn symud i adeilad St Stephens yn nociau Caerdydd, yn ddylanwadol ar theatr yng Nghymru oherwydd eu gwaith 'aml-gyfrwng' a gyfunai ddawnswyr, actorion, cerddorion, a gwneuthurwyr ffilm, yn ogystal â'u defnydd arbrofol o dechnoleg. Sefydlwyd Cwmni Labordy Caerdydd (1974-1980) yng Nghanolfan Celfyddydau Chapter Caerdydd gan Mike Pearson a Richard Gough. Roedd y cwmni wedi ei seilio ar theatr dlawd Grotowski, ac wedi ei ddylanwadu gan waith cwmni Odin Teatret, Eugenio Barba. Roedd gwaith y cwmni yn ddelweddol ac yn gorfforol. Sefydlwyd Paupers Carnival (1975–1990) gan Dek Leverton a Vanya Constant, eto yn Chapter. Roedd gwaith chwareus a delweddol y cwmni yn deillio o ddiddordeb Leverton mewn celf a chrefft, ac yn defnyddio pypedau a chelfi a grewyd ganddo. People Show (1966 –) yw cwmni arbrofol cyntaf Prydain. Maent yn dyfeisio sioeau trwy strwythuro delweddol, ac yn herio'r berthynas rhwng cynulleidfa a pherfformiwr. Maen nhw wedi perfformio mewn theatrau, caeau, strydoedd, blychau ffôn, ac ar ddŵr. Rhif yw teitl pob sioe ac mae oddeutu 132 o weithiau. Sefydlwyd Welfare State a esblygodd i Welfare State International (1968-2006), fel casgliad o ymarferwyr heb hierarchiaeth, yn beirianwyr, cerflunwyr, beirdd, cerddorion ac actorion, i greu gwaith theatr gyda ac ar gyfer cymunedau ar ffurf gorymdeithiau a gosodiadau, neu ddathliadau. Roedd y gwaith yn wleidyddol ei naws fel yr awgrymir gan yr enw, sy'n cynnig y syniad bod hawl gan bawb ar gelfyddyd.

23   Jerzy Grotowski (1933–1999), cyfarwyddwr theatr o Wlad Pwyl, y bu ei waith ar hyfforddiant yr actor a chreu theatr yn ddylanwad mawr iawn ar theatr ddiwedd yr ugeinfed ganrif. Sefydlodd *Teatro Laboratorium* yn Opole yn 1959. Gyda chydnabyddiaeth gynyddol i'w waith ers y chwedegau pan ddechreuodd y cwmni deithio'n rhyngwladol, gadawodd wlad Pwyl i weithio yn yr UD yn 1982 cyn symud eto er mwyn sefydlu ei ganolfan *Grotowski Workcenter* yn Pontedera, yr Eidal yn 1986. Eugenio Barba (1936 -), Eidalwr a hyfforddwyd yn ysgol theatr y wladwriaeth yn Warsaw, cyn ymuno â chwmni Grotowski yn Opole am dair blynedd. Aeth oddi yno i India i astudio theatr Kathakali. Sefydlodd gwmni Odin Teatret yn 1964,

sy'n parhau i weithio yn Holstebro yn Nenmarc. Yn ogystal â chreu cynyrchiadau trwy broses beunyddiol o ymchwilio corfforol, ers 1974 mae'r cwmni wedi bod yn bresennol mewn cyd-destunau cymdeithasol amrywiol trwy feithrin proses o gyfnewid diwylliannol gyda chymunedau neu sefydliadau a elwir gan Barba yn 'barter'. Yn 1979 sefydlodd Barba ysgol berfformio a elwir yn International School of Theatre Anthropology (ISTA). Daeth Odin i orllewin Cymru yn 1980 am y tro cyntaf. Jacques Lecoq (1929-1999), hyfforddwr meim, actio, a theatr gorfforol, â chanddo ddiddordeb arbennig yn y modd y symuda'r corff trwy ofod. Ar sail ei ddiddordeb mewn *commedia dell'arte*, ffurf boblogaidd o theatr yn Ewrop yn yr unfed ganrif ar bymtheg hyd y ddeunawfed ganrif, datblygodd ddulliau meim a gwaith yn seiliedig ar fasgiau, a ddaeth yn ddull hyfforddiant cydnabyddedig i'r actor. Sefydlodd L'École Internationale de Théâtre Jacques Lecoq yn 1956.

24 Taylor, 'Surviving on the Edge: Patterns of Contemporary Theatre-Making', *Staging Wales*, t. 34.

25 A. Jones, 'Cymru, Cenedligrwydd a Theatr Genedlaethol', yn A. Jones a L. Lewis (goln.), *Ysgrifau ar Theatr a Pherfformio* (Caerdydd: Gwasg Prifysgol Cymru. 2013), t. 114.

26 Bara Caws. Cwmni cymunedol sydd yn teithio led-led Cymru, wedi ei sefydlu ym Mangor yn 1977, yn deillio o ac fel adwaith i Gwmni Theatr Cymru.

27 G. Adams, 'Speaking to the Nation' yn Taylor (gol), *Staging Wales*, t. 170.

28 Elaine Aston, *Feminist Views on the English Stage. Women Playwrights 1990-2000* (Cambridge: Cambridge University Press, 2003), t .1.

29 Sarah Kane (1971-1999). Ysgrifennodd bum drama yn ystod ei bywyd, sef *Blasted* (1995), *Phaedra's Love* (1996), *Cleansed* (1998), *Crave* (1998) a *4.48 Psychosis*. Phyllis Nagy (1962-): Americanes a ddaeth i fyw ym Mhrydain yn 1992. Mae ei dramâu yn cynnwys *Weldon Rising* (1992), *Entering Queens* (1993), *Butterfly Kiss* (1994), *Disappeared* (1995), *The Strip* (1995) a *Neverland* (1998).

30 Yr actorion Ffion Bowen ac Owain Llŷr Edwards.

31 Anwen Jones, 'Cymru, Cenedligrwydd a Theatr Genedlaethol' yn Jones a Lewis (goln.), *Ysgrifau ar Theatr a Pherfformio*, t. 35.

32 Aston, *Feminist Views on the English Stage*, t. 9.

33 Roger Owen, 'On a dispersed Welsh language National Theatre 1979–1997', *New Welsh Review,* ar y cyd â www.theatre-wales.co.uk (cyrchwyd 10/6/18) t. 80. Gweler http://www.theatre- wales.co.uk/nwr_pdfs/NWR63%20Theatre%20section%20(low).pdf

34 Jerzy Grotowski, *Towards a Poor Theatre* (London: Eyre Methuen, 1976), t. 19.

35 Mae Brecht yn defnyddio arddull o ddieithrio cynulleidfa, *Verfremdungseffekt,* er mwyn iddynt beidio ymgolli yn llwyr yn y naratif, er mwyn ystyried y deunydd mewn modd llai emosiynol a mwy dadansoddol. Mae'n gwneud hyn trwy amharu ar lif naratif, siarad yn uniongyrchol â chynulleidfa ayyb er mwyn tynnu eu sylw at y broses theatraidd.

36 Ioan Williams, 'Gofod Theatr' yn Jones a Lewis (goln.), *Ysgrifau ar Theatr a Pherfformio,* t. 2.

37 Holiadur wedi ei gwblhau gan Lisa Lewis yn 1994.

38 Roedd dau fath o gorff yn perfformio yn *Gododdin* (1989). Gwaith y perfformwyr benywaidd yn y cynhyrchiad, a ddyfeiswyd ac a gyfarwyddwyd gan ddynion ac mewn cwmni cymharol fawr o berfformwyr a cherddorion gyda dim ond tair ohonom yn ferched, oedd i wneud yr un peth ag oedd y dynion yn ei wneud. Y gwrywaidd oedd y norm, ac nid oedd ystyriaeth i'r benywaidd.

39 Gweithiais gyda Gwenllian Rhys, Nia Samuel, Llinos Clwyd, a ddaeth yn rhan o Y Gymraes, ynghyd â Siwan Ellis ac Anwen Williams ar y cynhyrchiad o *Gwreiddiau* i Theatr Iolo a Theatr Gwent.

40 Mae Lucy Gough yn ddramodydd profiadol sydd wedi ysgrifennu yn helaeth iawn ar gyfer y theatr, teledu a radio. Ymysg ei dramâu llwyfan mae *Wolfskin* (1997), *Rushes* (1996), *Stars* (1995), *As to be Naked* (1994), *Crossing the Bar* (1992) a *By a Thread* (1992). Ymysg ei dramâu radio mae, *The Red Room* (1999), *The Mermaid's Tail* (1999), *Judith Beheading Holofernes* (2000), *The Raft* (2002) ac fe ddarlledwyd ei haddasiad o *Wuthering Heights* (2003) fel cyfres glasurol *Woman's Hour.*

41 Sefydlwyd Y Cwmni gan Ed Thomas yn 1988, Theatr Y Byd gan Ian Rowlands yn 1991 wedi i gwmni a sefydlwyd yn 1989 rannu yn ddau (i sefydlu Theatr y Byd a Mappa Mundi), a Rhosys Cochion gan Sharon Morgan yn 1997.

42 Cyhoeddwyd *Crash* yn 2008 gan Atebol mewn cyfrol Gymraeg ac mewn

cyfrol Saesneg, a bu ar gwricwlwm TGAU Drama CBAC yn y Gymraeg a'r Saesneg am sawl blwyddyn ac yna ar gwricwlwm Cymraeg ail-iaith CBAC. Mae'r ddrama wedi teithio sawl gwaith ym Mhrydain i gynulleidfa sy'n rhifo degau o filoedd. Cafodd ei chyfieithu i'r Almaeneg gan Anne Fritsch a'i pherfformio dros nifer o flynyddoedd fel rhan o repertoire y Staatstheater, Oldenburg, y Nationaltheater, Mannheim, a'r Comedia yn Cologne, gan gynyddu'r gynulleidfa eto o ddegau o filoedd. Cyfieithwyd hefyd i'r Hwngareg gan Márta Minier.

43 Dim ond 2 ferch sef Eigra Lewis Roberts (1974) a Nan Lewis (1974) oedd wedi ennill cystadleuaeth y Fedal Ddrama cyn Pam Palmer ers 1961.

44 Paula Griffiths, 'Dewrder artistig, addewid – a siom', *Y Cymro*, Awst 19, 1992, t. 10.

45 Aston, *Feminist Views on the English Stage*, t. 10.

46 Cafodd llong y Belgrano ei suddo yn 1982 gan HMS Conqueror, llong danfor niwclear, tra roedd nai Hilda Murrell, Commander Rob Green yn gweithio i adran wybodaeth gyfrinachol y llynges. Cafodd gwybodaeth ei wneud yn gyhoeddus am leoliad y Belgrano a danseiliodd ddadl y llywodraeth bod suddo'r llong yn angenrheidiol. Er ei fod yn ddi-sail roedd yna amheuaeth fod cysylltiad rhwng Green a'r wybodaeth a wnaethpwyd yn gyhoeddus. Cysylltwyd hyn gyda'r posibilrwydd fod papurau yng nghartref Murrell yr oedd y llywodraeth am eu cael yn ôl.

47 Mae *Le Rire de la Méduse* (1975), a gyhoeddwyd yn Saesneg fel The *Laugh of the Medusa* (1976) yn sefydlu yr athronydd, y bardd a'r dramodydd Hélène Cixous fel un o feddylwyr blaenllaw damcaniaeth ffeministaidd. Yn yr erthygl mae'n dadlau bod profiad merched yn cael ei danseilio oherwydd obsesiwn y gorllewin gyda rhesymeg ac ystyr, gan mai dyna oedd sail ysgrifennu gwrywaidd, a bod ysgrifennu merched hefyd yn cael ei danseilio. Mae'n annog, neu'n herio y ferch i ddarganfod hi ei hun (ei chorff) eto ac i ysgrifennu hi ei hun gan ddefnyddio'r iaith sy'n ei chyfleu ei hun, yn hytrach nag iaith batriarchaidd.

48 Mair Rees, *Y Llawes Goch a'r Faneg Wen: Y Corff Benywaidd a'i Symboliaeth mewn Ffuglen Gymraeg gan Fenywod* (Caerdydd: Gwasg Prifysgol Cymru, 2014), t. xiv.

49 Paula Griffiths, 'Dewrder artistig, addewid – a siom', *Y Cymro*, Awst 19, 1992.

50   Hazel Walford Davies, 'Wanted: a new Welsh mythology', *New Welsh Review*, 27 (Vol. V11/111) Gaeaf 1994, t. 57.

51   Lis Hughes Jones, 'Atebion a Chwestiynau Actorion', *Y Faner,* Tachwedd 19, 1982, t. 11.

52   I. Williams, 'Towards national identities: Welsh theatres' yn B. Kershaw (gol.), *The Cambridge History of British Theatre,* Vol 3, Since 1895 (Cambridge: Cambridge University Press, 2004), tt. 242–272 (269).

53   Mae Charlotte Keatley yn ddramodydd sy'n adnabyddus am ei drama gyntaf *My Mother Said I Never Should* (1985), a enillodd wobr George Devine yn 1989. Mae ei phrofiad yn cynwys perfformio, dyfeisio (Impact Theatre) a gwaith cymunedol, a bu hefyd yn adolygydd ac yn academydd.

54   Charlotte Keatley, dyfynnwyd yn Heidi Stephenson a Natasha Langridge, *Rage and Reason, Women Playwrights on Playwriting* (London: Methuen, 1997), t. 75.

55   'Women Mean Business: A report for the Cross-Party Group on Women in the Economy', gweler http://www.senedd.assembly.wales/documents/ s49404/Women%20mean%20 Business.pdf (cyrchwyd 10/6/18), t. 4.

56   Sera Moore Williams, Traethawd PhD, 'Y Gymraes: dylanwad theatr amgen ar ysgrifennu newydd ac ysgrifennu newydd ar theatr amgen yng Nghymru rhwng 1992 a 2001' (Medi 2018), tt. 56-57.

57   Manfred Pfister, *The Theory and Analysis of Drama* (Cambridge: Cambridge University Press, 1991). Cysyniad Peter Szondi ynglŷn â hanfod drama fodern yw bod y ddrama'n digwydd trwy gyfrwng 'perthnasau rhyngbersonol'. Gweler Peter Szondi, *The Theory of the Modern Drama* (Llundain: Polity Press, 1987).

58   Perfformiwyd *Mefus* gan fyfyrwyr o Brifysgol y Drindod Dewi Sant dan gyfarwyddyd Angharad Lee fel rhan o ŵyl MAP (Myfyrwyr Arloesi Perfformio) yng Nghanolfan Mileniwm Cymru, fis Mawrth 2015. Mae MAP yn ŵyl theatr flynyddol a arweinir gan Brifysgol De Cymru a'i hariannu gan Y Coleg Cymraeg Cenedlaethol. Digwyddodd am y tro cyntaf yng Nghanolfan y Celfyddydau, Aberystwyth yn 2014. Mae'n gyfle i fyfyrwyr theatr a drama sy'n astudio trwy gyfrwng y Gymraeg ddod at ei gilydd i rannu a thrafod eu gwaith ymarferol.

59   Nic Ros, 'Y Gymraes yn esgor ar Fab', *Barn,* Gorffennaf/Awst 2001, t. 103.

60 Manfred Pfister, *The Theory and Analysis of Drama*, t. 7.

61 Ibid., tt. 7–9

62 Ibid., t. 9.

63 Pythefnos oedd cyfnod 'ymarfer' *Byth Rhy Hwyr*.

64 Cyflawnwyd yr holiadur gan Lisa Lewis yn 1994.

65 Simon Harris. 'Policy Review of Anglo-Welsh Culture. The history
    of drama is a history of new plays.', Cynulliad Cymru (12/3/2003)
    http://www.assembly.wales/committee%20 documents/cc%2005-
    03(p.6)%20simon%20harris%20paper-12032003-9924/n000000000
    000000000000000000007889-english.pdf (cyrchwyd 11/6/18).

66 Sera Moore Williams, Traethawd PhD, 'Y Gymraes: dylanwad theatr
    amgen ar ysgrifennu newydd ac ysgrifennu newydd ar theatr amgen yng
    Nghymru rhwng 1992 a 2001 (Medi 2018), tt. 56-57.

67 Hans-Thies Lehmann, *Postdramatic Theatre* (London: Routledge, 2006), t. 26.

68 Darlledwyd *Mefus* wedi ei gyfarwyddo gan Eryl Phillips i Teledu Opus, ar
    S4C, 21/06/01.

69 Gweler 'The Working Playwright, Engaging with Theatres', https://
    writersguild.org.uk/wp- content/uploads/2015/02/WGGB_booklet_nov12_
    engaging_i.pdf (cyrchwyd 23/6/18).

70 Marina Warner, *Six Myths of our Time, Managing Monsters. The Reith
    Lectures 1994* (London: Vintage, 1994), tt. 68–69.

71 Marina Warner, *From the Beast to the Blonde: On Fairy Tales and Their
    Tellers* (London: Vintage, 1999), t. 259.

72 Deborah Blum, *The Imperfect Myth of the Female Poisoner https://www.
    wired.com/ 2013/01/the-myth-of- the-female-poisoner/* (cyrchwyd 11/9/18).

73 Mary Eberstadt, *Is Food the New sex?* Hoover Institution. Stanford
    University (2009), gweler https://www.hoover.org/research/food-new-sex
    (cyrchwyd 23/6/18).

74 Colette Conroy, *Theatre and the Body* (London: Palgrave Macmillan,
    2009), t. 67.

75 Sera Moore Williams, Traethawd PhD, 'Y Gymraes: dylanwad theatr
    amgen ar ysgrifennu newydd ac ysgrifennu newydd ar theatr amgen
    yng Nghymru rhwng 1992 a 2001' (Medi 2018), tt. 56-57.

76   'Well-made play', yn deillio o'r Ffrangeg, *la pièce bien faite*, term a fathwyd gan y dramodydd Ffrengig Eugène Scribe yn y bedwaredd ganrif ar bymtheg i ddisgrifio drama sy'n dilyn trywydd penodol pwrpasol iawn o safbwynt plot. Erbyn hyn fe'i ddefnyddir yn eang fel term i ddisgrifio unrhyw ddrama sy'n dilyn confensiynau prif ffrwd y theatr fasnachol gonfensiynol.

77   Mae David Adams yn feirniad theatr llawrydd ac roedd yn darlithio ar theatr a hunaniaethau cenedlaethol ym Mhrifysgol Warwick pan ysgrifennodd yr adolygiad o *Mefus*. David Adams, 'Played in Wales', *The Guardian*, Sadwrn 8 Awst 1998, t. 39.

78   Iwan England, *Golwg*, 5 Awst, 1998. t. 22

79   Roedd *A Slag's Gig* yn rhan o gyfres dramâu awr ginio Sherman Cymru (Mehefin 11-13, 1997), mewn cydweithrediad gydag HTV. Fe wnes i addasu'r ddrama ar gyfer teledu ac fe'i darlledwyd ar HTV (Mehefin 27, 1997); cyfarwyddwr, Menna Price. Roedd Arnold Wesker (1932-2016) yn ddramodydd, llenor a newyddiadurwr adnabyddus o Lundain, gydag oddeutu 50 o ddramâu i'w enw. Roedd ei ddramâu cyntaf yn rhan o'r 'don newydd' o ddrama realaeth gymdeithasol a gafwyd wedi 1956, a adwaenwyd ar y pryd fel symudiad 'angry young men'. Ond mae ei ddramâu niferus ers hynny yn amrywio, er bod eu pwyslais yn dal i fod ar fywyd a chyflwr y dosbarth cyffredin, a oedd yn bortread radical ar ddechrau ei yrfa.

80   Toby O'Connor Morse, 'Break, My Heart / A Slag's Gig, Sherman Theatre, Cardiff', Mehefin 17, 1997, https://www.independent.co.uk/arts-entertainment/theatre-break-my-heart-a-slags-gig-sherman-theatre-cardiff-1256391.html (cyrchwyd 30/08/2018).

81   Meg Elis, 'Chware â'r Gwir a Geiriau', *Barn*, Hydref 1998, t. 11.

82   Gwenan M. Roberts, 'Methu Torri dros y Tresi? Y ferch a theatr gyfoes Gymraeg', *Taliesin*, 1999, t. 71.

83   Lisa Lewis, 'Cabaret Cymreig', *Golwg*, Medi 1992, t. 25.

84   Nic Ros, 'Y Gymraes yn Esgor ar Fab', *Barn*, rhifau 462/463, Gorffennaf/Awst 2001, t. 103.

85   Ibid.

86   Sefydlwyd ASSITEJ *Association Internationale du Théâtre de l'Enfance et la Jeunesse,* yn 1965, fel mudiad i sicrhau hawliau artistig, diwylliannol ac addysgiadol plant a phobl ifanc waeth beth yw cenedl, hunaniaeth

ddiwylliannol, gallu, rhywiaeth, tuedd rhywiol, neu grefydd person, ac i gefnogi datblygiad theatr i blant a phobl ifanc yn rhyngwladol, mewn 100 gwlad. Mae'r mudiad yn galluogi rhannu gwaith yn fyd-eang, ac hefyd yn galluogi'r drafodaeth ymysg yr ymarferwyr sy'n ymwneud â'r maes yn rhyngwladol.

87   Gweler nodyn 42.

88   Márta Minier, 'Translating Welsh Drama Into Hungarian Through English: A Contextual Introduction to Sêra Moore Williams' *Crash* in Hungarian Translation', *AHEA: E-Journal of the American Hungarian Educators Association*, vol. 6 (2013), tt. 1–11 (t. 4). Gweler http://ahea. net/e-journal/volume-6-2013/17 (cyrchwyd 30/08/2018).

89   *Spurlos*. Cyfieithiad Anne Fritsch o *Mab*.

90   Nic Ros, 'Y Gymraes yn Esgor ar Fab' *Barn*, rhifau 462.463, Gorffennaf/ Awst 2001, t. 100.

91   Ibid., t. 103.

92   Roedd sefydlu perthynas fel cyfarwyddwr benywaidd, gyda chast a chriw oedd yn bennaf wrywaidd, ac yn gweithio ar destun llawnach, yn wahanol i fy mhrofiad o sefydlu perthynas gyda chwmni benywaidd. Roedd rhaid gweithio yn galed dim ond er mwyn teimlo bod yr actorion yn ymddiried ynof. Credaf fod yna statws a gysylltir gyda chyfarwyddwr mewn cwmnïau prif ffrwd, sy'n tyfu allan o hierarchaeth gwrywaidd y math yna o sefydliad. Mewn ffordd od credaf fod y label 'drama gomisiwn' a'r testun a oedd i bob pwrpas yn 'ddrama' wedi gwneud i'r Gymraes ymddangos fel petai yn gyfatebol i'r math yna o gwmni dros gyfnod y cynhyrchiad, a bod disgwyliad gan bawb y byddai'r hierarchaeth yn bodoli. Catrin Epworth oedd yn chwarae y Fam, Owain Arwyn oedd yn chwarae y Mab a Llion Williams oedd yn chwarae rhan Joe. Nic Jones oedd y cerddor, Andy Freeman oedd y cynllunydd a John Tee oedd y rheolwr llwyfan yn y cynhyrchiad gwreiddiol, gyda Carys Gwilym yn chwarae y Fam ac Iwan Tudor yn chwarae Joe yn y cynhyrchiad yn Seoul.

93   Nick Davies, 'The Vanishing. Did this boy come back from the dead?' *The Guardian Weekend,* 17/10/1998, t. 57.

94   Gelwir yr uned hon erbyn hyn yn Ysgol Ceredigion.

95   Ceir cofnod personol o fy ngwaith gyda phobl ifanc ddifreintiedig yn Arad Goch yn *New Welsh Review*, 'My Problem Sometimes', 6/12/04,

tt. 92–95. Gweler http://www.theatrewales.co.uk/nwr_pdfs/Theatre%20 Section%2066.pdf (cyrchwyd 13/6/18).

96   Steve Blandford, 'Theatre and Performance in a Devolved Wales' yn S. Blandford (gol.), *Theatre and Performance in Small Nations* (Bristol: Intellect, 2013), tt. 66-67.

97   *Conffeti* (2002), nid comisiwn, ond proses o ysgrifennu ar sail gweithio gyda'r actorion Iwan Charles ac Owain Llŷr Edwards am gyfnod, ac yna gyda Rhys ap Trefor, i Arad Goch; wedi ei chyhoeddi fel rhan o'r gyfrol *Nid Ar Chwarae Bach*, Eirwen Hopkins (Caerdydd: Argraff, 2005). *Riff* (2004), nid comisiwn ond proses o ysgrifennu ar sail gweithio gyda'r actorion Owain Llŷr Edwards a Darren Stokes. *Crash* (2004/5), comisiwn i Arad Goch, wedi ei chyhoeddi yn Gymraeg ac yn Saesneg (2009) gan Atebol, Aberystwyth. *Mwnci ar Dân/Burning Monkey*, comisiwn i Arad Goch (2007), cyhoeddwyd gan Methuen Drama (2013).

98   David Adams, 'An involving and intelligent piece of theatre', Theatre Wales reviews, gweler http://www.theatre-wales.co.uk/reviews/reviews_details.asp?reviewID=1565 (cyrchwyd 17/6/18).

99   Llion Williams fu'n chwarae rhan Joe yn y cynhyrchiad gwreiddiol. Mae'r actor yn fwyaf adnabyddus am ei rôl fel George Hughes yn y rhaglen *C'mon Midffild!* ddiwedd yr 1980au a dechrau'r 1990au.

100 *Ar Ben To*, Theatr Genedlaethol Cymru (2005/06); *Y Pethau Mud*, Theatr Genedlaethol Cymru (2013/14).

101 Ros, 'Y Gymraes yn Esgor ar Fab', *Barn*, t. 103.

102 Gwenan M. Roberts, 'Methu Torri dros y Tresi? Y ferch a theatr gyfoes Gymraeg', *Taliesin*, 58, 1999, t. 71.

Rhan II

Y Testunau

Byth Rhy Hwyr,
Eisteddfod Aberystwyth, 1992:
Llinos Clwyd, Gwenllian Rhys
a Nia Samuel (llun: Andy Freeman)

Cyflwyniad i
Byth Rhy Hwyr

Lisa Lewis

Cofiaf aros i'r perfformiad o *Byth Rhy Hwyr* gychwyn yn Neuadd y Buarth, Aberystwyth yn haf 1992, gyda'r neuadd yn orlawn, yr awyrgylch yn obeithiol a'r gynulleidfa yn awyddus, yn barod . . . Daeth 'tri chreadur' arallfydol i'r llwyfan yn eu cotiau labordy (un wen, un werdd ac un goch) i ddatgan eu bod am gyflwyno eu 'hymchwil', ac er mwyn 'rhoi rhybudd (efallai) i'r blaned'. Syfrdanwyd y gynulleidfa wrth i'r 'tri chreadur' ddiosg eu cotiau i ddatgelu 'gwisgoedd Cymreig' cwbl anhraddodiadol 'rhy gyfoes i fod yn gredadwy'. Yn nyluniad gwisgoedd Edwina Williams Jones, cyfunwyd brethyn Cymreig a dillad hynod gyfoes fel bronglwm bigog ('conical bra-corset') Gaultier a wnaed yn enwog gan yr eicon pop Madonna yn y 1990au cynnar. (Mae'n debyg y byddai unrhyw berfformiad cyfoes o'r ddrama yn gorfod darganfod y ffurf fwyaf cyfoes ar y wisg Gymreig ar y pryd.) Yn 1992, achosodd y cyfuniad anghytgord gweledol a syniadaethol rhwng y traddodiadol Cymreig a ffasiwn rhywiol ymwthiol y cyfnod. Dyma ddangos o'r cychwyn cyntaf mai perfformiad a fyddai'n ein tywys i brofiad benywaidd oedd hwn, mewn modd a fyddai'n ein difyrru a'n dychryn.

Drama sy'n cyfuno elfennau gwrthgyferbyniol yw *Byth Rhy Hwyr*, agwedd sy'n cael ei galluogi gan ddyfais y dieithriaid o blaned arall sy'n cyflwyno cabaret o straeon a seilir ar eu hymchwil i fywydau menywod cyfoes Cymreig. Mae dyfais y dieithriaid sy'n syllu i mewn o'r tu allan yn caniatáu i'r dramodydd ddieithrio'r gynulleidfa i brofiadau 'menywod Cymru' mewn proses sy'n cyfuno gogwydd ffug-wyddonol y dieithriaid a'u huniaethiad graddol â'r menywod sy'n destun ymchwil iddynt. Mae'r straeon gan ac am fenywod Cymru a ddaw o enau'r dieithriaid yn rhai a ddylai ein poeni, yn trafod perthnasau gormesol, diffyg llais ac agweddau anghyfforddus ar brofiad menywod mewn 'ymgais i dynnu sylw at fân bethau sy'n digwydd o dan ein trwynau'. Ond mae'r cyfrwng cyflwyno a chamddealltwriaeth yr estroniaid arallfydol ynglŷn â sawl peth sylfaenol, yn golygu bod doniolwch cyson yn yr hyn a ddywedant. Mae cyfuniad y ddeubeth hyn – erchylldra gwirioneddol ambell stori a'r ysgafnder sydyn ar drywydd gwahanol – yn cael ei gynnal gan fframwaith theatraidd y cabaret, cyfrwng sy'n medru amlygu sylwebaeth ddeifiol.

Ni ŵyr y gynulleidfa ai creaduriaid benywaidd yw Gwen, Llinos a Nia ai peidio, dim ond mai ar ffurf menywod y daethant yma er mwyn rhoi cyfle i ni 'ystyried y canlyniadau . . . dewisiadau . . . Rhybudd, efallai.' Daw'r rhybudd ar ffurf straeon menywod Cymru, a gyflwynir gan y 'tair' fel lladmeryddion diarwybod ar ran y rhai na fedrent leisio'u barn. Ac fe ddaw'r straeon atom mewn pytiau; straeon am fod yn fam, yn ddi-lais, straeon am ddelweddu'r hunan ac am fod yn wrthrych, am fwyta a newyn a rhyw, ac o'r diwedd am y profiad o sylweddoli rhyddid (neu arlliw ohono). Mae dyfais y bodau arallfydol yn rhyddhau'r dramodydd i gyflwyno gwirioneddau am y profiad o fod yn fenyw mewn modd sy'n annog ni i feddwl ac ystyried menywod Cymru yn gyffredinol (yn hytrach nag uniaethu ag unigolyn o gymeriad). Mae profiadau'r menywod wedi eu cromfachu, sy'n golygu bod y gynulleidfa un cam i ffwrdd o brofiad canolog y stori wreiddiol. Ond er bod y dieithrio hyn yn tynnu'n sylw at y cyflwr benywaidd fe ddaw'r gynulleidfa wyneb yn wyneb â gwirioneddau am eu cyflwr eu hunain. Y rhyfeddod yw mai tri bod arallfydol ar ffurf tair menyw sydd wedi llwyddo i wneud hynny. Mae hyn ynddo'i hun yn tynnu sylw at y cysyniad o 'fenyw' a'r hyn sy'n ei nodweddu. Mae'r holl straeon yn cyfleu rhywbeth am gyflwr bywydau menywod naill ai o bersbectif y person cyntaf, neu yn wrthrychol fel yn achos hanes llofruddiaeth Hilda Murrell. O'r dechrau, fe'n dieithrir i'r profiad o fod yn fenyw, hyd yn oed pan yw dieithryn arallfydol yn adrodd stori gydag uniaethiad llwyr. I'r gynulleidfa, cymhlethir y profiad rhyfedd ymhellach gan yr ymwybyddiaeth fod y 'tair' yn syllu'n ôl arnom o'r llwyfan. Cwestiynir ein hymddygiad ein hunain fel gwylwyr yn ogystal â'n ffyrdd arferol o brofi theatr.

Mae'r ffaith bod y ddrama'n cynnig math o *mise-en-scène* ieithyddol yn hytrach na digwydd dramataidd, ynghyd â'r ffaith mai amser y gynulleidfa yw amser y ddrama, yn awgrymu ein bod yn nhiriogaeth yr ôl-ddramataidd. Yn ei ddiffiniad o agweddau theatr ôl-ddramataidd mae Hans-Thies Lehmann yn defnyddio'r term *'textscape'*, term sy'n adlewyrchu natur destunol a natur gofodol y testun ar yr un pryd (Lehmann, t. 104). Ond yn *Byth Rhy Hwyr*, yn hytrach na lleisiau heb gorff neu leisiau allan o le mewn gwagle dirfodol, ceir lleisiau dadleoledig menywod Cymru trwy gyfrwng perfformiad cabaret, dull cymwys i rannu storïau gyda'r gynulleidfa mewn modd ymddangosiadol anffurfiol, cynnes ac agos atoch. Ond mae'r broses o wneud hyn yn *Byth Rhy Hwyr* yn cynnwys enydau o ddieithrio a brofir pan mae'r berfformwraig yn newid gêr rhwng y stori a adroddir ac ymddygiad 'dieithr' y creadur arallfydol sy'n cyflwyno'r stori. Cyn mentro dweud stori: 'Mae eu pennau yn troi mewn cylch mawr, un ysgwydd yn troi ar ôl y llall. Maen nhw'n anadlu i mewn yn ddwfn ac yn gollwng yr anadl allan. Maent yn cydsymud yn union. Dyma'r ddefod sy'n digwydd cyn pob darn unigol, fel ymateb i "barod?"'(t. 104)

Wrth gwrs, nid yw'r aralledd yn estron i ni mewn gwirionedd, ac mae'r ddrama'n llawn arferion a wreiddir yn y traddodiad barddol ac eisteddfodol: rhythmau a seiniau barddonol yn creu ystyron emosiynol a seiniol; y grefft o gyflwyno stori, o ailadrodd y cynnwys a'r geiriau er mwyn creu effaith, y cyflythrennu a'r cyseinedd. Ategir hynny gan berfformio manwl-gywrain ac ystumiol berffaith yr arallfydwyr: 'tueddiad tuag at unai lonyddwch llwyr neu gydsymud', y 'ffaith fod y ddeialog rhyngddynt yn rhyfedd o gyflym ar adegau' a'u bod 'yn arfer rhyw fath o ddefod gorfforol sy'n tyfu allan o gymryd anadl ddofn.'(t. 101) Mabwysiedir y 'rheolau' fel 'adeiladu tensiwn' a 't[h]orri ar draws' gan y dieithriaid yn ymwybodol, fel rhan o'u hymdrech i gyfryngu'r hyn a gofnodwyd ganddynt mewn modd priodol ar gyfer y gynulleidfa. Y rhyfeddod yw bod y cyfrwng anghyfarwydd-ond-cyfarwydd yn cludo straeon sy'n awgrymu bod barn gref yn beryglus i fenyw, ac ynghyd â'r defnydd o wisgoedd gor-Gymreig a'r arddull berfformio eisteddfodol, yn cyfosod barn gref gyda hawl y Gymraes i feddu arno ac i'w ddatgan. Rhannu straeon o fod heb lais neu o gael eich tewi mewn modd mater o ffaith mae'r dieithriaid, gyda phellter (i ddechrau) rhwng gwrthrych y stori a'r perfformiad ohono. Y gynulleidfa sy'n pennu statws y straeon; i'r tair arallfydol nid oes trefn hierarchaidd iddynt – mae eu 'hymchwil' daearol, gwyddonol yn golygu bod trafodaeth ar ryw a siocled yn cael ei chyfosod â thrafodaeth ar ryfel ac ynni niwcliar.

Yn *Byth Rhy Hwyr* cyfunir gair ac ystum mewn ffyrdd penodol iawn; gall ystum danlinellu gair, neu weithio'n ei erbyn. Mae'r gwahaniaeth rhwng y storïwr arallfydol a'r fenyw a feddai ar y stori wreiddiol yn gofyn am newid sydyn ym mherfformiad y berfformwraig rhwng gwrthrychedd ymddangosiadol y dieithryn ac emosiwn y fenyw. Rhaid i'r actorion neidio o un ffurf i'r llall yn lân ac yn gyflym gan dalu sylw manwl i fydr y llinellau a'r rhythmau corfforol a awgrymir yn y cyfarwyddiadau llwyfan. Mae'r cysyniad bod yr actor yn adeiladu sgôr berfformio gorfforol fanwl sy'n gydblethiad o lefaru a symud cwbl bwrpasol yn adleisio cefndir y dramodydd yn theatr arbrofol a safle-benodol yr 1980au a'r 1990au, lle dyfeisiwyd perfformiadau nid drwy ysgrifennu sgript ond drwy gyfansoddi haenau o brofiad theatraidd gydag ystod eang o gyfryngau yn cynnwys perfformwyr, gofod, deunydd geiriol a seiniol a'r holl ddeunyddiau yn y gofod.

Mae *Byth Rhy Hwyr* yn destun technegol heriol i actorion felly, gyda manylder y cyfarwyddiadau llwyfan a'r iaith farddonol yn gofyn am ofal a manylrwydd yn yr osgo a'r llefaru. Nid oes yma unrhyw osodiad ffwrdd â hi, ac nid yw'r ddeialog, er yn ymddangosiadol naturiol ar brydiau, yn creu byd neu gynrychiolaeth naturiolaidd mewn unrhyw ffordd. Yn hytrach, perfformiad cabaret hunanymwybodol a geir gan y 'tair' arallfydol. Mae llonyddwch y perfformiad hefyd, gyda'r actorion ar dair stôl, yn arwyddo faint o bwysigrwydd a roddir i'r broses o berfformio stori.

Mae anghenion technegol yr arddull berfformio yn rhai penodol iawn, ond nid dieithrio'n llwyr yw'r nod. Dyma'r paradocs sydd wrth galon y ddrama ac a wreiddir mewn profiad benywaidd deublyg penodol iawn. Ysgrifennwyd y ddrama pan oedd y dramodydd yn fam newydd. Mewn cyfweliad â mi ym mis Mai 1997, dywaid y dramodydd bod ei beichiogrwydd yn ystod cyfnod Rhyfel y Gwlff wedi gorfodi iddi ystyried yn ddifrifol gyflwr y byd a bu'n crefu i'r rhyfel ddod i ben cyn i'w babi gael ei geni. Yn ystod y cyfnod hwn dechreuodd y dramodydd feddwl yn ddwfn ynglyn â'i rôl fel mam ac yn dilyn genedigaeth ei merch daeth i ddwys ystyried fywydau ei nain a'i mam. 'Yn anad dim, roedd y profiad o feichiogrwydd wedi ysgogi synfyfyrio dwys ar y profiad o feidroldeb ac roedd pethau'n fy nharo i mewn ffordd wahanol i'r ffordd mae pethau'n fy nharo i fel arfer'.

Yn ôl y ffeminydd cymdeithasol Iris Marion Young, mae beichiogrwydd yn cymylu'r ffiniau rhwng y mewnol a'r allanol, yr hunan a'r arall: 'I experience my insides as the space of another, yet my own body', profiad sy'n arwain i ymdeimlad anghyfarwydd: 'reflection on the experience of pregnancy reveals a body subjectivity that is decentered, myself in the mode of not being myself' (Young, t. 49). Mae deublygedd annatod ym mhrofiad y fenyw feichiog sy'n ymwybodol ei bod yn ffynhonnell proses greadigol ac ar yr un pryd yn gyfranogydd ynddo. Mae'r goddrych beichiog wedi ei rhannu neu ei dyblu felly, ac yn profi ei chorff fel ei hun ac eto nid fel ei hun, ac mae ei symudiadau mewnol yn perthyn i un arall, ac eto nid rhai 'arall' ydynt oherwydd bod ffiniau ei chorff yn newid. Mae i'r profiad hwn agweddau amseryddol: 'Pregnant existence entails, finally, a unique temporality of process and growth in which the woman can experience herself as split between past and future' (Young, t. 47).

Mae Julia Kristeva hefyd yn pwysleisio profiad rhanedig: 'Pregnancy seems to be experienced as the radical ordeal of the splitting of the subject: redoubling up of the body, separation and coexistence of the self and another, of nature and consciousness, of physiology and speech' (Kristeva, t. 206).

Hwyrach bod y profiad o famolaeth yn *Byth Rhy Hwyr*, profiad sy'n amlwg ganolog i'r fenyw sy'n destun ymchwil i 'Llinos', i'w weld yn y rhaniad rhwng gwrthrych a goddrych, dieithryn a menyw, ac er bod y ddrama'n digwydd yn amser y gynulleidfa, mae'r hyn a gyflwynir yn mynd â ni yn ôl ac ymlaen rhwng gorffennol, presennol a dyfodol ac yn plygu'r gwrthrych a'r goddrych i'w gilydd. Gwelir hyn yn y darn canlynol lle mae'r 'fam' yn stori Llinos yn cwestiynu pwy fydd ei phlentyn: 'Ai o'th law di ddaw'r ddyfais fydd yn ffrwydro yn filain ar / Balmant ym Melfast, ynteu gwylio o gongl y stryd fyddi di, mewn / Gwisg filwrol gyda'th ddryll yn dy law, a'th fys ar y trigar? . . . Fyddi di'n ddu dy groen, 'mach i? / Wedi'th ladd, wedi'th garcharu, / Wedi'th boenydio? / Fyddi di'n nofio ar draws afon i ddianc rhag y bomiau'n dymchwel / dy gartref? / Fyddi di'n eu gwylio nhw'n lladd y llwyth?', a chyn hir disgrifir y 'plentyn amddifad' sydd â'r frwydr yn gartref iddo, a'r fyddin yn fam. Ceir newid cywair wedyn i ofyn: 'Oes gen ti lygaid glas a chroen / Golau? / 'Mach i! Fyddi di'n canu emynau am farwolaeth gelynion dy wlad? / Fyddi di'n saliwtio?', cyn cyrraedd uchafbwynt echrydus y rhestr o drychinebau rhyfel:

> Ai ti fydd mewn carpiau mewn bedd torfol?
> Wyt ti'n un o'r cysgodion o Nagasaki?
> Wnes di lwyddo dianc o Kampuchea?
> Wyt ti'n byw mewn selar yn Sarajevo?
> Est ti dros y wal heb gael dy saethu?
> Ai ti oedd yn chwarae'r drwm?
> Fuest ti farw o newyn yn Uganda?
> Yn Ethiopia? Wyt ti'n llwgu yn Somalia?
> Wyt ti'n siglo ar grud yn Romania?
> Wyt ti'n euog o fod yn dlawd?
> Wnes di anadlu aer trwchus yn Kuwait?

Wnes di faglu'n y mwd ar ffiniau Twrci?
Wyt ti'n cael dy anfon yn ôl i famwlad ddigroeso?
Wyt ti'n cael dy hela...
Ar y strydoedd...
Liw nos?
Wyt ti'n cysgu 'mach i?
Wyt ti'n cysgu?
Nid fy mhlentyn i wyt ti!
SAIB
Fi fydd dy fam di? (tt. 123–4)

Yn y cydbwyso rhwng y fam sy'n dychmygu natur ei phlentyn ei hun, a'r uniaethiad â phob plentyn, ymhob sefyllfa, yn enwedig sefyllfa rhyfel, fe'n hatgoffir o'r modd y mae profiadau eithafol yn ymestyn ein dealltwriaeth a'n gwthio i ystyried yr hyn sydd y tu hwnt i ddirnadaeth, cyflwr sy'n nodweddiadol o'r profiad o famolaeth. Noda Lily Gurton-Wachter ei fod yn gyflwr ac yn gyfnod pan fydd yr hunan yn ymddatod a bod rhaid canfod modd o ddod â'r hunan yn ôl at ei gilydd er mwyn lleisio ei sefyllfa, paradocs sydd yn gyfarwydd i brofiadau eithafol eraill, fel a welir mewn llenyddiaeth rhyfel.

Mae bygythiad rhyfel yn rhedeg drwy'r ddrama fel llinyn arian. Yn fwy na dim, mae'r hyn a ailadroddir gan Gwen, sef hanes llofruddiaeth Hilda Murrell, a fu'n llais blaenllaw yn erbyn arfau niwcliar, a'r modd y darganfuwyd ei chorff marw mewn amgylchiadau amheus, yn creu darlun gynyddol anghyffordddus. Mae'r pwyslais clinigaidd a roddir ar gyflwyno'r dystiolaeth ynglŷn â chorff marw Murrell yn creu synfyfyriad dwys ar gorff menyw a heriodd y drefn. Mae'r disgrifiad manwl o gorfforoldeb yn y trawsgrif ynglŷn â'r modd y darganfuwyd corff Murrell, disgrifiad a ailadroddir yn ofalus sawl gwaith, yn tanlinellu'r modd y dilewyd menyw a feiddiodd leisio'i barn ar drefn annynol. Caiff y disgrifiad hwn ei adeiladu mewn tameidiau cynyddol o dystiolaeth trwy gydol y ddrama ac mae'n boenus i'w glywed, ac ar yr un pryd yn rheidrwydd: 'Menyw oedrannus, gwyn ei chroen, / Yn gorwedd ar ei hochr dde, /

Y fraich dde wedi plygu o flaen y corff. / Y fraich chwith yn gorwedd tu ôl i'r corff. Y goes dde wedi plygu ychydig / Ac yn gorwedd o dan / Y goes chwith.' (tt.119, 127)

Dylid darllen *Byth Rhy Hwyr* gan ddychmygu coreograffi manwl a phwrpasol y tri sy'n cyflwyno, a'r modd mae'r symudiadau yn cyfuno gyda'r geiriau (neu beidio). Drama hynod yw *Byth Rhy Hwyr* mewn sawl ffordd, nid yn unig am ei bod yn cyflwyno profiadau benywaidd yn y Gymraeg, ond yn gwneud hynny mewn modd theatraidd difyr. Ac er y pwyslais ar bethau gwirioneddol erchyll, mewn ffordd ryfedd, mae *Byth Rhy Hwyr* yn ddrama i'w mwynhau. Mae'n gwbl 'ddynol' yn yr ystyr ei bod yn adlewyrchu profiad sylfaenol dros 50% o'r hil 'ddynol' (er mor brin yw'r amlygiad o'r profiad hwnnw mewn drama yn gyffredinol). Mae'n herio'r gynulleidfa i ystyried diffyg llais menywod, o'r anallu i fod yn rhydd mewn perthynas, i'r profiad o gario plentyn yn y groth, a'r tawelu terfynol o berson sy'n herio'r drefn yn Hilda Murrell. Yn ychwanegol at hynny, ceir y ffaith nad yw dramâu gan fenywod wedi cael eu cyhoeddi ryw lawer yn y Gymraeg. Mae'r hyn mae'r ddrama'n ei ddangos, nad yw hi 'fyth rhy hwyr' i redeg yn rhydd â'th wynt yn dy ddwrn, mor gymwys hefyd i ddisgrifio cynnwys a sefyllfa'r ddrama, a'r gyfrol hon yn ei chrynswth.

Byth Rhy Hwyr

(1992)

Cast gwreiddiol:

GWEN (YR ARWEINYDD)	Gwenllian Rhys
LLINOS	Llinos Clwyd
NIA	Nia Samuel

Tri chreadur o blaned arall yw Gwen, Llinos a Nia. Yr unig arwydd eu bod yn estron fodd bynnag yw: gwisgoedd brethyn Cymreig rhy gyfoes i fod yn gredadwy; tueddiad tuag at unai lonyddwch llwyr neu gydsymud; a'r ffaith fod y ddeialog rhyngddynt yn rhyfedd o gyflym ar adegau.

Wrth baratoi i adrodd eu storïau maent yn arfer rhyw fath o ddefod gorfforol sy'n tyfu allan o gymryd anadl ddofn.

Mae'r storïau wedi eu cofnodi gan Gwen, Llinos a Nia yn ystod eu cyfnod yng Nghymru yn ymchwilio cyflwr bywyd ar y ddaear. Mae Llinos a Nia yn cael eu tynnu tuag at gymeriadu gwrthrychau eu hymchwil tra'n adrodd eu storïau tra bo Gwen yn aros yn fwy arallfydol.

Mae'r storïau wedi'u hargraffu mewn sgript dywyll.

Mae baner fawr fetalig – y ddraig goch – yn crogi yn y gwagle.

Mae ychydig o olau'n disgleirio o'r faner, digon i'r gynulleidfa allu gweld. Mae tair stôl uchel o flaen y faner. Ynghlwm wrth bob stôl mae basged llawn celfi. Mae'r stolion a'r basgedi yn fetalig. Mae'r aer braidd yn niwlog.

Tra bo'r gynulleidfa yn dod i mewn mae Gwen, Llinos a Nia yn sefyll â'u cefnau at y gynulleidfa. Maen nhw'n gwisgo cotiau labordy, un goch, un werdd, un wen. Maen nhw'n canu yn dawel – medli o ganeuon gwerin Cymraeg. Mae'r canu'n dod i ben.

Gwen: (WRTH NIA A LLINOS) Mae 'na rai yma. Ferched. Ferched! Maen nhw yma. Cynulleidfa! Maen nhw'n eistedd. Yn disgwyl. Maen nhw'n barod i ni ddechra! Golau! Golau!

MAE LLINOS YN CYNNAU GOLEUADAU. MAE NIA A GWEN YN MYND I'W SAFLEOEDD. MAE LLINOS YN YMUNO Â HWY. MAE SAIB/LLUN LLONYDD CYN I GWEN DDECHRAU SIARAD.

Gwen: (Yn gyflym iawn) Noswaith dda. Testio testio un dau tri, caewch y drysau, iechyd da, ar ôl yr oedfa, ddim ar werth, hiraeth Myfanwy, and for our English diolchiadau, pob chwarae teg, pice bach, mae hen wlad fy nhadau, gwledd o ganu, llwyau caru, ac yn y blaen. Henffych, (MAE GWEN YN ENWI LLEOLIAD Y PERFFORMIAD), Cymru. (SAIB)

Croeso yma heno i noson o fyfyrdodau ar gyflwr y byd. Perfformiad di-egwyl ... byr! Golygfeydd dramatig, fydd ddim yn dieithrio ... gobeithio ... yn llwyr.

Ymgais i dynnu sylw at fân bethau sy'n digwydd o dan ein ... Ymgais i dynnu sylw at fân bethau sy'n digwydd o dan ein trwynau. Cyfle i ystyried y canlyniadau ... dewisiadau ... Rhybudd efallai gan ... Rhybudd. Efallai. Dim stori. Storïau. Barod i ddechrau? Barod?

MAE'R DAIR YN DECHRAU SYMUD AT EU STOLION.

Gwen: (YN COFIO. YN SIBRWD YN UCHEL) Tynnwch eich cotiau.

Nia/Llinos: (GOLWG GWAG AR EU HWYNEBAU) Cotiau?

Gwen: (YN YSTUMIO AT EI CHOT EI HUN) Ie. Cotiau.

Nia/Llinos: (YN DEALL BETH YW COTIAU) O.

MAE GWEN YN GWENU'N DDIBAID AC YN CURO RHYTHM GYDA'I DWYLO A THAPIO'I THRAED. I GYFEILIANT GWEN MAE NIA A LLINOS YN DIOSG EU COTIAU. MAE O'N YMDDANGOS FEL EU BOD NHW WEDI YMARFER HYN – MAE'N DEBYG I RYW FATH O 'STRIPTEASE' RHYFEDD. O DAN Y COTIAU MAE GWISGOEDD RHYFEDDOL O GYFOES O

FRETHYN CYMREIG.

Nia: (AM Y GYNULLEIDFA) Tydyn nhw ddim yn clapio.

Llinos: Na! Dim clapio.

Nia: Ydan ni yn y lle iawn?

Gwen: (GAN DYNNU EI CHOT I DDATGELU GWISG FRETHYN HYD YN OED MWY EITHAFOL O GYFOES NA'R DDWY ARALL) Ar y diwedd. Ar y diwedd maen nhw'n cymeradwyo.

Nia: Ar y diwedd?

Llinos: O!

Nia: O!

LLUN LLONYDD, FEL BO AMSER YN MYND HEIBIO RHWNG CLYWED A DEALL Y WYBODAETH UCHOD.

Gwen: Safleoedd. Safleoedd os gwelwch chi'n dda.
(MAE'R TAIR YN MYND AT EU STOLION) Ry'n ni'n hwyr. Mae'n amser i ddechrau. Mae'r amser yn berffaith i ddechrau. (YN GWEIDDI) Porps! (MAE'R DDWY ARALL YN EDRYCH YN SYN)
Porps!

Nia: Props chi'n feddwl ife?

Llinos: Y pethe?

Nia: Ife?

Gwen: O! props 'di'r gair am y pethe ife? O wel, beth bynnag yw e. Sdim disgwyl i neb gofio popeth. Ail a thrydedd iaith i mi, Cymraeg a Saesneg wyddoch chi.

Llinos: Maen nhw yma.

Nia: Wedi'u gosod.

Llinos: Yn barod.

Gwen: Da iawn. Da iawn chi ferched. Trefnus. Fe wnewch chi wragedd da i rywun, rhywddydd!!!

MAE'R TAIR YN CHWERTHIN FEL PETAI'R CHWERTHIN WEDI CAEL EI YMARFER YMLAEN LLAW.

Llinos:	Fasa ni ddim yn gallu dechra heb y pethe.
Gwen:	Y porps.
Nia:	Props.
Gwen:	Sori?
Llinos:	Ddim yng Nghymru!
Gwen:	Da chi. Da chi. Wel MAE gennym ni dŷ bach twt yn does e? Fy ngwlad fy nghartref. (WRTH NIA) Dechreuwch chi.
Nia:	Fi? Pam fi?
Llinos:	Pam lai?
Gwen:	(WRTH LLINOS) Neu chi.
Llinos:	Fi?
Nia:	Pam hi?
Gwen:	Does fawr o ots gen i wrth gwrs pwy fydd yn dechre ...
Llinos:	Efallai mai ...
Nia:	(WRTH GWEN) Chi. Efallai mai ...
Llinos:	(WRTH GWEN) Chi ddylsa ddechrau?
Gwen:	Fi? Fi? O, be alla'i ddweud? Dewis call! Wel os ydych chi'n siwr? Iawn dim problem. Balch o gael helpu. Pleser o'r mwya yw bod yma heno. Fe ddechreua i 'ta. Pleidlais? Fi. Fy stori i. Barod?
	MAEN NHW'N PARATOI AM Y TRO CYNTAF I DDWEUD STORI. MAE EU PENNAU YN TROI MEWN CYLCH MAWR, UN YSGWYDD YN TROI AR ÔL Y LLALL. MAEN NHW'N ANADLU I MEWN YN DDWFN AC YN GOLLWNG YR ANADL ALLAN. MAEN NHW'N CYDSYMUD YN UNION. DYMA'R DDEFOD SY'N DIGWYDD CYN POB DARN UNIGOL, FEL YMATEB I "BAROD?" MAE GWEN YN SEFYLL.
Gwen:	"Wyddost ti be liciwn i wneud rŵan" medda hi. "Rhedeg! Ma'r awyr 'ma mor iach a'r lle 'ma mor dawel ac, wel ... gwag! Fasa 'na neb yn ein gweld ni. Ti'n gêm?" Ac i ffwrdd â ni, carlamu fatha dau filgi ... ond bo' ni law yn llaw. (MAE'R DDWY ARALL YN CODI O'U STOLION

AC YN RHEDEG YN YR UNFAN.) Rhedeg efo'r gwynt yn ein dyrnau, tuag at y tonnau, tan fod yn rhaid i mi stopio. Ond fe gariodd hi ymlaen i redeg ... yn mynd fatha corwynt, tan iddi hi gyrraedd y dŵr. Roedd hi'n fyr ei hanadl, ond ddim felly chwaith, pan ddalies i fyny efo hi. "Ew, ti'n gwybod be" medda hi, "mae'n siŵr fod 'na ddeugain mlynedd wedi mynd heibio ers i mi redeg!" Dychmygwch! Blynyddoedd o fihafio, mynd i'r swyddfa mewn siwt a sodlau, cadw ei hun at ei hun, peidio rhoi lle i neb achwyn, dilyn y patrwm yn wasaidd ac wedyn, mwyaf sydyn, yn drigain oed, y munud iddi hi riteirio, sylweddoli fod ganddi hi'r hawl, ei bod hi'n rhydd i wneud a deud, heb sôn am feddwl, beth bynnag, pryd bynnag fod yr awydd yn taro. Yn drigain oed! "Wnes i enjoio hynny" medda hi. "Wnes ti?" "Do" medda fi. "Do, mi wnes i." ... Nesaf?

Nia/Llinos: Beth?

Gwen: Nesaf. 'Wi wedi bennu.

Llinos: (YN EISTEDD) O do, wrth gwrs. Maddeuwch i mi. Sori.

Gwen: Pen yn y cymylau?

Llinos: Ia, rhywbeth felly.

Nia: (WEDI EISTEDD. WRTH LLINOS) Ti nesaf felly ife?

Llinos: O! Ia?

Nia: O ia, 'wi'n credu felly. (WRTH GWEN) Y'ch chi? Mae e'n hen dric! Cadw'r gorau tan ddiwethaf!

Gwen: Wel, does fawr o ots 'da fi. 'Wi wedi gwneud fy rhan. Ni wedi dechre'n dda. 'Wi'n siŵr na chawn ni 'mo'n siomi gan 'run ohonoch chi!

Llinos: Wel ...

Gwen: Dewch dewch ... rhywun! Sdim eisie bod yn swil! Ry'n ni i gyd yn ffrindie 'ma! Eich stori chi os gwelwch yn dda. A gwerth chweil fydd hi hefyd 'wi'n siwr.

Llinos: Fi? O, wel, os 'dach chi'n deud. Barod!

(MAE GWEN A NIA'N LLED-GANU 'HUNA BLENTYN' YN DAWEL)

Llinos: (DROS Y CANU) Do'n i erioed wedi meddwl rhyw lawer am ryfel tan i mi gael babi. Ac wedyn dyma fi'n sylweddoli na fyddwn i byth yn profi heddwch eto.

SAIB. MAE'R DDWY ARALL YN DAL I HYMIO. MAE NIA YN AMLWG YN DISGWYL MWY. DOES DIM YN DOD.

Nia: 'Na fe ife? 'Na'r cyfan sy 'da ti i gynnig?

Gwen: Syml, rhaid cyfaddef, ond effeithiol, serch hynny. Ymdrech deg. Diolch i chi.

Nia: Blah blah blah rhyfel. Blah blah blah babi. Blah blah blah heddwch?

Gwen: Peidiwch da chi â phrofocio. Sdim amser i wastraffu.

Llinos: (WRTH NIA) Mi roeddet ti'n gwybod mai dyna be o'n i am ddweud. Wnaethon ni gytuno. Mae'r pwnc sy genna'i yn un difrifol iawn, a (YN CYFEIRIO AT Y GYNULLEIDFA) dim ond newydd gyrraedd maen nhw. 'Dan ni ddim isio'u rhoi nhw off. Dechra'n araf bach o'n i'n meddwl o'n i fod i wneud.

Nia: O ... ife? Ie! OK.

Gwen: Chi'n hollol iawn, wrth gwrs. Yn llygad eich lle. Da chi. Ôl canolbwyntio. Fi nesaf. Barod?

MAEN NHW'N DECHRAU PARATOI.

Nia: Ond be amdana ...

Gwen: Barod? (MAEN NHW'N PARATOI) Tân o dani. Bant â ni. Mae aelod o'r heddlu yn camu trwy'r ardd *rhosod* at ddrws ffrynt sydd yn agored led y pen.

YN YSTOD YR UCHOD MAE'R DDWY ARALL YN CYDSYMUD GAN DDEFNYDDIO Y RHOSOD O'U BASGEDI CELFI I ADLEWYRCHU GEIRIAU GWEN. PAN DDAW GWEN I YMHELAETHU AR Y STORI HON FE FYDD LLINOS A NIA YN DEFNYDDIO MWY O'U CELFI (A FYDD WEDI'U TANLINELLU YN Y SGRIPT) I ADLEWYRCHU'R HYN SY'N CAEL EI DDWEUD GANDDI.

SAIB. MAE NIA YN AMLWG YN DISGWYL AM FWY, OND DOES DIM YN DOD.

Gwen: Pwy nesaf?

Nia: Beth?

Gwen: Oes 'na un dyn bach ar ôl sydd heb gyfrannu?

Nia: Y'ch chi wedi bennu'n barod?

Llinos: Do ... wrth gwrs ei bod hi.

Nia: Wel, ro'n i'n bendant yn disgwyl rhywbeth mwy swmpus gennych chi ... o bawb!

Llinos: Hisht!

Nia: OK! Sori!

Gwen: Chi wedi anghofio yn 'dych chi? O ddifrif! Chi'n cofio dim y'ch chi? Brensiach! Yr holl bwyllgora, yr holl drafod, yr holl gynllunio cyn dod yma heno, a chi wedi anghofio'r rheolau'n barod.

Nia: Pa reolau?

Llinos: O na!

Gwen: Adeiladu tensiwn? ... Torri ar draws? ... Cofio? Y'ch chi'n cofio? Dim ond darn bach o'r stori ar y tro er mwyn i ...

Llinos: Bobl fod isio ...

Gwen: Oes rhaid i chi dorri ar fy nhraws i?

Nia: Dyfais! Ife? ... O, ie, wi'n cofio nawr!

Llinos: O'r rargian!

Nia: Dyfais. Fel bo' pobl isio gwybod mwy.

Gwen: Ia! Haleliwia! Mae hi wedi gweld y golau! Wedi ei deall hi o'r diwedd! Da merch i.

Llinos: Wel, be wnawn ni ta? 'Dach chi isio mynd nôl dros hynny, ta gariwn ni mlaen?

Nia: Ailadrodd! ... Ie! Syniad da. Er mwyn i bobl ddeall yn iawn.

Gwen: Braidd yn nawddoglyd? Nag y'ch chi'n meddwl cariad bach? Ond iawn, os mai dyna be chi moyn. Does fawr o ots genna'i. (SAIB) Mae aelod o'r heddlu yn camu trwy'r ardd *rhosod*, at ddrws ffrynt, sydd yn agored led y pen. Iawn? (MAE'R DDWY ARALL YN STRYFFAGLU I WNEUD Y 'ROUTINE' SY'N CYFATEB AR FYRDER) Wnaiff hynny'r tro?

Nia: Fy nhro i nawr te, ife?

Llinos: Ia gobeithio!

Gwen: Os nad oes ots 'da chi. Fe fydden ni i gyd yn gwerthfawrogi gair bach erbyn hyn 'wi'n credu. Chi yn cofio y'ch chi? Be chi fod i ddweud?

Nia: Odw! Iawn te. Fi. Barod?

MAEN NHW'N PARATOI. MAE NIA'N CODI SIOCLED O'I BASGED GELFI. MAE DIDDORDEB MAWR Y DDWY ARALL YN AMLWG YN SYTH.

Dwi am gyflawni gwyrth heno genod. O'ch blaenau chi yn fan hyn. Dwi am roi y 'chocolate' yma yn fan hyn, a dwi ddim am ei gyffwrdd o. Dwi just am anghofio amdano fo. "Amhosibl!" rwy'n eich clywed chi'n gweiddi. "Menyw yn meddu ar hunanreolaeth dyn?" OK, mae'r dasg yn un anodd. Ond dwi'n fodlon mentro. Iawn, mae'r demptasiwn yn arw, ond fe fydda i'n ... gwrthod ildio. 'Run modfedd.

Gwen: (WEDI CODI I ARCHWILIO SIOCLED NIA) Pam?

Llinos: (YN CYMRYD Y SIOCLED) Ia. Pam?

Nia: Pam? Wel ... Pam? ... Wel oherwydd fod. Oherwydd fod. Fod ELWYN 'di deud wrtha i mod i 'di rhoi pwysau mlaen pnawn 'ma. Ac roedd o mewn sefyllfa i farnu, os 'da chi'n deall be sy genna'i! Wel, genod! Mae'n rhaid i hogan neud rhyw fath o keep fit 'does, ac mae ELWYN wedi bod yn help mawr i mi efo hynny ... fel petai! Wel, dim mawr 'di'r gair efallai ngwas i! Ond dyna ni mae personoliaeth yn cyfri hefyd tydi? Ac mae gan ELWYN ddigon o charm ... wel mi ro'n i'n meddwl fod ganddo fo, tan pnawn 'ma, tan y "ti 'di rhoi pwysau mlaen" 'incident'. "Lle?" medda fi. "Fanna" medda fo, yn procio, ie procio'r darn dan sylw! A wyddoch chi, roedd o'n iawn! Mi roedd 'na glamp o wad o fraster, ok fat, ar ran o'r corff, sydd o dan amgylchiadau llai personol, yn weddol hawdd i'w guddio o dan rhywbeth 'baggy'! Yn anffodus, pan fod rhywun yn bod tipyn bach mwy mentrus na'r arfer gyda'r keep fit ... wel, sdim angen dweud rhagor nag oes genod ... we've all been there! Ac fe roedd o'r math o fraster sy'n edrych fel petai o wedi pesgi

ei hun, wyddoch chi ... (YN SIBRWD) seliwlait! 'Light'!
Huh! Ta-waeth! Gan mai 'chocolate' 'di mhrif ffynhonnell
i o galorïau, dwi am roi'r gorau iddo fo ... o, a dwi 'di
penderfynu rhoi'r gorau i ELWYN hefyd ... pan fydda'i
dipyn yn deneuach.

MAE LLINOS WEDI BWYTA'R SIOCLED ERBYN
DIWEDD YR ARAITH.

Llinos: (YN LLYFU BYSEDD) Neis.

Nia: Ody ma fe yn 'dyw e.

Llinos: Ti wedi bwyta peth felly?

Nia: Do. Cyn dod. Hanfodol i'r ymchwil ar gyfer y gwaith 'ma
yn doedd e? Fe wnes i anfon amdano fe. Hawdd!

Gwen: (YN METHU CREDU'R PETH) Anfon amdano fe?!!! Heb
ymgynghori? Dim pleidlais? Heb fy nghaniatâd i? (WRTH
LLINOS) Y'ch chi wedi'i fwyta fe? Y porp.

Nia: Prop.

Gwen: Sori?

Nia: Dim byd.

Llinos: Emulsifier 442. Mmmm. 'Lovely'.

Nia: Blasus yn 'dyw e?

Llinos: Fydd gynnon ni amser i wneud tipyn o siopa cyn mynd
nôl?

Gwen: Y'ch chi o ddifrif?

Nia: Fydd 'na amser o gwbl?

Gwen: Esgusodwch fi ... ma fe'n neis, mae'n siwr ... sa i'n dweud
dim llai, ond os nagw i 'di camdeall yn arw, pwrpas bod
yma yw rhoi rhybudd ...

Nia: Efallai!!!

Gwen: Ia, wrth gwrs, sa' i moyn i neb ddychryn ... (YN SIBRWD)
rhybudd EFALLAI, i'r blaned ... Nage er mwyn mynd i siopa!

Llinos: Mae'n ddrwg genna'i.

Gwen: Gofalus! Gofalus! 'Na'r cwbl. Portreadu, nage uniaethu.
Dyna ein gwaith ni! Nawr te, pan y'ch chi'n barod fe awn ni

mlaen. Mae pawb wedi cael cyfle i atgoffa ei hun o ffurf y cyflwyniad nawr odyn nhw? Pytiau o storïau? Un ar ôl y llall?

Llinos: Do.

Gwen: Pawb ar yr un donfedd o'r diwedd?

Nia: Odym odym. Mlaen â ni te ife?

Gwen: Heb oedi, a heb dorri ar y llif! Nesaf os gwelwch yn dda.

Llinos: Barod?

Nia: 'Wi'n barod os wyt ti.

Gwen: (WRTH NIA) HEB ... dorri ar y llif!

Llinos: Barod?

Gwen/Nia: Barod.

MAEN NHW'N PARATOI. MAE LLINOS YN CYMRYD LLIAIN O'I BASGED AC YN EI FAGU FEL BABI. MAE'R DDWY ARALL YN SIGLO.

Llinos: Mae'r tŷ 'ma'n rhy fach i dderbyn ymwelwyr. Tydi?
Yn enwedig dynion.
Yn enwedig dynion sy'n anghytuno am bethau.
T'isio cysgu cariad?
Tydi creu rhyfeloedd ddim yn ddigon yn nac 'di? Mae'n rhaid trafod pob bwled pob bom.
Maen nhw bron â'm 'myddaru.
Tyrd yma at Mami.
Dwi'n fud yn eu cwmni.
Yndw, cofia.
Mae eu lleisiau nhw'n treiddio.
Tyrd at Mami i ti gael cysgu.
Mae eu presenoldeb nhw'n treiddio i bob twll a chornel.
(YN RHYTHMIG IAWN O NAWR YMLAEN)
Mae o rhwng pob carreg o waliau'r tŷ,
Wedi'i sathru i'r carped, yn dringo'r llenni,
O dan y clustogau, sh-sh, rhwng y cynfasau, i fyny'r simne. Mae o ar y teledu.
Ydi. (SAIB)

Mae o'n llain ar y llestri.

Dwi'n ei smwddio fo mewn i'n dillad glân ni.

Ydw. (SAIB)

Cysga rŵan.

Dwi'n siŵr fy mod i.

(YN ÔL I RHYTHM SIARAD NATURIOL)

Tydw i byth yn cyfrannu, i'r dadlau a'r dadansoddi.
Dwi'n mygu.
Mae'r tŷ 'ma'n bendant yn rhy fach.

Gwen: Barod?

Llinos: Wyddoch chi, yr holl amser fues i'n ei hastudio hi wnaeth
hi ddim siarad efo neb, 'mond y babi.

Nia: Pwy?

Llinos: Y Gymraes dwi'n bortreadu.

Nia: Shsh!

Gwen: O wel! Dyna ni! Barod? (MAEN NHW'N PARATOI). Mae
aelod o'r heddlu yn camu trwy'r ardd *rhosod* tuag at ddrws
ffrynt sydd yn agored led y pen. Mae'r ystafell fyw yn wag.
Mae'r llenni wedi cau, er ei bod hi'n olau dydd. Mae rhes o
fagiau ar y bwrdd, ar agor. Mae tomen fechan *o arian mân*.
Mae *cynfasen wleb* wedi'i rholio ar y llawr.

Nia: Barod? (MAEN NHW'N PARATOI)

Dwi am roi'r gorau i wisgo dillad baggy. Dwi'n tyfu mewn
iddyn nhw drwy'r amser!!

Llinos: Ffraeth! Mae hi'n rêl cymeriad dydi? Y ddynas yn dy stori
di.

Nia: Wel, ydi sbo!

Gwen: (WRTH NIA) Mi'r ydw i'n rhyw amau fod mwy 'na 'ny
'dach chi i'w ddweud i'n difyrru ni. Odw i'n iawn?

Nia: Difyrru AC addysgu 'rhen goes! O oes! Barod? (MAEN
NHW'N PARATOI)

"Be wyt ti am gymryd?" medda fi, yn teimlo yn
embarrassed wyddoch chi fod popeth ar y fwydlen mor
ddrud. "D'yw be 'wi moyn ddim ar y meniw" medda fe,

yn lluchio rhyw olwg lafoeriog tuag ata i, "ond gan bo' ni
'ma waeth i ni fwyta rhywbeth yn 'dyfe?" "Mmm" medda
fi. "'Wi 'di bod yn ddigon hy, i ordro oysters i ddechre"
medda fe, "cyn i ti gyrraedd, ac wedi 'ny, be gawn ni
wedi 'ny? Rhyw sorbet bach piquant i lanhau'r dafod? Ac
wedyn, o, ie, veal, cig meddal, efo saws hufen a pernod,
ac ... o, drycha, 'truffles'! Ti'n leicio rheini? 'Ma'n nhw'n
brin wyddost ti." "Mmm" medda fi. "Gymerai lond plât
ohonyn nhw felly!" "A nawr te, beth am 'dessert'" medda
fe, "ynte wyt ti'n ddigon melys yn barod?" "Ha!" medda fi.
"Rhywbeth pinc ife, efo 'liquer' a hufen? Odw i'n iawn?"
medda fe, "Odw i'n iawn? Rhywbeth naughty? Just fel ti?"
"Hei, drycha 'ma GARETH" medda fi, ac mi ro'n i just ar
fin rhoi llond ceg iddo fe ... wyddoch chi, dweud wrtho
fe bo' fi braidd yn rhy 'intelligent ok', i gael fy mhrynu
'da pryd o fwyd. Mod i wedi penderfynu ymlaen llaw ta
beth mod i am gael rhyw 'da fe, ond fod ei ymddygiad e
ar hyn o bryd yn rêl turn off ... pan, wel, fe gyrhaeddodd
yr 'oysters'. "Tyrd, tyrd, bwyta," medda fe, gyda chreadur
mawr jiwsi yn llithro lawr ei gorn gwddw. "Bwyta! Be sy??
Paid â phoeni, fi sy'n talu! Hei, come on! Dwi'm yn leicio
gweld bwyd yn cael ei wastraffu. Fyddi di angen dy nerth.
Come on. Mae 'na blant bach yn Affrica'n llwgu!"

Llinos: O, yli, sori am hyn, 'dio'n ddim byd mawr, ond dwi'm isio
i'r gynulleidfa ddrysu wyddost ti. Dwi'n meddwl bo' chdi
'di gwneud camgymeriad bach yn y stori 'na.

Nia: Be?

Llinos: Wel ELWYN oedd enw dy ddyn di, ddim GARETH.

Nia: Gareth oedd enw hwn. Trystia fi.

Llinos: Ond ELWYN wnes di alw fo'n y stori gyntaf 'na.

Nia: Ia, ond nage am ELWYN oedd yr ail stori. Twp! Stori am
Gareth oedd o. Iawn!

Llinos: (WRTH GWEN) Dwi'm yn deall.

Nia: Mae 'na fwy nag un teip o Gymraes wyddost ti. Tydi pob
un ohonyn nhw ddim yn priodi'r wefr gyntaf, a byw mewn
tŷ sydd rhy fach, efo babi, fel yr un yn dy stori di!

Llinos: Be 'di gwefr?

Gwen: Tydi o ddim yn berthnasol i bawb sai'n credu. Peidiwch â phoeni. Ddim yn bwysig.

Llinos: Ond ydi'r math yna o beth yn iawn? Wyddoch chi? Nabod dau ddyn? Dim yn ôl yr ymchwil wnes i.

Nia: Iawn? 'Sa i'n gwybod. I bwy 'sa ti'n gofyn? Sbort mae'n siwr – wel o be weles i!

Gwen: 'Wi'n sicr ddim yn arbenigwraig.

Nia: Nag o'n i'n meddwl y bydde chi rhywsut!

Gwen: Doedd dim angen manylu ar – wyddoch chi – wrth astudio stori fy menyw i.

Nia: Fe fydde fe'n anffodus iddyn nhw yn bydde fe, petai rhyw ddim yn sbort?

Camgymeriad cynllunio, bach. Dwi'n ystyried ei drio fe cyn gadael fan hyn.

Llinos: Alla ti? Na! Go iawn? Efo Cymro? O paid!

Nia: Be sy'n bod arnat ti?

Gwen: Nag y'ch chi wedi'i drio fe'n barod? A chithau mor frwd am eich ymchwil?

Nia: Na.

Gwen: Wel RY'CH chi'n fy synnu i!

Nia: Dim amser ... eto! (WRTH LLINOS) Be amdana ti?

Llinos: O na! Mam efo'i babi oedd gwrthrych yr ymchwil wnes i. Doedd 'na ddim byd fel 'na'n mynd ymlaen. Mi ro'n i'n ei hoffi.

Nia: Sbort, neu luosogi? Ife dyna sut ma fe'n gweithio? Dewis. Un neu'r llall? O wel – sbort amdani! ... ' Wi'n ysu i gael go!

Gwen: Na.

Nia: Pam lai? Nag y'n ni yma'n hir. Profi pob dim sydd ar gael tra bo' cyfle.

Gwen: Gwell peidio.

Nia: Pam? Dwi 'di trio siocled a daeth dim drwg o hynny.

Gwen: Wnaeth cenhadon 'rioed farw o fwyta siocled ... hyd y gwn i. Y'ch chi'n fy neall i? Y'ch chi?

Nia: Wel ... na! 'Sa i'n siŵr fy mod i.

Gwen: O wel, dyna ni, sdim helpu rhai pobl oes e? Ond cofiwch, fe roies i rybudd i chi. Reit, nawr te, ffwrdd â ni. Gwell gadael y pwnc bach dyrys 'na, 'wi'n credu, am y tro. A phrysuro mlaen os nad oes ots 'da chi.

Nia: Ond ...

Llinos: Nesa, ia?

Gwen: Ie. Gloi wi'n credu! Barod? (MAEN NHW'N PARATOI.) Mae aelod o'r heddlu yn camu trwy'r ardd *rhosod* at ddrws ffrynt sydd yn agored led y pen. Mae'r ystafell fyw yn wag. Mae'r llenni wedi cau er ei bod hi'n olau dydd. Mae rhes o fagiau ar y bwrdd ar agor. Mae pentwr bychan o *arian mân*. Mae *cynfasen wleb* wedi'i rholio ar y llawr. Mae 'na gymdogion sy'n cofio gweld dyn diarth mewn dillad chwaraeon, a *sgidiau rhedeg*. (MAE NIA A LLINOS YN GWNEUD SŴN TRAED YN RHEDEG) Mae o'n rhedeg heibio'r tŷ, yn gyflym, ddwy waith o leiaf. Mae ôl esgid rhedeg wrth fôn un o'r coed rhosod. (SAIB) Wel ... fe wna'i dorri ar draws fi fy hun felly ife? Gan bo' neb arall am wneud!

Nia/Llinos: Sori.

Gwen: Dim problem, peidiwch â phoeni, mae genna'i nifer o hanesion bach dyrys i lenwi rhyw fylchau bach anodd annisgwyl, fel hyn. Nawr te ... wn i. Sôn am sgidia rhedeg. O ia ... (YN CODI I SIARAD YN UNIONGYRCHOL Â'R GYNULLEIDFA) Wyddoch chi, fod plant, wel pobl sy'n ddigon ifanc i fod yn blant, 'tae nhw 'mond yn cael y cyfle. Wyddoch chi fod 'na blant y dyddiau 'ma, mewn rhai mannau o'r blaned hon, yn lladd er mwyn dwyn esgidiau rhedeg ei gilydd. Nid oherwydd fod ganddyn nhw ddim esgidiau ar eu traed deallwch, nage, ond oherwydd ei fod o'n angenrheidiol iddyn nhw fod yn berchen ar esgidiau rhedeg neilltuol. Anodd deall.

Nia: Od.

Llinos: Od.

Gwen: Ie. Od!

Nia: Barod?

Gwen: 'Wi ddim 'di bennu!

Nia: O, sori!

Gwen: Mae'r awen yn gryf. Mae'r geiriau yn llifo wyddoch chi, ac nawr te, (YN DAL I SIARAD Â'R GYNULLEIDFA) mae hon yn stori wir.

Cyn seremoni anrhydeddu rhywun (oedd yn haeddu hynny yn ôl y beirniaid), mewn eisteddfod ddiweddar, roedd trefnydd y seremoni yn gandryll o'i chof gyda'r creadur buddugol, oherwydd iddo fo droi i fyny i gael ei anrhydeddu mewn esgidiau rhedeg. Bu'n rhaid i'r creadur buddugol wisgo esgidiau hen ddyn, wedi'u benthyg ar fyrder, er mwyn bod wedi'i ddilladu'n fwy addas ar gyfer y seremoni, y seremoni oedd wedi ei threfnu, cofiwch chi, er ei anrhydedd ef! Mae'n bur debyg fod y bonheddwr diniwed oedd wedi gorfod diosg ei esgidiau'n ddiseremoni, wedi methu y seremoni'n gyfan gwbl ... oni bai fod traed sanau'n fwy parchus ar lwyfan eisteddfod na sgidiau rhedeg! Wn i ddim! Mae'n amlwg felly fod gan bobl Cymru lai o feddwl o esgidiau rhedeg na phobl mewn rhai mannau eraill o'r blaned. Od iawn, ond mae'n rhaid fod rheswm pam fod rhai yn fodlon lladd i gael gafael ar bâr o esgidiau rhedeg tra y byddai gwraig barchus o Gymru wedi lladd yn ôl ei golwg hi, i gael gwared o'r pâr oedd ar draed y gŵr a fyddai'n cael ei anrhydeddu gerbron y genedl.

Nia: Rhyfedd.

Llinos: Od.

Gwen: Ie. Rhyfedd sut mae'r pethau bach sy'n poeni'r bobl fawr. Ond stori wir credwch fi. A oes heddwch? Ha ha ha yn 'dyfe. Nawr te. Nesaf.

Nia: Wi'n falch bod ni ddim yn nabod neb fel 'na.

Llinos: Barod? (SAIB) Glywest ti dad yn gweiddi, babi?

PAWB: Friendly fire? Pam ei alw fo'n hynny? Eh pal? Y fwled sy'n taro o'r cefn neu'r tu uchaf pan fo gormod o gymylau i wybod yn iawn p'run ai gelyn ta cyfaill sydd yna yn disgwyl i gwympo. Eh? Methu gweld? 'Oh well! Better safe than sorry lads. Bang bang'. Ia. Brifo just 'run fath mae'n siŵr. Lladd yr un mor sydyn ... y fwled gyfeillgar wedi'i thanio gan gydwladwr.

Llinos: Glywest ti fo, babi? (WRTH Y LLEILL) Pam nad ydi o'n siarad efo hi?

Gwen: Pwy?

Llinos: Gŵr y ddynas yn fy stori i. Pam nad ydyn nhw'n siarad?

Nia: Barod? (MAEN NHW'N PARATOI.) Mae hon yn stori wir reit. Cris croes, credwch fi. Roedd 'na arlunydd o 'Japan' yn byw ym Mharis. Roedd o'n hoff iawn o ferched mawr pryd golau o'r Iseldiroedd, ac roedd o'n eu cyflogi nhw'n aml fel modelau ar gyfer ei waith celf. Roedd o'n hoffi merched mawr pryd golau o'r Iseldiroedd cymaint fel iddo fo fwyta un ohonynt!! Wrth gwrs, fe glywodd rhywun am y pryd bwyd, a dyna ni ... mi roedd o o flaen ei well, ac yn y carchar mewn chwinciad.

Ta waeth, fe benderfynodd rhywun mae dyn gwallgof oedd o, ac y buasai 'sbyty meddwl yn 'Japan' yn le mwy addas ar ei gyfer o. (SAIB)

Mae o'n well rŵan. Mae'r cyfnod yna drosodd medda fo. Tair blynedd ballu, ac fe roedd o wedi gwella digon i gael mynd yn rhydd. Mae o'n byw ar hyn o bryd mewn pentref bychan rhywle yn Japan. Mae o wedi dechrau paentio eto, ac mae'n ennill ei damaid trwy sgwennu storïau i gylchgronau pornograffig am ei gyfnod fel artist oedd yn bwyta merched.

Gwen: Barod? (MAE'N SIARAD YN GYFLYM IAWN, GAN ACHOSI I SYMUDIADAU'R DDWY ARALL ORFOD CYFLYMU AC I FYND AR CHWÂL BRAIDD.) Mae aelod o'r heddlu yn camu trwy'r *ardd rhosod* at ddrws ffrynt sydd yn agored led y pen. Mae'r ystafell fyw yn wag. Mae'r llenni wedi cau er bod hi'n ganol dydd. Mae rhes o fagiau ar y bwrdd ar agor. Mae pentwr bychan o *arian mân*. Mae *cynfasen wleb* wedi'i rholio ar y llawr. (NID YW LLINOS YN DEFNYDDIO'R LLIAIN. MAE'N AMLWG YN UNIAETHU'R LLIAIN

FWYFWY Â'R BABI, A HI EI HUN Â'R DDYNAS YN EI STORI) Mae cynfasen wleb wedi'i rholio ar y llawr. Mae cynfasen wleb wedi'i rholio ar y llawr. Na? O wel!! Mae 'na gymdogion sy'n cofio gweld dyn diarth mewn dillad chwaraeon ac *esgidiau rhedeg*. Mae o'n rhedeg heibio'r tŷ, yn gyflym iawn, o leiaf dwy waith. Mae ôl esgid rhedeg wrth fôn un o'r coed rhosod. (YN ARAFU) Mae 'na gar wedi cael ei weld mewn nifer o wahanol fannau yn y dref, fel petai'n cael ei yrru o gwmpas mewn cylchoedd.

Nia: Barod? (MAEN NHW'N PARATOI) Wnaeth Mam ddim fy mwydo i "ei hun", fel maen nhw'n dweud! Wn i ddim beth oedd yn gyfrifol am y bondio rhyngom ni. Hanner dwsin neu fwy o boteli llaeth powdwr pob dydd efallai. A dyna ddechrau ar fy mhroblemau pwysau i! Fe wnaeth hi geisio wyddoch chi, ond nag oedd hi'n gallu. Roedd fy ngharic i wedi ei gwneud hi'n dost iawn ac roedd hi'n pwyso llai naw mis yn feichiog nag yr oedd hi cyn beichiogi o gwbl. Lwcus! Ta waeth oherwydd hynny doedd ganddi hi ddim llaeth. Cas hefyd ... yr hen nyrs 'na oedd yn gofalu amdani. "Wel sdim isio gwneud rhyw hen lol am y peth" medda hi. "Mae ambell i hen fuwch yn hesb!"

Gwen: Barod?

Nia: (TORRI AR DRAWS) Mae bwydo o'r fron yn beth da, meddan nhw, i'ch siâp chi!

Gwen: Barod? (MAEN NHW'N PARATOI) Mae 'na gar wedi cael ei weld mewn nifer o wahanol fannau yn y dref, fel petai o'n cael ei yrru o gwmpas mewn cylchoedd. Mae 'na gar ar ei echel mewn gwrych. Mae grawnffrwyth a chyllell ar y sedd flaen. Mae'r ffrwyth wedi cael ei drywanu dro ar ôl tro.

Nia: Barod? Grawnffrwyth! Ugh! Bwyd bobl dew, sydd isio bod yn dene!

Llinos: (WRTH Y LLIAIN) Barod? ... Barod babi?

Nia: Barod? Ond wyddoch chi, wedi dweud hynny, mae 'na sawl ffordd o baratoi'r ffrwyth sur, annifyr hwnnw, fel ei fod, bron â bod, fe wedwn i, yn fwytadwy!

Gwen: Chi'n gwamalu 'to yn 'dy'ch chi? Nagych chi'n gallu cymryd dim byd o ddifrif?

Nia: Nag y'ch chi'n anghofio rhywbeth bach? Fi wnaeth yr ymchwil ar y fenyw hon, nage chi! Ac un felly oedd hi.

Gwen: Nag odd 'da hi ddim o bwys i'w ddweud?

Nia: Oedd ... os oeddech chi'n gwrando arni hi.

Llinos: (YN FWY PENDERFYNOL) Barod?

Gwen: Wel mae'n amser i mi wrando'n fwy astud felly mae'n rhaid.

Nia: Iawn. Pwy sydd nesaf? Fi?

Gwen: Does fawr o ots 'da fi!

Nia: Sdim llawer o ots 'dach chi am ddim nag oes e?

Gwen: Wi'n bod yn ddiduedd! Oes rhywbeth yn bod 'da 'ny? O, fe fyddai 'na ambell i bwyllgor, ambell i noson wedi mynd i'r wal credwch chi fi, oni bai am gadeiryddiaeth reolaidd, ddiduedd, pobl fel fi.

Nia: Dideimlad.

Gwen: Beth?

Nia: O! Ewch i grafu!!

Gwen: Mae'n ddrwg 'da fi? Be wedsoch chi?

Llinos: (YN GWEIDDI) Barod? ... Ydach chi? Ydach chi? ... Diolch! (MAEN NHW'N PARATOI) Glywest ti Dadi'n gweiddi babi, yn ei gwrw?

PAWB: "When America goes to war, Hollywood goes too!" Grêt! "Celebrities voice their messages of loving care for our boys out there on vinyl!" Grêt. Mae ots 'da Madonna! Ffwcin grêt! Bang bang! A be 'sa ni'n gael? Eh? Be 'sa ni'n gael pal? 'Sa hi'n waeth arna ni yn basa? Yn basa? Bastad neges o loving care gan Margaret Williams ... Tony ac Aloma, y Brodyr Gregory?!

Llinos: (WRTH Y BABI) Glywest ti o?

Nia: (WRTH Y BABI) O, siwgr candi. Siwgr plwm.

Llinos: Glywest ti dad yn crio?

Nia: (WRTH LLINOS) Wyt ti'n OK? (AM Y BABI) O, 'drych, fe allwn i ei fwyta fe.

Llinos: (WEDI DYCHRYN) Paid â'i chyffwrdd hi!

Gwen: Ferched, ferched. Sdim angen cynhyrfu!

Nia: (WRTH LLINOS) Hei, sori. Do'n i ddim yn ei feddwl e ... Be 'wi'n ddeud! (WRTH LLINOS) Nage babi sy 'da ti!

Gwen: Nage! Porp yw e.

Nia: Prop!

Gwen: Sori?

Nia: PROP!! (AM LLINOS) Mae rhywbeth o'i le 'da hi 'wi'n credu.

Gwen: Uniaethu gormod. Tydi o ddim yn talu. Ymlaen gyda'ch gwaith os gwelwch chi'n dda. Peidio cymryd gormod o sylw ohoni, dyna fy nghyngor i.

Nia: Barod? Rhywbeth difrifol 'dach chi isio ia? (MAEN NHW'N PARATOI) Mae isie gwneud rhywbeth am y peth! Mae gen ffrind i mi ferch fach ac fe welodd y ferch fach blentyn du, wn i ddim o pa wlad oedd o ... neu hi ... wn i ddim pa ryw oedd o chwaith, eniwei fe welodd y ferch fach 'ma blentyn du yn marw o newyn ar y newyddion. Mae'r ferch wedi gwrthod bwyta ers hynny. Druan ohoni hi. Mae'n dioddef o iselder ysbryd meddai ei Mham. Anorexia rhyngddoch chi a fi ... a dim ond tair oed ydi hi. Trueni, mae hi'n rhy ifanc i weld ffasiwn beth yn digwydd 'large as life' ar y teledu ydi! Nawr te! (WRTH GWEN) Nawr te! Oedd 'na'n ddigon difrifol i chi?

GWEN: Barod? (MAE GWEN A NIA'N PARATOI TRA BO LLINOS YN DAL I FAGU'R BABI)

  Menyw oedrannus, gwyn ei chroen,
  Yn gorwedd ar ei hochr dde,
  Y fraich dde wedi plygu o flaen y corff.
  Y fraich chwith yn gorwedd tu ôl i'r corff.
  Y goes dde wedi plygu ychydig
  Ac yn gorwedd o dan
  Y goes chwith.

Nia: Neu beth am hyn? Barod? (MAE NIA A GWEN YN
            PARATOI.)

            Doedd hi fawr o beth … un fechan … 'run maint â babi,
            ond ddim babi oedd hi chwaith … merch, merch fechan
            fach. Doedd hi ddim wedi bwyta rhyw lawer ers dyddiau …
            ers dyddiau lawer yn ôl pob sôn … Aeth y fwled o'r dryll yn
            y llaw ddaeth i reibio ei chorff am gilo o reis, y cilo cyntaf
            iddi hi ei gael ers dyddiau lawer, trwy ei harennau yn ôl
            pob sôn. Wnaeth hi ddim byw wrth gwrs, doedd hi prin
            yn fyw cyn hynny … Yn yr ysbyty, fe ddarganfyddodd y
            doctoriaid … ta'r nyrsys wnaeth? Dwi'n anghofio nawr
            pwy wnaeth yn union … ddail. Roedd perfedd y fechan yn
            wag, wrth gwrs, fel y rhelyw mae'n siŵr yn y rhan honno
            o'r byd, oni bai am laswellt a chryn tipyn o ddail. Cryn
            dipyn o ddail crin.

            Roedd hi'n crio, yn meddwl bod neb yn ei gwylio, wrth
            glywed hanes y fechan 'na ar y teledu. Ac wedyn i gysuro
            ei hun, estyn am y 'gin' … a'r 'tonic' … "Na! Hold on!
            Gymera'i 'mo hwn! 'SLIM LINE tonic'." Chwerthin
            wedyn. Dal i gyfri caloria, er fod tosturi, gwir dosturi'n
            llifo! Doniol yn 'dyfe. Wel ma'n rhaid chwerthin yn does?
            Be arall allen nhw wneud?

Llinos: Paid. Paid chwerthin wnei di. Tydi o ddim yn ddoniol
            'nac 'di!

Nia: O shwt y' fi fod gwybod. Nage o fan hyn ni'n dod ife?

Llinos: Barod? (Y DDWY ARALL YN PARATOI. WRTH Y BABI)
            Faint mor hen wyt ti? ….

            Ia. Un! … Faint mor hen 'di mami? … Hen fel yr oes.

Gwen: Barod?

Llinos: Dwi am fynd ati hi.

Nia: Pwy?

Llinos: Y ddynas yn fy stori. Bod yn ffrind. Yn gwmni. Gwrando
            arni hi.

Gwen: Amhosibl wrth gwrs, fe wyddoch chi hynny? Barod? (MAE
            GWEN A NIA YN PARATOI)

Menyw ddeallus, hoffus, gref, cryf ei barn.
Yn cael ei charu, ei pharchu, gan gylch eang o bobl.
Ymladdwraig ffyrnig, eto'n addfwyn, ar daith unig, eto'n
gyson, i ddarganfod llwybr ysbrydol. Roedd hi'n wrol dros
y gwir.
Bu'n ymdrechu i addysgu ei hun.
Gwnaeth ei gwaith cartref.
Roedd hi'n ddiffuant o onest.
Mynnodd ei dadleuon, ar lafar ac ar ddu a gwyn, Barch.

Eironi annioddefol yw i fywyd a gysegrwyd i
weithgareddau heddychlon ac i heddwch ei hun,
Gael ei derfynu
Gan weithred
O drais diofal.

MAE LLINOS YN DAL Y GYLLELL AT EI GWDDF EI
HUN. MAE NIA YN EI HARBED.

Nia: (WRTH LLINOS) Paid! (WRTH GWEN) Mae 'dach chi
ffordd unigryw gyda geirie!

Gwen: (WEDI EI HYSGWYD BRAIDD OND YN TRIO PEIDIO
DANGOS HYNNY) Wel diolch i chi am ddeud 'ny. Mae
rhywun yn trio ei gorau bob amser wrth gwrs, ac mae'n
siŵr fod y siarad cyhoeddus o oedran ifanc wedi helpu,
wyddoch chi, i fagu hyder, heb sôn am annerch yr holl
gyfarfodydd ar hyd y blynydde am hyn a'r llall! Ac wrth
gwrs y pwyllgorau ...

Nia: "Terfynu gan weithred o drais diofal! Eironi annioddefol!"

Llinos: (MEWN DYCHRYN MAWR) Llofruddiaeth ia?
Llofruddiaeth dibwynt hyll. Mwrdwr ia? ... Mwrdwr? Am
dyna be 'dach chi'n sôn?

Nia: Braidd yn oeraidd nag y'ch chi'n meddwl? Ddim yn rhoi
rhyw fawr o syniad o'r ymladd am wynt, y rhwygo dillad,
ofn y boen, yr udo marw heb owns o urddas.

Gwen: Beth yw diben bod yn emosiynol? Wnaeth y siort 'na ddim
helpu neb erioed.

Nia: Fe fyddai'n ddigon hawdd meddwl bo' dim ots 'dach chi.

Gwen:	Does dim ots 'da fi felly, am yr un fenyw 'na yn fy stori. Doeddwn i ddim yn ei hadnabod hi!
Nia:	Sut y'ch chi'n gallu bod fel'na?
Llinos:	Barod? Barod? Ydach chi? Barod? (MAEN NHW'N PARATOI)

Pwy fyddi di 'mach i? Pwy fyddi di?
Ai o'th law di ddaw'r ddyfais fydd yn ffrwydro yn filain ar Balmant ym Melfast, ynteu gwylio o gongl y stryd fyddi di, mewn
Gwisg filwrol gyda'th ddryll yn dy law, a'th fys ar y trigar?

Fyddi di'n ddu dy groen, 'mach i?
Wedi'th ladd, wedi'th garcharu,
Wedi'th boenydio?
Fyddi di'n nofio ar draws afon i ddianc rhag y bomiau'n dymchwel dy gartref?
Fyddi di'n eu gwylio nhw'n lladd y llwyth?

Fyddi di'n fach ac yn denau, ond wedi goroesi?
Pwy wyt ti?
Fyddi di'n mynd linc di lonc i'r siamber nwy?

Plentyn amddifad?
Ia 'na fo ...
Plentyn amddifad mae'n rhaid wyt ti.
Dy Gartref?
Y frwydr.
Y fyddin, dy fam.
Nid fi.
Wyt ti'n ddigon hen 'mach i?
Wyt ti'n oeraidd?
Wyt ti wedi dysgu
Wedi'th ddisgyblu i fod yn greulon i garcharorion?
Ai ti fydd y plentyn sy'n dedfrydu marwolaeth dyn?

Fyddi di'n gwylio dy fam a dy dad? Fyddi di'n eu gwylio nhw'n astud?
Wyt ti'n cario clecs 'mach i? Oes gen ti lygaid glas a chroen Golau?

'Mach i! Fyddi di'n canu emynau am farwolaeth gelynion
dy wlad?
Fyddi di'n saliwtio?
Fyddi di'n mynd i'r parti wedi'th wisgo fel dy arwr?
Mewn lifrau llofrudd gwallgof?
Fyddi di'n hoffi gwylio, the changing of the guards?
Fyddi di'n chwarae saethu 'mach i? Fyddi di'n bygwth
lladd ffrind gorau?
Heb falio?
Botwm corn?
Fyddi di'n ffyrnig o driw i ryw achos?
Fyddi di'n deall y canlyniadau?
Fydd 'na straen yn dangos?
Ar dy wyneb bach?

Pwy wyt ti 'mach i?
Fyddi di'n gorfod ffoi o dy wlad?
Fyddi di wedi dy frifo?
Fyddi di'n gallu anghofio?
Fydd gen ti greithiau?
Ai ti fydd mewn carpiau mewn bedd torfol?
Wyt ti'n un o'r cysgodion o Nagasaki?
Wnes di lwyddo dianc o Kampuchea?
Wyt ti'n byw mewn selar yn Sarajevo?
Est ti dros y wal heb gael dy saethu?
Ai ti oedd yn chwarae'r drwm?
Fuest ti farw o newyn yn Uganda? Yn Ethiopia? Wyt ti'n
llwgu yn Somalia?
Wyt ti'n siglo ar grud yn Romania?
Wyt ti'n euog o fod yn dlawd?
Wnes di anadlu aer trwchus yn Kuwait?
Wnes di faglu'n y mwd ar ffiniau Twrci?
Wyt ti'n cael dy anfon yn ôl i famwlad ddigroeso?
Wyt ti'n cael dy hela...
Ar y strydoedd...
Liw nos?
Wyt ti'n cysgu 'mach i?
Wyt ti'n cysgu?

Nid fy mhlentyn i wyt ti!

SAIB

Fi fydd dy fam di?

MAE GWEN A LLINOS YN TANLINELLU'R UCHOD
YN GORFFOROL, HEB SYMUD O'U STOLION. MAENT
HEFYD YN CREU RHYTHM TRWM TAWEL YN
LLEISIOL, SY'N CYNYDDU TUAG AT Y DIWEDD.

MAE'R FFAITH FOD LLINOS YN UNIAETHU
CYMAINT Â'R UCHOD YN GWYLLTIO GWEN, AC
YN POENI NIA, SY'N TRIO YSGAFNHAU PETHAU.

Nia: (SAIB) O'dd 'na'n ddarn hir yn doedd e? Sori 'wi'n ... Ni 'di
... sori 'wi'n torri ar y llif nawr 'wi'n gwybod. Ond 'wi just
moyn dweud bo' ni ddim 'di gwneud y gân.

Gwen: Cân? Na, sa i'n credu bod cân!

Nia: O, sori. Oeddech chi ddim 'na falle pan wnaethon ni
drafod hynny ... (WRTH LLINOS) Nag oedd hi?

Llinos: (YN DRIST) Na.

Gwen: Ddim 'na? Peidiwch â siarad dwli, da chi. Wrth gwrs fy
mod i 'na! Mi ro'n i'n allweddol i'r holl drefnu. Ar bob
pwyllgor, ym mhob cyfarfod, asgwrn cefn, arwain,
cadeirio fel arfer. Mi'r oeddwn i wastad 'na.

Llinos: Oes 'na bwrpas i'w babis nhw brifio?

Nia: (WRTH LLINOS) Ni'n mynd i wneud y gân nawr.

Gwen: Ble oeddwn i? Dwedwch. Os nad o'n i 'na?

Llinos: Ar eich gwyliau.

Gwen: Gwylia!

Llinos: Ia.

Nia: Ia ... ond peidiwch â phoeni ... doedd fawr o ots 'dan ni!
Ma copi 'da fi i chi os chi moyn?

Gwen: O! Gwylie! Sbel fach yn ôl! Wel ie, ie. Ry'ch chi'n iawn
wrth gwrs. Ro'n i wedi anghofio. Nefoedd yr adar!
Gwyliau! Wrth gwrs. Angenrheidiol yn 'dyw e? Rhyw
bythefnos fach yma ac acw i ymlacio, anghofio helbulon.
Ond wyddoch chi, wir i chi, wir i chi, wyddwn i ddim fod

	pwyllgor neu fyddwn i ddim wedi mynd. Truenusiaid bach! Shwt wnaethoch chi lwyddo ymdopi?
Nia:	Mae e'n clymu mewn i'ch stori chi yn well na 'run o'r lleill deud y gwir. Y gân.
Gwen:	Odyw e? Diolch. Ond shwt wnaethoch chi ...
Llinos:	Wnes i gadeirio.
Gwen:	Chi?
Llinos:	Ia. Ac fe wnaeth hithau gymryd nodiadau.
Nia;	A dod i benderfyniad, fod angen cân! Just meddwl y bydde fe'n helpu efallai! ... Iawn? Wna'i bitsio fo ta ia?
Gwen:	Iawn! Dod i benderfyniad? Heb fy arweiniad i?
Nia:	Ie. 'Na fe. Barod?
Gwen:	Ond fi sy'n gyfrifol am bethe ...
Nia:	Sdim angen i chi deimlo hynny. Dyna'r gwir amdani. Roedd sawl un yn fodlon, gwaed newydd, yn hapus mewn ffaith i gael CYFLE i ysgwyddo'r baich.
	Fe wnaethom ni lwyddo ymdopi'n rhyfeddol o dda! Fydd dim rhaid i chi gyfrannu mor hael o'ch amser, synnwn i ddim, pan awn ni adref. Barod?
Gwen:	Ond 'wi'n geffyl blaen, 'wi'n hen law ... mae pethe'n dibynnu arnaf i!
Nia:	Mae'n rhaid rhoi cyfle i eraill weithie, nag 'y chi'n credu? Ond 'wi'n siŵr bydd rhyw bwyllgor efallai yn ysu am elwa o'ch profiad helaeth chi mewn siarad gwag. Barod? (MAE LLINOS A NIA YN PARATOI. WRTH GWEN.) Ymunwch i mewn fel y medrwch chi!
Gwen:	Ond be wna i os nad ...
NIA:	(WRTH GWEN) Barod?
	(MAE GWEN YN PARATOI YNA MAE PAWB YN CANU'R GÂN.)

Curiad calon olaf,
Gwlith ar gorff yn casglu,
Rhosyn wedi'i faeddu,
Geiriau wedi'u tagu.

Gerddi celwydd gwag y byd
Mieri diofal bywydau clud.
Fore, nos, a phrynhawn
Cri'r anweledig a glywn.
Rhybudd gormeswyr y byd
Mai'r unig brydferthwch gaiff fod
Yw prydferthwch y mud.
DYLSAI'R GÂN GAEL EI CHANU AR DÔN YSGAFN,
GYDA'R TAIR YN SIGLO I AMSER AR EU STOLION.

Nia: Eithaf neis ond yw e? 'Wi'n falch bo' ni 'di ffeindio lle iddo fe!

Llinos: Tydyn nhw ddim yn gall yn cael plant wyddoch chi.

Nia: Am unwaith, mae'n rhaid i mi ddweud ... ti'n iawn ...
        Ma fe'n chware'r diawl 'da'r waistline!

Llinos: Fydd hi ddim yn siarad o gwbl cyn bo' hir.

Nia: Pwy?

Llinos: Y ddynas yn fy stori i. Fydd hi ddim yn gallu. Wedi colli
        arfer. Tybed fydd rhywun yn sylwi? Y babi efallai. Ond be
        ellith babi wneud am y peth? (YN GWEIDDI) Helpwch hi!

Nia: Ellwn ni ddim. Ti'n gwybod 'ny.

Gwen: Tynnu sylw yn unig, dyna'n gwaith ni y tro hyn ... Ife?
        'Wi'n iawn y' fi? Cân wir!! Tra mod i ar wylie! Fe fydd
        rhywun yn clywed am hyn.

Llinos: Allai 'mo'i gadael hi.

Nia: Wyt ti o ddifrif? Hei, be sy'n bod arnat ti?

Llinos: Dwi'n teimlo drosti hi ... 'Dach chi'm yn deall?

Gwen: Fe wedes i yn do fe? Uniaethu 'da'r broblem. Tydi o byth
        yn talu. Fe ddewch chi i ddeall. Ife fi sydd nesaf?

Nia: Ia.

Gwen: Chi'n siŵr?

Nia: Odw! Brysiwch. Mae'n amser mynd adref 'wi'n credu.
        (WRTH GWEN) Hei ... gyda chydig o deimlad tro hyn ife?
        Dim byd mawr, wyddoch chi, just rhyw fymryn o emosiwn
        efallai?

Gwen: Teimlad? Wel, sai'n cytuno fod e'n datrys problemau, ond iawn, fe wna'i geisio. Pam lai! 'Wi ddim yn anhyblyg wyddoch chi! O fe synnech chi yr amrywiaeth o bethe 'wi wedi'u gwneud dros y blynydde. Mae'n rhaid bod yn hyblyg iawn i arwain yn does e? (GYDAG YCHYDIG MWY O EMOSIWN NAG ARFER). Menyw oedrannus, gwyn ei chroen, yn gorwedd ar ei hochr dde. Y fraich dde wedi plygu o flaen y corff. Y fraich chwith yn gorwedd tu ôl i'r corff. Y goes dde wedi plygu ychydig ac yn gorwedd o dan y goes chwith. Menyw ddeallus, hoffus, cryf ei barn. Yn cael ei charu, ei pharchu gan gylch eang o bobl. Ymladdwraig ffyrnig, eto'n addfwyn, ar daith unig, eto'n gyson, i ddarganfod llwybr ysbrydol. Roedd hi'n wrol dros y gwir. Bu'n ymdrechu i addysgu ei hun. Gwnaeth ei gwaith cartref. Roedd yn ddiffuant o onest. Mynnodd ei dadleuon, ar lafar, ac ar ddu a gwyn, barch.

Nia: Teimlad!

Gwen: (GYDA GWIR EMOSIWN) Eironi annioddefol yw i fywyd a gysegrwyd i weithgareddau heddychlon ac i heddwch ei hun, gael ei derfynu gan weithred o drais diofal. – Sut oedd hwnna?

Nia: Gwell.

Gwen: Mi'r oedd y dystiolaeth yn ddryslyd.

Nia: Y dystiolaeth yn ddryslyd wedsoch chi?

Gwen: Ie.

Nia: Ar bwrpas?

Gwen: Efallai. Ei sgert i fyny dros ei chlustiau.

Nia: Hen fenyw, wedi'i threisio?

Gwen: Na. (SAIB) Ond mi'r oedd y dystiolaeth yn crybwyll hynny.

Nia: Wel pam? Pwy oedd hi?

Gwen: Oes ots?

Llinos: Wrth gwrs bod ots. Sut bo' chi'n gallu gofyn peth felly?

Gwen: 'Habit'! (SAIB) 'Wi ddim yn ceisio bod yn ddideimlad. Mae'n wir ddrwg 'da fi ond doedd hi ddim yn unigryw

	'na'r cwbl. Mae pobl yn marw pob dydd am leisio barn ... amhoblogaidd.
Nia:	Lleisio barn? Pwy oedd hi felly?
Gwen:	Dogfen yn gwrthdystio yn erbyn rhywbeth? Dyna pwy oedd hi i'r llofrudd.
Nia:	Roedd hi wedi sgwennu dogfen?
Gwen:	Oedd. Yn ôl fy ymchwil i.
Nia:	Am beth? ... Dogfen ysgytwol mae'n rhaid.
Gwen:	Na. Dim felly. Dadleuol efallai. (SAIB) Efallai! Barn hen fenyw gyffredin, oedd wedi dechrau meddwl, dyna'r cwbl.
Nia:	Meddwl am beth?
Gwen:	Beth yw'r ots? ... O'r brensiach.
Llinos:	Mae ots. Barn am beth oedd ganddi hi?
Nia:	Newyn?
Llinos:	Rhyfel?
Nia:	Llwgu?
Llinos:	Lladd?
Gwen:	(YN GYFLYM IAWN) Cyfalafiaeth, y llywodraeth, ynni niwclear, iaith yn marw, preifateiddio, llygru'r blaned, lladd y morfil, tai yn brin, cau'r pyllau, trais diweithdra, treth y pen, bwyd gwenwynig, profion ar fwncïod ... mae 'na ddigon o ddewis, unrhyw un o'r uchod. Maen nhw i gyd yn bwysig. Oes ots mewn difrif meddech chi dros beth gafodd hi ei lladd? Fe fu hi farw am geisio lleisio'i barn.
Nia:	Ddaethon nhw o hyd i'r llofrudd?
Gwen:	Naddo.
Nia:	Fe gafodd hi ei thawelu.
Gwen:	Do. Fe wedwn i fod hynny'n wir.
Llinos:	(DAN DEIMLAD) Llais arall wedi'i fygu.
Gwen:	Ie, 'na fe. Ie ... yn anffodus yn 'dyfe. Ie. Nawr te ...
Llinos:	(DAN DEIMLAD MAWR) Mae ganddyn nhw gymaint o ffyrdd o'n tawelu ni.
Nia:	Ie, nag yw e'n hawdd yw e? Cadw dy sense of humour

mewn lle fel hyn, chwerthin ar blaned fel hon ... Ond, hei, dere mlaen, be ti'n sôn am NI, nage ein tawelu NI maen nhw'n wneud ife? Tawelu ei gilydd. Ni'n mynd gartre wap yn 'dy'n ni? Ok, sdim siocled a rhyw ar ein planed ni, ond wel mae rhywbeth o'i le 'da pob man yn does e? Ni bron â bennu'n gwaith 'ma. Dere, dim ond y diweddglo i fynd ac fe fydd y rhybudd ...

Gwen: Rhybudd EFALLAI!

Nia: Ie, 'na fe. Fe fydd y rhybudd efallai, yn ei le, a ninnau'n gwylio'r ymateb o bell.

Llinos: Barod?

Nia: (WRTH LLINOS) Stopia nawr wnei di?

Gwen: Wnaiff hi ddim fe alla'i'ch sicrhau chi. Mae angen bod yn llawer mwy llym na hynny.

Nia: Ond ...

Gwen: (WRTH LLINOS) Reit. Dyna ddigon ar eich nonsens chi. Sdim mwy 'dach chi i'w ddweud reit? Chi wedi bennu eich rhan. Cofio? Y'ch chi?

Llinos: Barod?

Gwen: Wel jiw jiw! (WRTH NIA) Y diweddglo sydd i fod nesaf ife? Chi ddim wedi newid 'ny y'ch chi? Yn fy absenoldeb?

Nia: Na.

Llinos: Barod?

Nia: Ma hi'n benderfynol reit yn 'dyw hi?

Gwen: O ... tail tarw!

Nia: Be wedsoch chi?

Gwen: Gadewch iddi hi. (WRTH LLINOS) Ni'n barod. Barod! (YN PARATOI, WRTH SIARAD.) Wnaiff rhyw ychwanegiad bach yma ac acw ddim drwg i'r cyfanwaith 'wi'n siwr. Unrhywbeth am dipyn o heddwch yn 'dyfe?

Llinos: Barod? (MAEN NHW'N PARATOI.)

Maen nhw'n paratoi stafelloedd arbennig babi, diogel babi, ac ...

Er mwyn cadw nwy angau allan, maen nhw'n rhoi tâp

Dros ymylon y drysau a'r ffenestri i gyd.
Dyna be dwi am wneud cariad.
Dyna be dwi am wneud cyw.
Pan mae o'n mynd allan nos fory,
Dwi am agor y drysau a'r ffenestri i gyd, led y pen,
Am eiliad bach byr,
Ac wedyn eu cau nhw'n
Glep ...
A'n tapio ni'n dwy i mewn, yn saff.
Ti,
A fi,
A'r awyr iach.

MAE'R PANIG YN YR UCHOD YN ADEILADU TAN EI
FOD YN AMHOSIBL I GWEN A NIA WRANDO HEB
FOD MEWN PERYGL O UNIAETHU!

Nia: Gwnewch rhywbeth gloi!

Gwen: Pwy? Fi?

Nia: Wel chi 'di'r un sy'n arfer arwain.

Gwen: O ... ife? Nag o'n i'n meddwl bo' chi'n hapus 'da 'ny.

Nia: Helpwch hi.

Gwen: (WRTH LLINOS) Gwrandewch. Gwrandewch wnewch
         chi! Mae diwedd hapus i fy stori i.

Nia: Oes 'na?

Gwen: Oes. (WRTH LLINOS) Odyw hynny yn codi eich calon
         chi fymryn? Diwedd hapus i'm stori i? Fe wnaeth 'na aelod
         arall o deulu y fenyw draddodi y ddogfen ar ei rhan.

Nia: Camu i mewn i'r bwlch? Ife? Siarad drosti hi? (WRTH
         LLINOS) Glywest ti? Glywest ti hynny? (WRTH GWEN)
         Doeddwn i ddim yn disgwyl diwedd hapus, gennych chi o
         bawb.

Gwen: Wel, mae rhyw gymaint o botensial bob amser am
         ddiwedd hapus wyddoch chi.

Llinos: Fe gafodd ei barn hi ei chlywed felly?

Gwen: Do.

Llinos: Ac fe ddaru hynny newid pethau. Fe ddaru hynny newid pethau. O diolch i ...

Gwen: Wel ... naddo.

Nia: O peidiwch deud 'na wrthi hi. 'Wi moyn mynd gartref.
A 'wi moyn mynd â hon 'da ni.

Gwen: Ond dyna y gwir, hyd y gwela i. Alla'i byth â chelu hynny.
Go brin y gall un llais newid dim byd. Felly na, doedd dim
newid o'i herwydd hi. Dim hyd yn hyn beth bynnag. Dim
hyd y gwela i. Dim eto, ond ...

Llinos: Ond be?

Gwen: Y'ch chi'n barod i wneud y diweddglo nawr y'ch chi?

Nia: Odw. 'Wi'n barod, ond ...

Gwen: (WRTH LLINOS) Y'ch chi? Barod? (MAE'R TAIR YN
PARATOI) "Wyddost ti be leiciwn i wneud rŵan" medda
hi. "Rhedeg" (MAE GWEN YN RHEDEG YN YR UNFAN)
"Mae'r awyr 'ma mor iach, a'r lle 'ma mor dawel, ac wel ...
gwag! Fasa 'na neb yn ein gweld ni! Ti'n gêm?" Ac i ffwrdd
â ni, carlamu fatha dau filgi ... ond bo' ni law yn llaw!
Rhedeg. Efo'r gwynt yn ein dyrnau, tuag at y tonnau, tan
bo' rhaid i mi stopio. Ond fe gariodd hi mlaen i redeg ...
yn mynd fatha corwynt ... tan iddi hi gyraedd y dŵr.
Mi'r oedd hi'n fyr ei hanadl, ond ddim felly chwaith, pan
ddalies i i fyny efo hi. "Ew ti'n gwybod be" medda hi,
"mae'n rhaid fod 'na ddeugain mlynedd wedi mynd heibio
ers i mi redeg!" (MAE LLINOS A NIA'N RHEDEG YN YR
UNFAN) Dychmygwch! Blynyddoedd o fihafio, mynd i'r
swyddfa mewn siwt a sodlau, cadw ei hun at ei hun, peidio
rhoi lle i neb achwyn, dilyn y patrwm yn wasaidd ac
wedyn, mwyaf sydyn, yn drigain oed, y munud iddi hi
riteirio, sylweddoli bod ganddi hi'r hawl, ei bod hi'n rhydd
i wneud a deud, heb sôn am feddwl, beth bynnag pryd
bynnag, pryd bynnag fod yr awydd yn taro. Yn drigain
oed! "Wnes i enjoio hynny" medda hi, 'wnest ti?" "Do,"
medda fi. "Do mi wnes I". "Dwi'n mynd i brynu sgidia
rhedeg" medda hi "o'r 'catalogue'. Achos tydi hi byth yn
rhy hwyr yn nac ydi?" "Nac 'di," medda fi. "Tydi hi byth
rhy hwyr. Nac 'di".

Nac'di. Nac 'di. Tydi hi byth rhy hwyr. (AYYB. MAE
LLINOS A NIA'N YMUNO I ADRODD Y GEIRIAU.
MAE'R GEIRIAU YN ADEILADU O RAN SŴN A
CHYFLYMDRA.)

Gwen: (YN LLONYDDU) Wel. 'Wi'n credu ein bod ni wedi
bennu.

Nia: Ydyn. Amser mynd gartre ife?

Gwen: Chi'n meddwl?

Nia: Odw. Os y'ch chi, hynny yw, wrth gwrs. Wedi bennu chi'n
meddwl?

Llinos: Yndan. Dwi'n meddwl ein bod ni.

Nia: Tydyn nhw dal ddim yn clapio.

Gwe: Meddwl maen nhw siŵr o fod wyddoch chi ... fe wnawn
nhw.

Nia: Ym ... moment bach reit anodd hon tydi?

Llinos: Yndi.

Gwen: Dim angen poeni, just gadewch y llwyfan yn dawel ...
mewn rhes, ar fy ôl i.

MAEN NHW'N GADAEL. TYWYLLWCH

Mefus,
Eisteddfod Bro Ogwr, 1998:
Carys Gwilym, Gwenllian Rhys
(llun: Andy Freeman)

Cyflwyniad i
Mefus

"Mae'r gwartheg wedi marw, fy nghariad i"

Gareth Evans

Mewn modd sy'n parhau i fod yn gymharol anghyffredin ar lwyfan Cymraeg, rhith o ddrama yw *Mefus*. Yn sicr, mae yma sefyllfa ddramataidd drawiadol a gafaelgar; ceir yma densiwn sy'n ffrwtian, yn llawn cenfigen, drwgdybiaeth, a chwant – hanfodion unrhyw ddrama dda. Mae Gwen wedi gwahodd Carys, ei ffrind gorau, i'w chartref i gael swper. Mae Gwen wedi mynd i drafferth, ac mae hithau a Carys wedi gwisgo'n hardd ar gyfer y wledd. Fel rhith y ddrama, mae yma rith o ddefod barchus; un dosbarth canol, hyd yn oed. Ac er ein bod fel cynulleidfa yn ymwybodol o strwythurau disgwyliedig drama lwyfan a defod gymdeithasol, mae *Mefus* drwyddi draw yn gyndyn o adael iddynt weithredu'n ôl y disgwyl. Fel y llygoden sydd wedi boddi yn y tun bîns, mae Carys yn gaeth i'r sefyllfa o'r cychwyn. Debyg fod Gwen, fel cath sy'n chwarae â'i chinio, yn ymwybodol o'r dechrau beth fydd ffawd y ddwy, ac o beth fydd uchafbwynt dramataidd y sgript. Er ei hamwysedd, mae'r *dénouement* yn arbennig o ddramataidd: o bosib, tri chorff marw ar y llwyfan a'r gyflafan yn goch ar lieiniau gwyn glân. Delwedd a diweddglo sydd yr un mor drawiadol ag unrhyw act olaf trasiedi Shakespeareaidd.

Felly mewn amryw ffurf mae *Mefus* a'r cymeriadau sydd ynddi yn ymdebygu at fod yn ddrama ac yn gymeriadau dramataidd. Ond mae yma ddrama sydd hefyd yn gwrthod chwarae â'r rheolau. Yn gwrthod cael ei chaethiwo mewn staes ddramataidd, mae yma gicio yn erbyn y tresi, yn erbyn ffurf ac yn erbyn disgwyliadau: disgwyliadau esthetig a chymdeithasol. Mae'r bwrdd yn cael ei osod ar gyfer pryd o fwyd, ond ni chawn sgwrsio ac ymddiddan sidêt.

Straeon a gawn am yfed gwaed a llofruddiaethau, cam-drin anifeiliaid a cholli ffydd. Nid '[j]elly a blancmange o sgwrs' (t. 168) a gawn, ond rhai sy'n ymwneud â chig a gwaed trwy gyfrwng deialog sy'n aml yn droellog ac yn gwrthod dilyn patrwm naturiolaidd a llinol.

Os nad oes yma ddrama, felly, fe gawn destun. Nid yn unig testun i'w berfformio, ond hefyd testun mewn amryfal ffyrdd sydd yn un am berfformio: am rannu straeon, am yr is-destun, ac am y modd yr ydym yn dewis ac yn dethol yr hyn yr ydym yn ei ddatgelu i eraill, yr hyn sydd yn guddiedig ac a gaiff ei ddal yn ôl. Gêm berfformiadol a gawn yma, ac yn straeon heriol a threisgar Gwen, ac yn neialog cwta, ansicr y ddwy, mae *Mefus* yn destun sydd yn hynod o theatraidd, ac yn wastadol yn amlygu potensial yr ennyd theatraidd: o ddatguddiad, trawsffurfiad, ac o wireddiad.

Mae *Mefus*, er melysdod y teitl, yn ymdrin â'r perfeddol a'r cnawdol, a'r modd y gorthrymir a gwrthrychir y cnawd a'r corff ac yn enwedig cyrff menywod. Yr hyn sydd yn wirioneddol rymus am y testun, ac sy'n nodwedd o weledigaeth theatraidd Sera Moore Williams, yw cyfoeth a ffyrnigrwydd miniog y wleidyddiaeth sy'n llechu tu ôl i gynildeb ymddangosiadol y ddrama. Ymhlith deialog sydd yn aml yn doredig, neu weithiau'n herciog ac yn betrusgar, ceir duwiesau a chwedlau, gorthrwm systemig a chyffyrddiadau o dynerwch, sibrydion a budreddi.

Mae'r sefyllfa yn cyfleu paradocs: gan nad yw'r ddeialog yn llinol, gyda straeon Gwen yn aml yn ymddangos o unlle, heb fawr ddim o gysylltiad â'r hyn sydd eisoes wedi'i ddweud, mae yma gyfeiriadau cyson at weithredoedd treisgar ac at orthrwm, ond heb fawr o gydnabyddiaeth o'r trais a'r gorthrwm sy'n bresennol ar y llwyfan ei hun. Anghyfiawnder canolog y ddrama, fel anghyfiawnder o fod yn fenywod mewn byd o ddynion, yw eu bod yn gaeth i rymoedd anweledig na feiddient neu na allent eu goroesi. Mae'r grymoedd hyn yn gyson bresennol, yn orthrymus, ac yn llethol. Testun sy'n ymdrin â'r grymoedd hyn yw *Mefus*, felly: grymoedd cyfalafol a phatriarchaidd, a'r cyfaddawdu sydd angen ei ddioddef er mwyn gallu goroesi mewn byd o'r fath. Yn wir, ymddengys fod yma ymdrechion, gan Gwen yn enwedig, i oroesi'r gorthrwm trwy ymdebygu fwy a fwy i'r gorthrymwyr. Mewn sgript sydd yn llawn gwaed a chig, teimlaf mai'r cyfaddawd yma yw'r weithred fwyaf treisgar. At hynny, trasiedi *Mefus* yw hyd yn oed ar y diwedd wrth i'r ddrama gyrraedd ei huchafbwynt, ni chynigir rhyddhad trwy wefr gathartig, neu bosibilrwydd o allu gwaredu'r gorthrwm.

Hyd y delweddau trawiadol olaf, mae'r ddrama felly'n bodoli mewn cyflwr o dyndra parhaus, rhwng nifer o begynau gwahanol na ellir mo'u cysoni. Y gwrywaidd a'r benywaidd, parchusrwydd ac amrhiodoldeb, rhwng llonyddwch y sefyllfa ddomestig a natur dreisgar y straeon mae Gwen yn eu hadrodd, purdeb a diniweidrwydd ffrwyth y teitl o'i gymharu â chig gwaedlyd. Mae'r testun fel ei fod yn cael ei dynnu i bob cyfeiriad, fel croen drwm ble gall y cyffyrddiad ysgafnaf achosi dirgryniadau dwfn. A thrwy gydol pryd o fwyd Carys a Gwen, cawn yr argraff fod potensial i'r croen dorri; i lyfnder y lliain bwrdd gael ei ddifetha. At hynny, mae'r ddelwedd o groen yn cael ei rwygo, o gig yn cael ei ddarnio yn ymddangos dro ar ôl tro.

Nodwyd eisoes fod y ddwy yma yn gaeth i'w sefyllfa, ac un o droeon rhethregol mwyaf grymus y testun yw'r pwyslais a roddir ar y ffaith fod trais yn elfen gynhenid o natur ddynol a'i fod wedi bod yn rhan allweddol o'n datblygiad i greaduriaid modern: ni fyddem wedi esblygu i drigo mewn tai cyfforddus dosbarth canol oni bai am drais dynion. Dywed Gwen, gan synfyfyrio, 'Roedd ein cyndadau ni, medda nhw, yn gig-fwytawyr treisgar oedd yn curo ysglyfaeth i farwolaeth, yn rhwygo'r cyrff yn ddarnau, yn torri syched gyda'r gwaed poeth ac yn gwledda ar gnawd oedd yn dal i symud.' Mae Carys yn ateb: 'Mae hynna'n bornograffig.' (t. 152)

Dyma un o'r ffyrdd amlycaf y mae Gwen yn pryfocio Carys, ac yn efelychu rhethreg ei gorthrymwyr. Tra bod straeon Carys yn aml yn adrodd atgofion personol, mae rhai Gwen yn aml yn cynnwys cyfeiriadaeth at gig, at gnawd yn cael ei gnoi at yr esgyrn, at y pydredig a'r afiach. Maent yn aml yn straeon o drawsffurfiad sy'n dynodi proses o ddiddymu: yr anifail yn troi'n gig. Yn ei chyfrol *The Sexual Politics of Meat,* mae Carol J. Adams yn amlygu'r berthynas sy'n bodoli rhwng gwerthoedd patriarchaidd â bwyta cig, gan olrhain y modd mae cyrff anifeiliaid – fel rhai menywod – yn cael eu rheoli a'u dinistrio ar gyfer cynnal cyfundrefn sydd yn gynhenid dreisgar. Nid yn unig o ran rhywedd, ond mynega Adams y modd y mae cymdeithasau patriarchaeth sy'n ddibynnol ar gig hefyd yn tueddu i gynnal gwerthoedd sydd yn hiliol ac sydd yn blaenoriaethu anghenion rhai dosbarthiadau cymdeithasol dros rai eraill. Dywed Adams, 'Through butchering, animals become absent referents. Animals in name and body are made absent *as animals* for meat to exist. Animals' lives precede and enable the existence of meat. If animals are alive they cannot be meat. Thus a dead body replaces the live animal. Without animals there would be no meat eating, yet they are absent from the act of eating meat because they have been transformed into food.' (Adams, 2010, t. 66). Mae arwyddocâd yr hyn sy'n cael ei droi'n anweledig o ganlyniad i batriarchaeth yn edefyn sy'n bresennol trwy'r ddrama. Gan ei fod yn gynhenid, ymddengys fod trais yn gylchol a chanlyniad trais rheibus dynion yw bod menywod nid yn unig yn troi'n gig ond yn y broses hynny eu bod hefyd yn cael eu gwneud yn anweledig. Fel hanes y wraig a laddwyd gan ei gŵr mewn gweithred sadomasochistaidd: 'Ac fe wnaeth hi fygu. Troi'n biws, diflannu.' (t.155) Mae'n arwyddocaol fod Ex Gwen, sydd nawr yn gariad i Carys, yn absennol o'r testun, ac eto mae'i bresenoldeb yn ormesol. Ceir eironi creulon ei fod, ar derfyn y ddrama, yn cael ei gonsurio i fodolaeth trwy ddynwarediad Carys ohono. Felly, hyd yn oed yn yr eiliadau amwys olaf, cyfyngir ar allu Carys i fynegi ei bodolaeth ei hun, ac fe ddilëir y ddwy gan mai dim ond trwy eiriau dynion y mae modd iddynt fynnu bodolaeth: 'Ei stori o!' (t. 178)

Ysgrifennwyd *Mefus* yn 1998, ac o'i darllen dros ugain mlynedd yn ddiweddarach mae lle i ystyried, o ran ffurf ac o ran cynnwys, sut mae arwyddocâd rhai elfennau ohoni wedi newid yn y cyfamser. Fodd bynnag, mae *Mefus* yn parhau i fod yn ddrama hynod feiddgar, ac mae'r ddrwgdybiaeth o ffurfiau dramataidd ac o naturoliaeth fel priod-ddull y llwyfan yn parhau i fod yn idiom brin yn y theatr Gymraeg. Roedd yn drawiadol felly, wrth ei darllen, fy mod yn cael fy atgoffa dro ar ôl tro o ddrama fwy diweddar sydd o ran ei ffurf yn llawer mwy confensiynol o gymharu â *Mefus*, ond sydd fodd bynnag yn ategu ac efallai yn cynnig cyd-destun ehangach ar gyfer ystyried rhethreg wleidyddol *Mefus* ar ddechrau trydydd degawd yr unfed ganrif ar hugain. Fy ngobaith yma yw nad fy mod yn trafod drama arall ar draul *Mefus*, ond trwy'i hystyried ochr yn ochr â *The Children* gan Lucy Kirkwood, bod modd pwysleisio pa mor arloesol oedd drama Gymraeg Williams a ysgrifennwyd bron ugain mlynedd ynghynt.

Llwyfannwyd *The Children* yn theatr y Royal Court, Llundain yn 2016. Wedi'i lleoli yn y dyfodol agos mewn byd sydd yn debyg iawn i'n byd ni, mae Hazel a Robin yn wyddonwyr niwclear priod sydd wedi ymddeol yn gynnar. Mae'r ddau yn eu 60au, ac yn byw mewn bwthyn bach ar arfordir dwyreiniol Lloegr. Wrth ymddeol, prynodd y ddau fân-ddaliad ar gyfer tyfu llysiau organig; mae Robin yn diflannu am oriau hir bob dydd i ofalu am genfaint o wartheg. Fodd bynnag, cawn wybod bod ffrwydrad wedi digwydd yn yr atomfa ble bu'r ddau yn arfer gweithio, a'u bod wedi symud yn barhaol i'r bwthyn oedd gynt yn dŷ haf, gan fod eu cartref yn y dref wedi'i ddifetha gan don a ddaeth yn dilyn y ffrwydrad. Mae bywyd yn parhau, er ysbeidiol yw'r cyflenwad trydan ac mae angen iddynt fod yn llawer mwy hunangynhaliol nag y buont cyn y drychineb. Ac i ddistawrwydd min nos y bwthyn daw Rose, cyfaill a chyn-gydweithiwr i'r ddau. Yn ystod y ddrama, daw yn amlwg fod Rose a Robin wedi cael affêr rhai blynyddoedd ynghynt.

Esbonnir fod yr atomfa angen gweithwyr – arbenigwyr – i helpu gyda'r gwaith ar ôl y ffrwydrad. Wedi dychwelyd mae Rose i recriwtio Hazel a Robin i'r achos, i ddychwelyd i'r atomfa er iddynt wybod y bydd yr ymbelydredd yn debygol o'u lladd. Datgelir fod Rose eisoes yn dioddef o gancr. Mae *The Children* yn cyffwrdd â nifer o bryderon amlwg ein byd presennol. Wedi'i hysgrifennu yn dilyn trychineb Fukushima yn 2011, ac yn y cyd-destun Cymreig yng nghysgod adeiladu atomfa newydd yn Wylfa (a bellach o bosib un arall yn Nhrawsfynydd), mae'r ddrama yn ymdrin ag etifeddiaeth yr hyn mae'r genhedlaeth ôl-1945 yn ei adael, yn llythrennol, i'r plant. Nid yn unig o ran llygredd ymbelydrol, ond hefyd eu bod yn perthyn i genhedlaeth a gafodd fanteisio ar gyfundrefn economaidd (a gwleidyddol) a ddaeth i ben yn 2008. Trwy gydol y ddrama, mae yma deimlad iasol fod popeth, yn araf, yn dirwyn i ben.

O ran ffurf ddramataidd a chywair theatraidd, mae *The Children* yn hollol wahanol i *Mefus*. Mae set y bwthyn yn ymdebygu i gegin realistig, mae'r cymeriadau yn ymddiddan ac yn ymateb fel pobol lled-naturiolaidd, ac yn fwyaf trawiadol oll, mae amser – o'r dechrau hyd un ennyd amwys yn yr eiliadau olaf – yn amser go iawn. Ceir yma un olygfa, gyda hyd y ddrama yn cyfateb i hyd y sgript; nid oes yma newid golygfeydd neu neidio mewn amser. Mae *The Children* yn amlygu naturoliaeth eithafol, a daw treuliad amser a llonyddwch ystyfnig yr amser 'go iawn' yn rhinwedd estheteg.

Tuag at ddiwedd y ddrama, wrth i Rose geisio perswadio Hazel i ddychwelyd i weithio i'r atomfa, mae Kirkwood yn rhoi iddi araith arbennig. Mae'n un rhyfeddol, ac yn un o fy hoff areithiau mewn unrhyw ddrama o'r ugain mlynedd diwethaf:

HAZEL: [...] Why do you even want me there?
        Pause.
ROSE: It'll sound silly but.
        You were who I wanted to be when I grew up. I
        thought, one day I'll be like Hazel. I won't smoke
        cigarettes and I'll wear suncream and plan the week's
        meals ahead and set a slow cooker and not just buy
        sandwiches from petrol stations and I'll keep the
        bathroom really clean not just give it a wipe when

people are coming over and I'll stop crying all the
time and I'll do exercise and have a really neat
handbag and do washing regularly not just when I've
run out of knickers and stop losing earrings and not
stay awake reading till four in the morning and feel
like shit the next day and I'll find out how tracker
mortgages work and be fifteen minutes early to
everything and most of all most of all I'll know when
I've had enough.

But I never quite got there. And I think it's a bit late
now. And then tonight I saw your washing outside, on
the line, and I thought about you, pegging it out, and
how many times in your life you'd done that and no
one noticed.

And I thought, that woman holds up the world.

So that's why, really (Kirkwood, t. 73).

Mae hi bellach ychydig bach yn rhy hwyr. Fel araith ddi-stop, heb
iddi hyd yn oed gael cyfle i ddal ei gwynt, mae Rose yn rhestru'r hyn
y disgwylir i fenywod ei wneud, ac yn mynegi'r pryder a'r siom o
beidio gallu cyflawni'r hyn yr oedd cymdeithas yn ei ddisgwyl
ohoni. Er iddi brofi gyrfa ryngwladol fel gwyddonydd niwclear,
dyma sy'n achosi galar iddi ar ddiwedd ei dyddiau. Mae yma ategiad
o rai o sgyrsiau Carys a Gwen, ac yn dwyn i gof yr awgrymiadau
hunanfeirniadol cyson nad ydynt yn teimlo eu bod byth cweit digon
da: 'Sgenna'i ddim disgyblaeth. Dyna nrwg i' (t. 164) meddai Carys. Yn
fwy na hynny, mae araith Rose hefyd yn cydnabod llafur anweledig
mamau a gwragedd, a'r tasgau beunyddiol a gaiff eu cyflawni heb
unrhyw gydnabyddiaeth. Y gweithredoedd sy'n 'dal y byd i fyny'.

Yn ystod y ddrama, ar y llwyfan, mae Hazel yn paratoi salad. Yn
torri'r cynhwysion, yn plicio wyau, yn golchi'r dail, yn blasu a
chymysgu'r cynhwysion mewn bowlen. Un weithred feunyddiol ac
anweledig arall a gaiff ei chyflawni wrth i'r ddrama fynd rhagddi.
Nid yw cig ar y fwydlen bellach. Maes o law, ar ôl penderfynu gadael

am yr atomfa, mae Robin yn datgelu mai treulio oriau yn palu beddi ar gyfer y gwartheg y bu'n ei wneud yn ddiweddar yn hytrach na gofalu amdanynt. Maent wedi hen farw o ganlyniad i'r ymbelydredd: 'The cows are dead my love. I'm going to pack a bag.' (t. 70)

O ddarllen *Mefus* ochr yn ochr â *The Children*, credaf fod yma le i osod ffrâm ecofeirniadol o amgylch drama Sera Moore Williams. Mae'r ddrama yn cyfleu cyfnod amseryddol penodol, ond yn ennyn grym newydd fel rhybudd pellach: nid yn unig o batriarchaeth a chyfalafiaeth, ond hefyd o ddinistr ecolegol. Mae'r digonedd o gig yn 1998 bellach yn teimlo'n fwy pornograffig nag erioed: 'Wyt ti 'di gweld nhw'n hysbysebu y lle 'ma lle ti'n gallu bwyta cymaint o gig ag y gelli di am £15, ac os wyt ti'n gallu bwyta 5 pwys o gig a'r 'trimmings' i gyd, fe ro'n nhw'r pwdin i ti am ddim?' (t. 151). Mae gormodedd yn ddi-chwaeth: nid yn unig yn drosiannol, ond am ein bod erbyn hyn yn llawer mwy ymwybodol o gyfraniad cig i newid hinsawdd, ac o oblygiadau carbon y penderfyniadau difeddwl cyfalafol yr ydym yn eu cyflawni'n ddyddiol. 'I don't know how to want less', meddai Hazel (Kirkwood, t. 77). Gallwn ddirnad hirhoedledd y gorthrwm, a rhagweld y dibyn. Mae'r dyfodol dan warchae; mae trais cynhenid y natur ddynol yn parhau i fod yn gylchol.

Efallai fod yma angen i orffen ar nodyn mwy cadarnhaol, un a fentrai fod yn obeithiol, hyd yn oed. Fel mae *Mefus* (a *The Children*) yn ei wneud, mae'r casgliad yma o ddramâu hefyd yn amlygu llafur benywaidd ac yn ei droi o fod yn anweladwy i fod (os nad yn gig a gwaed) yn faterol, ac yn y byd. Credaf mai dyma'r tro cyntaf i gasgliad o ddramâu gan un ddramodwraig gael ei gyhoeddi yn y Gymraeg. At hynny, mae casgliadau o ddramâu gan ddramodwyr (o unrhyw rywedd) yn y Gymraeg yn gymharol brin, ac yn enwedig casgliadau o waith dramodwyr sy'n parhau i gynhyrchu gweithiau newydd. Mae cael casgliad o ddramâu gan ddramodwraig, felly, yn achlysur i'w ddathlu ac yn haeddu cydnabyddiaeth arbennig. Wrth gyhoeddi'r dramâu hyn o fewn yr un gyfrol, gellir gobeithio y byddent yn fwy hygyrch ac y byddent hefyd, yn ôl eu bwriad, yn cael eu perfformio'n amlach. Ond yn fwy na hynny, o'i gyhoeddi daw'r testun yn barhaol: yn inc ar bapur ac yn wrthrych yn y byd, i hawlio'i le ar silff.

Llafur benywaidd sydd yma, ac mae'r theatr a amlygir yn *Mefus* ac yng ngwaith Sera Moore Williams yn cyflwyno'r testun fel dim ond un elfen o'r digwyddiad theatraidd: eto testun, ac nid drama. Mae'n anochel, efallai, fod ffurfiau theatraidd sy'n ymddangos yn amharod i fodoli fel gweithiau llenyddol yn cael eu diystyru gan y canon. Heblaw am ddadansoddiadau academaidd, prin yw'r cofnodion neu'r cyfrolau ar silffoedd sy'n cloriannu'r cyfoeth arloesol o waith theatr ôl-ddramataidd a gynhyrchwyd yng Nghymru yn ystod yr 1980au a'r 1990au, yn rhannol gan nad oeddent – ac nad ydynt – yn bodoli fel sgriptiau llenyddol, caeëdig a thaclus. Os yw Carys a Gwen yn gorfod mynegi eu hunain trwy eiriau gwrywaidd, mae *Mefus* yn mynegi theatr sydd yn ddigyfaddawd yn ei ffeministiaeth, o ran ei chynnwys a'i ffurf. Mae yma ddrama a chasgliad o ddramâu sydd yn amlygu gweledigaeth sydd, mi gredaf, yn ymwrthod â gwrywdod hegemonaidd llenyddol Gymreig. Un ystum ymhlith nifer a fydd yn parhau i ddal y byd i fyny.

Mefus

(1998)

Cast gwreiddiol:

GWEN   Gwenllian Rhys

MAE GWEN YN FEICHIOG OND NID YW'N AMLWG. MAE HI
NEWYDD DDOD ALLAN O BERTHYNAS ORTHRYMUS. MAE
HI'N YMWYBODOL BOD CARYS, EI FFRIND GORAU, NAWR
MEWN PERTHYNAS GYDA'I EX HITHAU. MAE HI'N AWYDDUS
I'W RHYBUDDIO HI AMDANO. MAE HI'N NERFUS.

CARYS   Carys Gwilym

TYDI CARYS DDIM YN GWYBOD FOD GWEN YN FEICHIOG.
TYDI HI DDIM YN SICR OS YW GWEN YN GWYBOD AM EI
PHERTHYNAS NEWYDD, NAC YCHWAITH PAM EI BOD HI
WEDI CAEL GWAHODDIAD I SWPER. MAE HI WEDI DOD AG
ANRHEG I GWEN, SEF MEFUS Y MAE EI PHARTNER NEWYDD
HI WEDI EU PRYNU. MAE HI'N NERFUS.

(MAE'R EX WEDI DEUD WRTH CARYS EI FOD E'N MEDDWL
FOD GWEN WEDI TRIO EI WENWYNO TRA ROEDDEN NHW
GYDA'I GILYDD).

MAE'R DDWY FERCH WEDI GWNEUD YMDRECH I WISGO YN
HARDD AR GYFER Y NOSON. MEWN FFAITH FE DDYLSAI
POPETH AM Y SEFYLLFA FOD YN SYML IAWN AC YN HARDD.

Gofod:

1. Yn y safle cyntaf mae un bwrdd bach wedi ei orchuddio â lliain gwyn. Mae dwy gadair. Mae powlen o fefus ar y bwrdd.

2. Yn yr ail safle i gynrychioli bwrdd bwyd, mae lliain llawr mawr gwyn ('run defnydd â'r lliain sydd ar y bwrdd yn y safle cyntaf) a dwy gadair ('run peth â'r ddwy sydd ger y bwrdd yn y safle cyntaf) gyferbyn â'i gilydd ar y naill ochr. Ar un ochr o'r lliain llawr mae dau wydr gwin a photel o win coch, *lighter* a sigarets. Ar gornel arall y lliain llawr mae bwyd (yn cynnwys bara ffrengig a chig, blodau a chanhwyllau etc). Ar ganol y lliain llawr mae powlen o fefus 'run peth â'r bowlen sydd ar y bwrdd yn y safle cyntaf.

3.Gwagle tywyll yw'r trydydd safle. Mae gweddillion pryd o fwyd ar y llawr – poteli gwag o win, blodau, canhwyllau, bwyd a mefus.

Caiff y safle cyntaf ei oleuo, a gwelwn Carys, wedi ei gwisgo mewn ffroc laes a sodlau yn lledorwedd ger y bwrdd, ei braich o amgylch y bowlen o fefus. Mae'n anodd gwybod os mai ynghwsg ynteu wedi marw y mae hi. Mae'r ddelwedd yn un hardd. Cyn gynted â bod y ddelwedd gyntaf wedi ei sefydlu mae'n diflannu eto i dywyllwch llwyr.

Wrth i'r golau ddiffodd ar y safle cyntaf, goleuir yr ail safle i ddatgelu Gwen, sydd hefyd mewn ffroc laes a sodlau. Dylsai'r ddelwedd hon fod yn syml iawn, ac yn hardd hefyd.

Mae Gwen yn ymarfer sgwrs y mae hi'n dychmygu fydd yn digwydd pan fo Carys yn cyrraedd i gael swper.

Gwen:　Tyrd at y bwrdd. Tyrd. Ista.

SAIB.

(FEL CARYS) "Ti 'di mynd i drafferth!" Iesgob naddo. (SAIB) Ista. Ista! Byta, byta. Byta fel petai ti adra. Wel mi wnei di yn gwnei!

(YN FLIN EFO HI EI HUN AM FOD YN GAS) O na! (SAIB) Wel – gwydraid bach ta ia falla? (FEL CARYS) "Ia plis". Dyna ti ta. (SAIB) Ti'n byta fatha dryw! Na'r cwbl ti werth? O! Yli! Sori. (SAIB) Na welliant!

(FEL CARYS) "Diolch" Blasus? (FEL CARYS) "Iawn". Cymra fwy.

(FEL CARYS) "Na well 'mi beidio" Cymera fo'i gyd. Waeth i ti.

(FEL CARYS) "Sori?!" Eto! Wel sdim pwynt cadw rhyw fymryn bach fel'na.

(FEL CARYS) "Dwi'n llawn. Diolch," medda hi. Wel dim ond dy fod ti wedi cael dy ddigoni! (YN FLIN EFO'I HUN ETO AM FOD YN GAS) O na!!

(SAIB. YN MEDDWL YN UCHEL)

Siarad am fawr ddim wedi 'ny.

Mm.

MAE CARYS YN YMDDANGOS AR ERCHWYN Y LLIAIN LLAWR. MAE HI WEDI DOD Â'R BOWLEN MEFUS OEDD AR Y BWRDD YN SAFLE 1 GYDA HI. MAE GWEN YN EI CHYFARCH HI, OND MAE'R AWYRGYLCH YN ANGHYFFORDDUS IAWN.

Gwen:　(YN EI GWELD) O! – Ti yma! – Tyd at y bwrdd. (AM Y LLIAIN MAWR) Tyd. Isda.

Carys:　Mefus i ti.

Gwen:　Mefus? O!

Carys:　Ia.

Gwen:　O! (YN CYFEIRIO AT Y BOWLEN O FEFUS SYDD YNA'N BAROD) A minnau wedi paratoi rhai yn barod i ni...

Carys: O.

Gwen: Na hidia! (YN ARLLWYS MEFUS CARYS AT EI RHAI HI) Wnawn ni eu cymysgu nhw. Mm. Fel hyn.

Carys: Ti 'di mynd i drafferth.

Gwen: Iesgob naddo! (SAIB) Isda. Isda! Byta byta. Byta fel petai ti adra. Wel mi wnei di yn gwnei! (O DAN EI HANADL) O na! (SAIB) Wel gwydriad bach ta, ia, falle?

Carys: Ia plis.

MAE GWEN YN TYWALLT Y GWIN.

Gwen: Dyna ti ta.

MAE NHW'N YFED. SAIB HIR ANGHYFFORDDUS.

MAE CORFF Y DDRAMA SY'N DILYN BRON FEL DAWNS, GYDA'R GEIRIAU'N GYFEILIANT I'R SYMUD, SYDD I GYD YN DIGWYDD AR Y LLIAIN LLAWR, GAN SYMUD Y CADEIRIAU YMA AC ACW.

Gwen: "Bydd ddistaw," medda fo, a'r funud honno fe glywodd hi sŵn y gyllell oedd ganddo fo, ac fe'i thrywanodd o hi. (YN TRYWANU EI CHALON) Fama. A chario mlaen i drywanu. Fama, fama. Dau ddeg a naw o weithiau gafodd hi ei thrywanu. Roedd o'n gwneud hyn (YN YSTUMIO) gyda'r gyllell. Fel petai o'n cymysgu cacen.

Carys: Cacen?

Gwen: Ia. Cacen.

Carys: Mm.

Gwen: Aeth y gwaed drosti hi i gyd, a diferu ar y gwair. Ac fe ddwedodd o "Dwi 'di lladd cymaint heddiw, ond ddois i ddim ar draws 'run fel hon" ac fe luchiodd o hi i ganol y cyrff.

Carys: Ti'n gwylio gormod o deledu.

Gwen: Cael gwared ohoni hi.

Carys: O!

Gwen: O! (YN FLIN EFO HI EI HUN AM DDWEUD Y STORI)

O na. (SAIB HIR) So felly!

Be amdanat ti?

Carys: Hyn a'r llall.

Gwen: Ia?

Carys: Ia.

Gwen: O?

Carys: Wel dim byd mawr...

Gwen: Na?

Carys: Na. Just o ...

Gwen: O.

Carys: Mm. Ia.

SAIB HIR

Gwen: (YN NEWID TRYWYDD) "Wyt ti wedi sylwi meddai Vlasta..."

Carys: Vlasta?

Gwen: Ia. "Sut ei fod o wastad yn cynllunio ei 'seductions' rhywle lle mae 'na fwyd?"

Carys: Bwyd?

Gwen: Ia. "Yn handi. Mae'n amlwg fod rhyw a bwyta yn gymysglyd ofnadwy rhywsut yn ei ben o. Dwi ddim yn siŵr be 'di ystyr hynny eto. Ond rhywbeth annymunol siŵr o fod!" Ia.

Carys: Vlasta?

Gwen: Cymeriad mewn llyfr.

Carys: O! Ffuglen!

Gwen: Ia.

Carys: M.

Gwen: Ti'm 'di darllen o naddo?

Carys: Naddo.

Gwen: Naddo. (CURIAD) Dylsa ti.

Carys: Pam?

Gwen: Wel... Ro'i fenthyg o i ti.

SAIB HIR

Llyfu gwefusau.

Carys: Beth?

Gwen: Gweflau'n glafoerio.

Carys: M?

Gwen: Brathu. Sugno ...

Carys: (YN MEDDWL MAE SIARAD AM RYW Y MAE HI)
O! Wela i.

Gwen: Cnoi.

Carys: Uh huh?

Gwen: Rhwygo.

Carys: Dillad? W!!

Gwen: E?

Carys: Ia?

Gwen: Llarpio.

Carys: Llarpio?

Gwen: Dannedd yn cydio.

Carys: Ouch!

Gwen: Cydio a thynnu. Crensian.

Carys: Beth?!

Gwen: Crensian...

Carys: Ych!

Gwen: Croen...

Carys: Ych!

Gwen: Ac esgyrn...

Carys: Ych. Paid!

Gwen: Ac esgyrn a mêr...

Carys: Ych a fi!

Gwen: (YN DDIFRIFOL IAWN) 'Sa fo'n nefoedd i rai...

Carys: Be?

Gwen: I wledda ar gnawd.

Carys:	Be?!!!! Ti'n codi cyfog.
Gwen:	Ydw i! – Sori.
Carys:	Mynd rhy bell OK.
Gwen:	Be?
Carys:	Allai'm stumogi y math yna o...
Gwen:	Be?
Carys:	Arbrofi. OK! Falle. Ia. Ond...
Gwen:	Sori?
Carys:	Mae hynny'n wrthun.
Gwen:	Be? Dim ond meddwl o'n i...
Carys:	Be?
Gwen:	Sut beth ydi...
Carys:	Gad hi!
Gwen:	Bwyta ar ôl newynu.
Carys:	Be? Y?!
Gwen:	Wyt ti'n gallu dychmygu?
Carys:	Newynu? Sori?
Gwen:	Sut beth 'di bwyta ar ôl newynu.
Carys:	E? 'Wi'm yn deall ...
Gwen:	Be 'di dy hoff bryd o fwyd di?
	SAIB
Carys:	(YN DEALL) Bwyd?! O!! (YN CHWERTHIN) O'n i'n meddwl mai siarad am... O, na hidia! Fwyta i rhwbath! A gorau oll os fu ganddo fo gynffon a choesa!
Gwen:	O!
Carys:	Ond dim ond cig gwyn. Dwi'n watsiad fy mhwysa...
Gwen:	Maen nhw'n cadw lloi yn y twllwch er mwyn cadw'r cig yn wyn.
Carys:	Ydyn nhw? Lloi? (SAIB. YN CHWERTHIN) Chdi'n siarad am fwyd a minna'n meddwl ma...
Gwen:	Wel diffyg bwyd really. Pobl yn llwgu a ninna'n eu gwatsiad nhw ar y teledu heb...

Carys: Elli di'm crio am bob stori drist.

Gwen: Be?

Carys: Just deud.

Gwen: (YN BIGOG) Sgen ti'm cydwybod?

Carys: Dwi'm yn teimlo'n euog. Dim really.

Gwen: (YN *FLIN EFO HI EI HUN*) O na.

           SAIB HIR.

           Wyt ti 'di gweld nhw'n hysbysebu y lle 'ma lle ti'n gallu
           bwyta cymaint o gig ag y gelli di am £15, ac os wyt ti'n
           gallu bwyta 5 pwys o gig a'r *trimmings* i gyd, fe roian
           nhw'r pwdin i ti am ddim?

Carys: (YN CHWERTHIN) O'n i'n meddwl ma sôn am ryw
           oeddach chdi!

Gwen: Rhyw?!

Carys: Gynna. Brathu, sugno, ti'n gwbod, rhwygo... Arbrofi! Ti'n
           gwbod! Efo rhyw! Sori! Sori!! Camddealltwriaeth!

Gwen: Ia.

Carys: 'Dwn i'm! Sori!

           SAIB

Gwen: (YN NEWID TRYWYDD. LLAW AR EI BOL) Ar ôl poen
           enbyd didrugaredd a barodd am 3 blynedd fe roddodd na
           ddyn enedigaeth i lo.

Carys: Llo eto!

Gwen: Do!

Carys: Trystio dyn i roi genedigaeth i rywbeth twp! (SAIB) Fe
           ddaru 'na hen ffarmwr enwi llo ar fy ôl i! Llgada mawr
           brown.

Gwen: Llgada glas sy gen ti!

Carys: Colour-blind bechod!

           SAIB.

           Wel ma hyn yn neis.

Gwen: (AM YR ENEDIGAETH) Mae o'n wir wyddost ti! Wedi ei
           gofnodi fel ffaith hanesyddol. Fe welodd 'na lot o bobl y

peth yn digwydd.

Carys: Dyn? Yn rhoi genedigaeth i lo?!

Gwen: Ia. Arwydd fod rhywbeth ofnadwy am ddigwydd...

Carys: *Am* ddigwydd?!

Gwen: Yn y dyfodol medda rhai. Cosb am ymddygiad annaturiol medda'r lleill.

Carys: Pwy sy'n dewis dy lyfrau di? 'I ddarllen o wnes di?

Gwen: (CURIAD. YN NEWID TRYWYDD) Wyt ti am gael plant?

Carys: Falle!

Gwen: Bydd rhaid i ti ffeindio dyn gynta yn bydd?

Carys: Be?!

Gwen: Fydd rhaid i ti ffeindio dyn sydd isio plant. Dyn fydd yn fodlon dy rannu di.

SAIB. YN DIFARU. SAIB.

Mae 'na benglog plentyn o Affrica sy'n dair miliwn blwydd oed.

Carys: Oes 'na?

Gwen: Penglog efo gên a dannedd. (SAIB) Mae rhywun neu gilydd wedi penderfynu fod y plentyn yma yn un o gyndadau dynion fel y gwyddom ni amdanyn nhw heddiw. Penglog deallus, medda nhw, efo'r gallu i greu arfau. Roedd ein cyndadau ni, medda nhw, yn gig-fwytawyr treisgar oedd yn curo'u hysglyfaeth i farwolaeth, yn rhwygo'r cyrff yn ddarnau, yn torri syched gyda'r gwaed poeth ac yn gwledda ar gnawd oedd yn dal i symud.

Carys: Mae hynna'n bornograffig.

Gwen: Maen nhw'n meddwl mai arfau ddaeth gyntaf a bod yr ymennydd wedi tyfu wedyn er mwyn gallu defnyddio'r arfau yn well. Maen nhw'n meddwl fod trais yn rhan gynhenid o natur ddynol.

Carys: Ti'm yn credu hynny?!

Gwen: Dwi ddim isio ond...

Carys:	Beth?
Gwen:	Be ti'n feddwl?
Carys:	E?
	SAIB HIR
Gwen:	Ti'n bwyta fatha dryw. 'Na'r cwbl ti werth?
Carys:	O yli, sori.
Gwen:	Sori?
Carys:	Sgenna'i ddim llawer o chwant...
Gwen:	(YN BIGOG) Blas od yn dy geg di?
Carys:	Na!
Gwen:	(YN FLIN EFO HI EI HUN) O na.
Carys:	Pam? Pam bo chdi'n gofyn?
	SAIB
	(YN CRYNU) W! Mae 'na rhywbeth ...
Gwen:	'Di d'anesmwytho?
Carys:	Do.
Gwen:	M.
Carys:	Ti'n ei deimlo fo?
Gwen:	Ydw. Gwneud i ti...
Carys:	W!
Gwen:	M?
Carys:	(YN CRYNU) Dros fy medd i...
Gwen:	Hel meddyliau?
Carys:	Ia.
Gwen:	Meddwl am betha...
Carys:	Cofio.
Gwen:	Cofio?
Carys:	(YN CYDIO YN EI GWIN. AM Y GWIN) Hwn ella!
Gwen:	Deud be ti'n gofio.
Carys:	O...
Gwen:	Dweda.

Carys: Just rhyw hen bethau...

Gwen: (YN BIGOG) Gwirion? (YN FLIN EFO HI EI HUN) O na.

Carys: Wel! Ia falle! – (YN NEWID CYFEIRIAD) Hei! Da!
Ti'n sôn am fwyd a minnau yn meddwl mai...
(YN CHWERTHIN)

Gwen: Ia. Maen nhw'n dweud mai bwyd yw rhyw y 90au!

Carys: Pwy sy?

Gwen: Radio 4! Ia?

Carys: O.

Gwen: Dwi'm yn cofio.

Carys: Ma'n rhaid fod o'n wir felly. Hei! Bon appetit!

Gwen: Os mai bwyd 'di rhyw y 90au, falle bod bwrdd bwyd bron
fel gwely!

Carys: M?

Gwen: A lliain bwrdd fel cynfasau.

SAIB

Carys: Wel dyna ni ta!

Gwen: Ia.

SAIB HIR

Pan roedd priodas yn chwalu cyn bo' saith mlynedd wedi
mynd heibio, roedd y cynfasau gwely oedd yn mynd dros
y cwpl yn eiddo i'r wraig, a'r cynfasau oedd o dan y cwpl
yn eiddo i'r gŵr. Os oedd y gŵr yn cymryd gwraig
newydd, roedd y dillad gwely i gyd yn mynd yn ôl i'r
wraig gyntaf, ac os oedd y wraig newydd yn cysgu arnyn
nhw roedd yn rhaid iddi hi dalu! Roedd yn rhaid iddi hi
dalu pris i'r wraig gyntaf am wneud hynny.

Carys: Sdim rhaid dial chwaith nag oes!

Gwen: Be?

Carys: Sdim rhaid dial. Nag oes? Y dyddia yma.

SAIB HIR

(OHERWYDD Y SAIB) Braf teimlo bo' dim rhaid siarad
dydi?

Gwen: Fydd 'na briodas eleni?

Carys: Be?! Am bwy... Dwi'm yn gwybod.

Gwen: M?

Carys: Dwi'm yn gwybod.

Gwen: O.

SAIB

Do'n i'm yn nabod nhw'n dda na dim byd felly, ond roedd
y ddau 'ma wedi priodi. Roeddan nhw wedi priodi, ac
mewn cariad, dim amheuaeth am hynny. Ac roedd y
ddau yn aml yn arbrofi ... ti wnaeth i mi gofio hynny.
(SAIB) Un noson fe glymodd o hi i'r gwely, a gosod
hances sidan yn ei cheg hi. Ac ymhen amser ... fe
gwmpodd o i gysgu. Roedd o'n anodd iddi hi anadlu,
ac wrth gwrs doedd hi ddim yn gallu rhyddhau ei dwylo
i ddeffro ei chariad. Roedd o'n cysgu fel babi wrth ei
hochr hi. Ac fe wnaeth hi fygu. Troi'n biws, diflannu.
Ac yn y bore fe ddeffrodd o... a'i ddarganfod hi. Ffonio'r
doctor, a ffonio'r heddlu. Gwisgo ei ddillad, crio, crio,
fel babi, ei chusanu ... (SAIB) a disgwyl.

Carys: Trist.

Gwen: Clywed hynna wnes i rhywle.

Carys: O'n i'n teimlo fel taswn i yna. Dy glywed di'n ei deud hi.

Gwen: Do'n i'm yn nabod nhw. Ond dwi 'di meddwl lot amdani
hi. Fe gafodd o ei ddedfrydu i garchar am oes.

Carys: Naddo!

Gwen: Mae pobl yn greulon.

Carys: (YN ANSICR) Mm.

Gwen: Mae cariad yn brifo.

Carys: (YN ANSICR) Mm.

Gwen: (AM Y STORI) Mor agos i gartra.

Carys: Be?

Gwen: Yng Nghymru ddigwyddodd o. Os bydde gofyn i ti
aberthu dy fywyd dros gariad ...

Carys: (AM Y STORI) Damwain oedd hynna.

Gwen: Ia dwi'n gwybod, ond fasa cwlwm cariad yn ddigon cry' i dy gadw di mewn lle peryglus? Dweda wrtha i.

Carys: Wel, tasa gen i ...

Gwen: Gariad? Ia, iawn, tasa gen ti, gad 'ni ddeud.

Carys: Dwi'm yn gwybod.

Gwen: O yli ...

SAIB HIR IAWN.

MAE CARYS YN TROI EI SYLW YN ÔL AT Y BWYD AC YN CEISIO NEWID TRYWYDD Y SGWRS.

Carys: Wel – rho i ni heddiw ein bara beunyddiol – ac os elli di wneud hynny ar siâp baton a lluchio rhyw botel fach o *vin rouge* i mewn i'r fargen, 'sa ni'n wirioneddol ddiolchgar.

Gwen: M?

Carys: (YN CROESI EI HUN) *Tiramisu*.

Gwen: Be 'di hwnnw?

Carys: Math o nefoedd! Amen.

Gwen: Amen. 'Sa ti'm yn gallu trio...

Carys: Bwyta? A tithe 'di mynd i drafferth?

Gwen: Dim trafferth. Ro'n i isio dy weld di.

Carys: Oeddat ti?

Gwen: 'Dan ni ddim wedi gweld ein gilydd i siarad ers ...

Carys: Naddo naddo.

SAIB. MAE CARYS YN CODI TAMAID O GIG. MAE HI'N ANSICR IAWN YNGLŶN Â'I ROI YN EI CHEG. TYDI HI DDIM CWEIT YN LLWYDDO.

Be ddigwyddodd i fwyd y dyn cyffredin?

Gwen: Be ti'n feddwl wrth hynny?

Carys: Be? Bara-lawr a llaeth enwyn.

Gwen: O!

Y DDWY: Ych/iyc.

SAIB

Carys:	Bwyta di rhwbath.
Gwen:	Mae o'n helpu weithiau?
Carys:	Beth? Na. Do'n i'm yn …
Gwen:	Na. Dwi'm isio. SAIB. Bwyta di. Yli. *Parma ham*, *Boeuf Bourguignon*… a wedyn …
Y DDWY:	M! (YN GWENU) Mefus i bwdin.
	SAIB
Gwen:	Dwi ddim mor hoff o gig ag y bues i.
Carys:	CJD?
Gwen:	Naci …
Carys:	(AM Y PRYD) Ond be am hyn i gyd?
Gwen:	Ei baratoi o i ti wnes i.
Carys:	Ia? (YN GWTHIO'R BWYD I FFWRDD) O yli, dwi'm yn meddwl alla'i …

SAIB HIR. MAE GWEN YN SYLLU AR CARYS. MAE CARYS YN CODI UN O'R MEFUS.

Wel falle un o'r rhain ta.

MAE HI'N BWYTA TAMAID BACH O'R MEFUSEN OND YNA'N AILFEDDWL.

Mefus. Mm. (YN COFIO) Capel. Cinio …

Gwen:	Be?
Carys:	Capel. Cinio.

MAE GWEN YN LLED-GANU EMYN YN DAWEL BACH.

O paid wnei di!

MAE GWEN YN PARHAU I LED-GANU DROS YR ISOD

Oes rhaid i ti? Capel, cinio. Cyw iâr fel arfer, a wedyn, pwdin. Pwdin reis *tin*, cynnes, neu weithiau, am change bach, am change bach … ddim – yn gynnes! Pob dydd Sul 'run peth! Ond wedyn mwyaf sydyn, capel cinio, ac wedyn i bwdin, ac wedyn i bwdin … *Pavlova*!! *Pavlova*!! Ti'n gwbod be 'di hynna? Pwdin cymhleth uffernol, siwgr a wyau – gwyn wyau ... cymryd oriau. A rhwng yr haenau, yr haenau *meringue* cartref anhygoel 'ma, hufen a mefus, mefus a phetha neis fel'na! Haenau a haenau o stwff, anhygoel o wahanol i reis!! Am wythnosau. Capel, cinio *pavlova, pavlova* ... (SAIB) a wedyn mwya sydyn – pwdin reis eto, allan o *tin*, yn oes oesoedd amen. Dyna fo. Yr *extravaganza* llwy bwdin drosodd. Dim sôn dim sniff o *bavlova* byth eto.

Gwen: Pam tybed?

Carys: Dwi'm yn gwybod.

Gwen: Oedd dy fam di'n ffyddlon?

Carys: Be?

Gwen: Oedd hi'n ffyddlon oedd hi?

Carys: Nag oedd.

Gwen: Nag oedd?!

Carys: Na, ddim felly! Dim fel 'sa ti'n sylwi!

Gwen: (FEL PETAI HI 'DI DEALL RHYWBETH) A! O!

Carys: Be?

Gwen: Just meddwl o'n i.

Carys: (AM EI THRAED SY'N BRIFO) W!

          MAE CARYS YN TYNNU EI SGIDIAU AC YN CYNNAU SIGARÉT, CYN EI DIFFODD BRON YN SYTH.

          SAIB

Carys: Traeth mawr llwyd. Môr yn edrych yn oer. Chwara. Fi a 'mwced, a rhaw yn rhydu, gwneud castell. Edrych i fyny i chwilio am Dad, fel wyt ti, er mwyn checio bod o dal yna i ti, a'i weld o, yn y pellter, yn isda, mewn *shorts*, efo'i goesa'n syth allan o'i flaen o, yn pwyso yn ôl ar un fraich ar lain o wair o flaen yr Hillman. Ac roedd o'n smocio! Ac ar ôl i fi redeg i fyny'r traeth ato fo, dwi'n cofio gofyn "dad wyt ti'n smocio?" a fyntau'n dweud 'i fod o ddim. A minna'n gwybod ei fod o, achos mod i wedi ei weld o! A dwi'n cofio meddwl, "O na! Mae dad yn deud celwydda hefyd!"

Gwen: Beth am yr hogla?

Carys: Hogla?

Gwen: Mwg. Wnest ti ddim sylwi?

Carys: Sebon a baco. Mmm. O'n i 'di anghofio. (WEDI EI SYNNU) O'n i 'di anghofio hynny. (SAIB. Am ei thad) Adawodd o. Dwi'n debyg iddo fo medda nhw.

Gwen: Ac i dy fam 'dwyt? Wyt ti?

SAIB

Carys: Hogyn o'r wlad oedd dad wyddost ti.

Gwen: Wyt ti'n debyg i dy fam?

Carys: (YN COFIO. DYNWARED EI THAD YN FACHGEN BACH, A'I FAM O) (FEL Y FAM) "Dos i lawr i'r afon 'na i nôl 'sgodyn," (FEL EI THAD) 'Salmon' i swper eto wedyn! (FEL Y FAM) "Dos allan wnei di i ddal cwningen. Pa laru wnei di ar gig bwni? Saetha rhwbath efo plu os elli di. Dim twrci drws nesa!! Rhwbath gwyllt!" (FEL EI THAD) "Mi oedd drws nesa yn wyllt mami!" O'r nefi. Rhyw stori stori rownd y rîl gan fy nhad i. Ro'n i'n colli hynny pan a'th o. Dwn i'm faint o wirionedd oedd ynddyn nhw.

Gwen: M. Tybed.

Carys: Dwyt ti byth yn sôn am dy deulu di.

Gwen: Dwi'm yn cofio cymaint â hynny.

Carys: Ddim yn cofio?!

Gwen: Na.

Carys: Be? Ddim isio?

Gwen: O ydw! Ydw! Hoffwn i ...

Carys: Rhyfedd uffernol.

Gwen: Trist.

SAIB.

Roedd 'na ddyn yn y carchar, yn edifar wastio ei fywyd o'n byw y ffordd wnaeth o. So mae o'n penderfynu, pan fasa'r diwedd yn dod, y basa fo'n gadael ei gorff i feddyginiaeth, fel bod ei fywyd o werth rhywbeth i rywun yn y pen draw. A ti'n gwybod be wnaethon nhw iddo fo? Rhewi ei ymennydd o a wedyn ei sleisio fo – *cross sections* tena, tena, ar *bacon slicer*. Wir. Petai nhw'n gwneud hynna i fi. Rhoi sleisen o fy ymennydd i o dan y meicrosgop, er mwyn gweld fy hanes i... fasa 'na neb yna... neb o gwbl, (AM YR EX) dim ond fo, fo, fo...

Carys: Na!

Gwen: Fatha pla.

Carys: Tydi o ddim!

Gwen: Be?! Be?

            SAIB

Carys: Aeth mam â fi at y doctor. Cofio. Annwyd. Eista ar ei glin hi i ddechra tra bod y doctor yn examinio, a wedyn cael fy ngyrru allan, i ddisgwyl, tra 'i fod o'n siarad efo hi. Wnei di'm credu faint wnes i boeni am be gafodd ei ddweud tu ôl i 'nghefn i. Ro'n i'n meddwl yn siŵr fod y doctor 'di deud wrth mam mod i am farw!

Gwen: Plentyn ansicr!

Carys: Ges i lolipop ll'godan ar y ffordd adra. Ll'godan siwgr werdd, efo'r ffon yn sticio allan o'i thin hi! Sgiwsia fi! (SAIB) Fues i'n poeni am flynyddoedd wedyn, wel *on and off* 'lly. Ond wedyn wnes i benderfynu y basa pawb yn neisiach o lawer wrtha i mae'n siŵr 'swn i ar fin marw, ac mae'n rhaid felly ... mai am golli Mam o'n i! Mi roedd 'na lot o bobl...

Gwen: Dynion?

Carys: Yn neis efo hi!

Gwen: Oeddat ti reit benderfynol fod rhywun am ei chael hi!

Carys: O'n!

Gwen: Fod rhywun am farw.

Carys: Marw? Wel – o'n – ma'n debyg – ond ...

            SAIB

Gwen: Glywest ti am y dyn 'na brynodd *baked beans* ac wrthi'n eu bwyta nhw'n syth o'r *tin* pan ... dyfala be godadd o ar ei lwy o!

Carys:	Dwi'm yn gwbod.
Gwen:	Ll'godan! Un gyfan!
Carys:	Ych! Dim un siwgr!
Gwen:	Naci! Wir rŵan. Ond chafodd o 'mo'i wenwyno.
Carys:	Gwenwyno?
Gwen:	Ia.
Carys:	Gwenwyno?
Gwen:	Naddo. Achos wnaeth o'm, wyddost ti (YN YSTUMIO BRATHU).
Carys:	O ych! Paid wnei di!
Gwen:	A beth bynnag – hyd yn oed tasa fo wedi cymryd llond cegiad...
Carys:	Dwi'n teimlo'n ddigon sâl fel ma hi!
Gwen:	O! Wyt ti?
Carys:	Ydw.
Gwen:	'Sa fo 'di bod yn fine, 'sa fo'm 'di marw.
Carys:	Marw?
Gwen:	Achos oedd y llygodan 'di'i choginio'n gyfan ti'n gweld ...
Carys:	Marw?
Gwen:	Ar dymheredd uchel iawn. Felly roedd o'n OK. Ei fol o. Ond Duw a ŵyr sut siâp oedd ar ei ben o! Anodd mesur y niwed!
Carys:	Ti'n synnu?
Gwen:	Na. Dwi ddim. Braidd yn annisgwyl 'doedd? Ti'n meddwl bo' chdi'n gwybod be ti'n gael a wedyn, mwya sydyn ...
Carys:	Ll'godan ar lwy!
Gwen:	Ia. Hap a damwain ...
Carys:	Damwain ...
Gwen:	Dwi'n gwybod ond ... (SAIB. AM Y STORI) Ma hi'n wir y stori yna. Wir i ti. Ei darllen hi wnes i. Papur dydd Sul.
Carys:	Swnio felly.
Gwen:	A dwi 'di methu'n lân a chael gwared ohoni hi.

Carys: Peth fel'na 'di stori ma'n siŵr.

Gwen: Ia. Sleifio fyny arna ti.

Carys: Sleifio i fyny ...

Gwen: Ia. Ac os oes na rhwbath o gwbl amdani hi'n ...

Carys: Berthnasol?

Gwen: 'Na ti.

Carys: 'So' be ...?

Gwen: Ma hi'n ran o dy fywyd di wedyn.

Carys: 'So', be sy'n berthnasol am ll'godan mewn *beans*? M? Pam fod hi 'di glynu?

Gwen: O fi sy'! Dwi'n poeni am bob math o betha. Benthyg bywyda pobl eraill falla, er mwyn peidio gwynebu ... (SAIB) Wel ... Does na'm dal be sy'n dy fwyd di'r dyddia yma nagoes?

Carys: Be?

Gwen: Mae o'n ddigon i dy wneud ti'n sâl yn tydi?

Carys: Sâl? – O yli ...

Gwen: Be? (CURIAD) Be?

SAIB

Roedd 'na ddyn ifanc, Cymro oedd o, yn sâl yn ei wely un tro. Ac am rhyw reswm, tra roedd o'n sâl, fe ddechreuodd 'na frogaod ymddangos o bob man. Fe gafodd 'na lu ohonyn nhw eu lladd gan ffrindia i'r dyn ond roedd mwy a mwy yn cyrraedd. Yn y pen draw fe wnaeth ffrindia'r dyn dynnu pob brigyn oddi ar goeden a chodi'r dyn i fyny i'w brig mewn sach o rhyw fath. Ond doedd o ddim yn ddiogel hyd yn oed yn fan'na. Fe ddringodd y brogaod i fyny'r goeden i chwilio amdano fo, ac fe wnaethon nhw ei ladd o, a'i fwyta fo lawr at yr asgwrn. Tydi beirniadaeth Duw byth yn anghyfiawn medda nhw, ond mae'n anodd i'w ddeall weithiau.

Carys: Ti'n anodd dy ddeall!

Gwen: Sori.

Carys: Am ffordd uffernol i farw!

Gwen: I fyw.

Carys: Be? (SAIB)

Gwen: Cael dy fwyta.

Carys: Bwyta.

Gwen: Yn fyw.

           SAIB

Carys: Pam bo' ni'n cofio rhai pethau?

Gwen: Ac anghofio cymaint.

           SAIB

           Wyt ti'n meddwl mod i wedi twchu?

           SAIB

Carys: O callia wnei di.

Gwen: Dwi'n teimlo mod i. Sbia.

Carys: Wel, dy draed di falla ia?

Gwen: Ti'n meddwl?

Carys: Nac'dw!! Ddim really!

Gwen: Sbia'n iawn. Wel?

Carys: Falla! Wel, na OK? Iawn? Ddim fel 'sa ti'n sylwi.

Gwen: Fe fasa 'na lot o bobl yn dewis cael gwared o fabi.

Carys: Be?!

Gwen: Petai nhw'n gallu profi ei fod o am fod yn berson tew. Mae o'n ffaith, dwi'n deud 'tha ti.

Carys: Sut wyt ti'n gwbod?

Gwen: Dwi'n deud 'tha ti.

Carys: Ond pam? Pam bo chdi'n deud hynna?

           SAIB

           Ti'm yn meddwl bo' chdi'n dew wyt ti? Dim o ddifri? (SAIB) Pan ma ffarmwr isio pesgi llo...

Gwen: Llo?

Carys: Ia! – Ti 'di dechra fi arnyn nhw rwan! – Be mae o'n neud *apparently*, ydi llwgu'r anifail am gwpl o ddyddia, cyn dechra ei fwydo fo eto, a wedyn ma'r llo yn twchu'n haws o lawer. Taid ddwedodd hynna wrtha i. So does na'm pwynt i neb beidio byta, os ydyn nhw'n bwriadu dechra eto.

Gwen: Dwi yn bwyta, ond meddwl o'n i falla, bo' ti'n fy ngweld i wedi twchu?

Carys: Sgenna'i ddim disgyblaeth. Dyna 'nrwg i. Dwi'n trio ond os dwi'n gweld rhwbath dwi'n ffansïo...

Gwen: (YN BIGOG) Ti'n mynd amdano fo.

Carys: Ydw. Â ngheg ... ar agor! Wel mi o'n i. Dwi'n meddwl mod i 'di dechra colli pwysa...

Gwen: 'Swn i'm yn synnu.

Carys: Yn ddiweddar. (SAIB) Ti'n gwbod be o'dd theori ffrind i mi?

Gwen: Dyn?

Carys: Cyn belled â bod 'na *cottage cheese* yn y *fridge*, ma merched yn teimlo rhwydd hynt i fyta be fynnan nhw achos ma'r *diet* 'di dechra dydi? Ma'r *evidence* yna. Yn y *fridge*! Gwir?

Gwen: Gwir.

Carys: Dwi'm yn cofio pryd wnaeth Mam ddechra twchu. Ond mi'r oedd 'na wastad *cottage cheese* yn ein *fridge* ni adra, a neb byth yn ei gyffwrdd o. Fi geith o yn yr ewyllys mae'n siŵr!

Gwen: Blas bacwn fasa 'na ar dy gig di.

Carys: Sori?!!

Gwen: Mochyn hir fasa *cannibal* yn dy alw di.

Carys: Blydi hel! Yli ...

Gwen: Just deud!

Carys: Faint o ganibaliaid ti'n nabod felly?

Gwen: Synnet ti.

Carys: E?!! Deud eto!

Gwen: Dim byd. Sori sori sori sori.

SAIB HIR

Wyt ti'n gwybod pam wnaeth o ngadael i? Wyt ti?

Carys: Fi?

Gwen: Ia.

Carys: Na. Sut faswn i?

Gwen: (YN SIOMEDIG) O!

SAIB

Wedi cael llond bol.

Carys: O.

Gwen: Ia. (CURIAD) Dwi'n mynd i gael babi.

Carys: Be?! (YN NEWID Y PWNC YN SYTH) Un noson yn tŷ Nain fe ddeffrodd fy ffrind gora i...

Gwen: Dyn?

Carys: Naci! Iesu! Yn tŷ Nain oeddan ni!

Gwen: (YNGLŶN Â'R BABI) Glywest ti be ddwedes i?

Carys: (YN OSGOI) Ym ... fe ddeffrodd fy ffrind gora i ...

Gwen: O'n i'n arfer meddwl mai fi oedd honno.

Carys: Mae hyn oes yn ôl.

Gwen: Dwi'n mynd i gael babi.

Carys: (YN OSGOI CYDNABOD BE DDYWEDODD GWEN) Fe ddeffrodd fy ffrind gorau i.

Gwen: Felly fi ydi dy ffrind gorau di ar hyn o bryd?

Carys: Dwi'n ffrind i ti. Ydw.

Gwen: Ti'n ffrind i mi?

Carys: Dwi isio bod. Ydw.

Gwen: Gad i mi fod yn ffrind i ti ta.

Carys: Ym ... roedd y ffrind arall 'ma 'di dychryn i ffitia. Yn meddwl mod i'n mynd i'w bwyta hi! Roeddan ni'n rhannu gwely achos bo' gan Nain ddim lot o le, ac ro'n i'n neud sŵn fel hyn (MAE'N GWNEUD SŴN SUGNO) reit nesa ati hi yn fy nghwsg! Ac roedd hi 'di dychryn i ffitia. Meddwl mod i am ei byta hi!

Gwen: Pam bo' chdi'n deud stori fel'na?

Carys: Wel ... dwi'm yn gwbod!

Gwen: Wyt ti 'di sylwi ei fod o ...

Carys: E? Ti ddechreuodd o! Just digwydd cofio. Chdi soniodd am ganibaliaid! Ddim fi naci. Babi pwy?

Gwen: 'Mabi i.

Carys: O. – O! (CURIAD. AM YR EX) Ti isio fo'n ôl felly?

Gwen: Elli di ei roi o i mi?

Carys: Fi?!

Gwen: Dwi ddim isio fo yn ôl. (CURIAD) Ges di dy fwydo o'r fron? Pan roeddat ti'n fabi.

Carys: Dwi'm yn gwbod. Pam? Ei fabi o ydi o?

Gwen: (AM Y BWYDO) 'Dio'm yn para yn hir i ferched nac'di?

Carys: Be?

Gwen: Y teimlad 'na. Cael dy fwydo.

Carys: Dwn i'm. Nac'di ma'n siŵr. Dwi 'rioed 'di meddwl amdano fo. (AM YR EX) Ma'n rhaid bo' chdi isio fo'n ôl felly'n rhaid? Ma'n rhaid dy fod ti os oes 'na fabi.

Gwen: Ma hogia'n mynd nôl at y profiad cynta 'na o gael bwyd a chynhesrwydd ac agosatrwydd tydyn? Y munud maen nhw'n ddynion ar fronnau cariadon.

Carys: O! Ych! Ddim dyna pam naci!

Gwen: "*Mother*" oedd Dad yn galw Mami.

Carys: O! Ych! Ych a fi! (SAIB BYR. YN POENI GAN BO GWEN YN FEICHIOG.) Wyt ti ddim yn meddwl y dylsa ti ista?

SAIB

Gwen: Dwi'n hapus.

Carys: Nag wyt. Sdim rhaid i chdi smalio.

Gwen: Be?

Carys: Fydd o isio dod nôl atat ti rŵan ma'n siwr gen i.

Gwen: Be?

Carys: Wyt ti'n gwbod ble mae o? Wyt ti?

Gwen: Be?

Carys:	Efo pwy mae o? Wyt ti? Na? (CURIAD) Ym! Ym! Ddwedes i stori y gwrcath a'r twrci?
Gwen:	Dim i mi gofio.
Carys:	Na? O!
Gwen:	Naddo
Carys:	Wel mi neidiodd y gwrcath ar gefn y twrci. Y twrci 'dolig. Hen stori.
Gwen:	Chwedl.
Carys:	Naci! Wel ddim eto! Just hen stori teulu.
Gwen:	O. – O!
Carys:	Nain newydd orffan coginio twrci mawr ar gyfer cinio.
Gwen:	'Dolig?
Carys:	Ia. Neidiodd y gwrcath ar ei gefn o. Mi redodd hi ar ei ôl o ...
Gwen:	Y gwrcath?
Carys:	Nain ia. Efo bwyall!
Gwen:	Naddo!
Carys:	Do! Ta cyllell oedd o? O, dwi'm yn cofio be ddudodd Dad rwan. Hen hen stori. Mi redodd Nain ar ôl y gwrcath, efo bwyall, rownd y fainc o flaen y goedan wrth ymyl y tŷ. Mewn ffedog cross-over bloda. Dyna'r llun sy 'di llosgi (YN TARO EI THALCEN) fama.
Gwen:	Wnaeth hi ei ddal o?
Carys:	E? Naddo.
Gwen:	Roedd o'n bownd o neidio 'doedd? Greddf 'di peth fel'na.
Carys:	Ar y twrci oedd y bai i gyd felly ia?
Gwen:	Naci naci. Ti'n fy nghamddeall i! Greddf y gwrcath.
Carys:	Greddf y gwrcath! O. Ddim y twrci?
Gwen:	Naci.
	SAIB
Carys:	Yli dwi'n sori... dwi 'di bwriadu dod i siarad efo chdi'n gynt ond ...

Gwen: Mae o'n helpu pawb i gael sgwrs tydi? Pob cylchgrawn yn deud fod siarad yn helpu.

Carys: *Jelly* a *blancmange* o sgwrs hyd yn hyn!

Gwen: Wel?

SAIB

Carys: Wel ... (YN OSGOI SIARAD YN GALL) Nain 'di marw ers blynyddoedd deud gwir 'tha ti. Wn i ddim be wnaeth i mi gofio'r stori amdani hi. Bwyell ar ôl cath. *Over the top* braidd dydi? *Silly cow.* (YN EDRYCH FYNY) Sori Nain.

Gwen: Ti'n dal i gredu?

Carys: Nac'dw.

Gwen: Na?

Carys: Dim ers oes pys a ffa.

Gwen: Oes reis a *pavlova*?

Carys: Rhwbath fel hynna. (SAIB) Ddwedes i wrthat ti am mamgu?

Gwen: Mamgu?

Carys: Ia.

Gwen: Mam dy fam di?

Carys: Ia.

Gwen: Ti'n cofio cymaint. Ti'n lwcus wyddost ti.

Carys: 'Swn i'm yn deud hynny. Dwi'n eu cofio nhw, ond fuon nhw 'rioed yna i mi. (SAIB) Mamgu. Mae 'na stori amdani hi a Wil y gwas yn cwympo i mewn i ffos, ar y ffordd adra, ar draws y caeau ...

Gwen: O!

Carys: *Nineteen* ... rhwbath, oes yn ôl oedd hynny. Ar ôl bod yn (YN DYNWARED EI MAMGU) "ymddiddan" rownd bwrdd y gegin tan, (YN DYNWARED EI MAMGU) "O, berfeddion nos".

Gwen: Ymddiddan?

Carys: Dyna be ddwedodd hi. Ond roeddan nhw wedi yfad llond potel o *gin*, wrth ymddiddan! Heb iddi hi sylweddoli be oedd o!

Gwen:	Medda hi!
Carys:	Naci! Naci. Sbort diniwed ...
Gwen:	Ia ia!
Carys:	Oedd pobl yn gael adeg hynny. *Nineteen* pryd bynnag oedd hi. Fe ddwedodd mamgu hynny wrtha'i ... sawl gwaith. Tywyll oedd hi. Dyna pam gwmpodd hi ... a Wil ... i mewn i'r ffos!
Gwen:	Mm.
Carys:	Dwi wrth fy modd efo'r stori yna!
Gwen:	Briododd hi Wil?
Carys:	Nefi naddo. Naddo. Doedd hi ddim am briodi'r person cyntaf oedd hi'n cwympo i mewn i ffos efo fo nag oedd?!
Gwen:	Mi wnes i.
Carys:	Briododd hi'r ail. (CURIAD) A'r trydydd!
	SAIB
Gwen:	Falle mai tröedigaeth gwely angau fydd hi ta?
Carys:	Gwely angau? Fi?
Gwen:	Ia. Ti'n meddwl?
	SAIB
Carys:	Oedd 'na'r *blancmange* 'ma ers talwm, ddwedes i?
Gwen:	*Blancmange*?
Carys:	Ia!
Gwen:	Ti'n newid y pwnc rŵan dwyt?
Carys:	Ac mi'r oedd o'n fy ngyrru i'n hollol boncyrs.
Gwen:	Ei di ddim i'r nefoedd os nad wyt ti'n credu.
Carys:	Ei di ddim i uffern chwaith! Na wnei? *Butterscotch* dwi'n meddwl ddwedodd Mam oedd o. Cofio'i liw o. A dwi dros fy mhen a nghlustiau yn ôl i hogla a blas dyddia sy 'di mynd heibio.
Gwen:	Lwcus.
Carys:	Fy ngheg i'n siwgr a mysedd i'n glynu.
Gwen:	Sdim ots gen ti felly?

Carys: Oes 'na bwynt i'r holi ma?

Gwen: Just meddwl weithia fod ffydd yn helpu. Falla. O dwi'm yn gwybod. Sori. Sori.

Carys: Dwi'm angen crefydd. Mae mywyd i'n llawn rŵan fel ag y mae o.

Gwen: Llawn efo be?

Carys: Bob math o betha.

Gwen: O? Dweda. Dweda. Just dweda! Plîs!

Carys: Just petha.

Gwen: Wnei di ddim cyfaddef?

Carys: Be? Be?

Gwen: Rhywun dwi'n nabod?

Carys: Ti'n holi fi'n dwll. Paid holi wnei di. Ti'n gwneud plentyn ohonof i eto.

SAIB

Ro'n i rêl bwbach os o'n i'm yn cael fy mhwdin medda Mam.

Gwen: So be ti'n meddwl ddigwyddith i ti ar ôl i chdi farw?

Carys: Marw? Yli, yli, yli ... ddaw 'na rhywun ar fy nhraws i siwr o fod, mewn bedd, yn 'perfectly preserved', diolch i'r holl E's fwydodd mam i mi yn y *blancmange* 'na pan o'n i'n fabi!

Gwen: O, ha ha!

Carys: Fyddai'n rhy hen a rhy hyll i boeni gobeithio. Heb sôn am fod wedi marw 'sa hi'n dod i hynny! Sdim isio i chdi boeni amdana i!

SAIB

Gwen: Dwi'm yn cofio manylion fy mhlentyndod i.

Carys: Ddim yn cofio?

Gwen: Na. Dim ond atgof niwlog o gael fy ngharu.

Carys: Dim ond!

Gwen: Yn dawel, ddiogel, heb ffýs, mewn byd mor fach 'sa ti'm yn credu.

SAIB

Carys: Roedd genna'i dŷ dol, bach, bach, pan o'n i'n blentyn. Ac yn un o'r llofftydd roedd 'na'r crud bach lleia 'rioed. Ro'n i'n dyheu – 'swn i 'di rhoi rhwbath i allu dringo mewn iddo fo, a cyrlio, a cuddio, sugno bawd, a just siglo fy hun yn ôl ac ymlaen. Dianc rhagddyn nhw i gyd. Er 'sa neb 'di sylwi am wn i.

Gwen: Fe ddois i at y bwrdd fel oedolyn, heb brofiad o gwbl o gael fy mradychu.

Carys: Bradychu?

SAIB. YN Y DDEIALOG SY'N DILYN MAE GWEN YN DYNWARED YR EX O BRYD I'W GILYDD.

Gwen: "Ti'n wledd i'r llygaid," medda fo. "Awn ni allan rhywbryd os ti isio. Awn ni allan i fwyta".

Carys: O.

Gwen: Ia. "Allan i gael cinio".

Carys: Cinio?

Gwen: Ia. Dwi'n cofio edrych ar y llawr, ac edrych i fyny eto. Cynhyrfu! Roedd ei wyneb o ...

Carys: Be?

Gwen: O dim byd.

Carys: Dweda.

Gwen: Pam?

SAIB

Carys: Fe ges i ddarllen cardiau tarot, mewn ffair, pan ro'n i'n undeg tri. Ti'n gwybod be ddwedodd hi? Y ddynas. Hipi, ddim sipsi. Paid â bwyta o fwrdd y teulu. Paid â bwyta. Wel sut allwn i beidio? Ond fe wnes i adael cyn gynted ag y gallwn i. (SAIB) Allan i fwyta? Dyna ble aethoch chi?

Gwen: Ia.

Carys: Wel dyna be mae pobl yn neud i ddechra de? Torri bara. Sgwrsio. Ymlacio.

Gwen: Ymlacio?! Ro'n i ar bigau drain. Does genna'i ddim atgof rŵan cyn y foment honno. Dim byd o gwbl. Fel petawn 'rioed wedi bodoli tan iddo fo fy nghreu i. O'r foment honno, ti'n gwybod be o'n i? (YN COFIO GEIRIAU EI CHARIAD) Gwefusau fel gwin, gwallt fel cynhaeaf o ŷd, croen fel hufen, tafod fel mêl, bronnau fel mefus, coesau a breichiau fel coed ifanc perllan. (SAIB) Ro'n i isio ei wisgo fo fel croen. Roedd o isio fy mwyta i.

Carys: Siwgr plwm. Siwgr candi.

Gwen: Ia. Yli. Gwranda. Gwranda.

Carys: Be?

Gwen: Y tro cyntaf adawodd o ...

Carys: Y tro cyntaf?

Gwen: Dwi 'rioed wedi teimlo mor wag.

Carys: Ddim y tro yma ydi'r tro cyntaf?

Gwen: Naci. Ti 'di synnu?

Carys: Fi?

Gwen: Yli ... Y tro cyntaf. "Sbia, sbia" medda fi. "Os wyt ti'n meddwl, yn meddwl o ddifri y galli di rywsut gael gwell na fi ... fod yr hen ast yna ..."

Carys: Be?!

Gwen: Ia, gwbod! Cywilydd arna'i. "Pwy bynnag ydi hi, yn well i ti nag ydw i – go – cer – sdim ots gen i. Ond paid ti â, paid ti â meddwl am funud mod i am wneud petha'n hawdd i ti". "Ma hi'n *tasty*," medda fo! "Dwi 'di cael blas arni hi". (WRTH CARYS. RHYBUDD) Fydd o ddim yn dê parti. Reit?

Carys: Y tro cyntaf ddwedest ti? Ond fe ddwedodd o mai fi ...

Gwen: Be?

SAIB HIR

Carys: Fi.

SAIB HIR.

Gwen: Dwi'n gwybod.

Carys: Gwybod?

Gwen: Isio ei glywed o gen ti. (CURIAD) Aeth o. Fel 'na.

Ac roedd o fel diffodd golau.

Y tro cyntaf.

SAIB

Carys: (YN CEISIO NEWID TRYWYDD) Mi ro'n i'n gorwedd yn y gwely un noson, matras meddal, pant yn y canol. Bach o'n i. Hogla damp yn y stafelloedd gwely. Er bod hi'n nos mi'r oedd hi'n ddigon gola i ddilyn patrwm y papur wal eto. Siapia sceri fatha drain yn troelli a chlymu. Dwi'n cofio cau'n llygaid am amrantiad. Amrantiad oedd hi, a phan agores i nhw, tywyllwch llwyr, bol buwch. Do'n i'm yn gallu gweld dim byd o gwbl. Du, du, du. Wnes i ddychryn i ffitia. Ofn ofn. Crio cefn gwddw. Wnes i ddim galw allan am neb. Wnes i orwedd yn llonydd iawn a disgwyl i bwy bynnag oedd wedi diffodd golau'r byd i ddod yna ata'i, ac i beth bynnag uffernol oedd am ddigwydd i mi ddigwydd i mi. Dwi'n cofio meddwl adeg hynny, falle mai wedi marw o'n i. Ac wedyn mae'n rhaid mai cwmpo i gysgu wnes i. Dwi'n dal i wneud hynny pan dwi ofn go iawn.

Gwen: Wyt ti?

Carys: Mm. So falle mai fel 'na fydd hi, ar y diwedd. Pwl bach o ofn wedyn cwmpo i gysgu! Ti'n meddwl?

Gwen: Dwi'm yn gwybod.

Carys: Wrth gwrs, ymhen amser, ar ôl i mi dyfu, mi wnes i sylweddoli fod 'na ola stryd reit tu allan i ffenestr y siop lle ro'n i'n cysgu, ac mae beth oedd 'di digwydd mae'n rhaid oedd mod i 'di cau fy llygaid yr union foment pan oedd y golau stryd 'di'i ddiffodd.

Gwen: Tydi petha ddim fel y maen nhw'n ymddangos bob tro. Ti'n fy neall i?

SAIB

Fe wnaethon ni ddathlu pan ddaeth o yn ôl. Y tro cynta. Wyt ti'n gwybod dameg y llo pasgedig? Dyna pwy o'n i! Y llo.

Carys: A'r tro hwn?

Gwen: Ddaeth o ddim yn ôl naddo? O'r diwedd.

Carys:	O'r diwedd?
Gwen:	"Wedi cael llond bol" medda fo. (YN CYFFWRDD EI BOL) "Gwbod" medda fi. "Sdim byd ar ôl i ti."
	SAIB HIR IAWN.
	Ti ddim yn bwyta.
Carys:	(YN SYLWEDDOLI) Nac'dw.
Gwen:	Cymra beth.
Carys:	Pam? Na. Na. Well i mi beidio.
Gwen:	(YN BIGOG) Cymera fo'i gyd. Waeth i ti.
Carys:	Be? Na. Sori.
Gwen:	Sdim pwynt i mi gadw rhyw fymryn bach fel'na.
Carys:	Mymryn?!! Dwi'n llawn, diolch.
Gwen:	Wel, dim ond dy fod ti'n cael dy ddigoni.
Carys:	Am be ti'n siarad rŵan? Be ti'n olygu? Siarada'n blaen. Deud wnei di.
Gwen:	Ti'n westai i mi. Dwi isio i ti fwyta.
Carys:	O! Wyt mae'n siŵr!
Gwen:	Yndw.
Carys:	Dwi'n siŵr dy fod ti.
Gwen:	Be? (CURIAD) Tydw i ddim yn flin gyda ti. Ti'n fy neall i? Dwi'm yn meddwl mod i. Just blin. Just blin. Dy rybuddio di ydw i!
Carys:	Rhybuddio?
Gwen:	Ia! Ia!
	SAIB
	"Ti'n wledd i'r llygaid" medda fo. "Awn ni allan rhyw dro os ti isio. Awn ni allan i fwyta".
Carys:	Dwi wedi clywed y stori yma. Ti newydd ei dweud hi. Allan am ginio. Ia ia.
Gwen:	Allan i gael cinio. Dwi'n cofio edrych ar y llawr ac i fyny eto. (MAE IAS YN MYND DRWYDDI HI) Gwyneb blaidd oedd ganddo fo.

Carys: Be?

Gwen: Tafod hir a dannedd miniog. Ro'n i'n chwysu.

Carys: Drysu!

Gwen: Naci. Ond fe aethom ni allan. Y noson honno.

Carys: Be?

Gwen: Doedd 'na ddim prisia ar y fwydlen ges i. Fo oedd yn prynu. Doedd 'na ddim byd yn ddiogel amdano fo.

Carys: Ac?

Gwen: Fe fwytaodd o. Bwydo a bwydo. Ac wrth iddo fo wthio mwy a mwy o fwyd i'w geg o, fel tasa fo wedi bod heb fwyd am ddyddie, roedd ei geg o'n tyfu a chroen piws llac i'w weld yn hongian tu mewn iddi hi, ac, ych, hogla ... ac roedd 'na flew yn dechra dangos o dan waelod ei lewys o, a do'n ...

Carys: O paid wnei di!

Gwen: A do'n i ddim yn gallu bwyta dim byd o gwbl. Dim ond syllu a syllu, ac ro'n i'n teimlo fy mod i'n crebachu ac ...

Carys: O lle ma hyn i gyd yn dod?

Gwen: Roedd ei gyhyrau o'n crynu, ei gorff o'n gryndod, a'i ddwy lygad o wedi eu hoelio arna i. Ac wrth iddo fo lamu ar draws y bwrdd am fy ngwddwg i. Dechreuais ddiflannu.

Carys: Llyfr? Cylchgrawn? Radio, teledu? O lle ddaeth honna?

Gwen: (YN TAPIO EI PHEN) Fama. (YN GAFAEL AM EI CHANOL) Fama.

Carys: Na. Trio fy nychryn i wyt ti.

Gwen: Naci! Y tro cyntaf oedd hynny.

Carys: Ac?

Gwen: Yr ail dro? Y trydydd? Do fe es i eto!! Ac eto ac eto! Fel oen i'r lladd-dŷ.

Carys: Fo di'r oen.

Gwen: Be?!

Carys: Addfwyn. Ond mae o'n gadarn hefyd. Cry'. Do'n i 'rioed yn meddwl y baswn i ...

Gwen: Be?

Carys: Yn gallu ymddiried, dibynnu ar neb yn y ffordd dwi'n ...

Gwen: "Dwi byth yn mynd i dy rannu di" medda fo.

Carys: Pam bo' chdi'n trio fy nychryn i?

Gwen: Dy rybuddio di ydw i. Ti'n gwybod. Ma'n rhaid bo' ti.

Carys: Ti isio fo'n ôl.

Gwen: Fe wnaeth o wledda arna i, mor hamddenol fel bo' fi'm yn sylwi, a phoeri'r briwsion allan.

Carys: Ddim dyna'r dyn dwi'n nabod. Ti'n ei golli fo dwyt?

Gwen: Na! Fi. Dwi'n colli fi. (SAIB) Mi wneith o dy fwyta di'n fyw. Fel mae angau yn ei wneud. Fe wneith o dy lyncu di'n gyfan. Fel mae bedd yn ei wneud. (SAIB) Gwranda wnei di. Ma'n rhaid i ni beidio cael ein rheibio. Peidio. Mae'n rhaid i ni ddewis pwy 'dan ni'n fwydo. Dewis pwy. Mae'n rhaid i ni aros yn gryf. Mewn un darn. Ti'n fy neall i? Wyt ti? Dwed dy fod ti. Ti'n fy neall i?

Carys: (CURIAD) Ydw.

Gwen: Wyt ti?

Carys: (YN MEDDWL FOD GWEN YN WALLGOF) Ydw! Dwi'n meddwl fy mod i. Ydw. Dwi'n meddwl yn siwr fy mod i.

        SAIB HIR IAWN. MAE GWEN YN CYMRYD UN O'R MEFUS A'I FWYTA.

Gwen: Mefus i bwdin?

Carys: Mefus. (YN CYMRYD UN) Mmm.

Gwen: Mefus bach bach gwyllt. Dwi'n cofio eu blas nhw rŵan. Dwi'n cofio gwres haul ar goesa ifanc, cyffyrddiad cotwm ar goesau. Sŵn pistyll yn y pellter. Persawr glaswellt diwrnod cynnes. Gwyrdd llachar. A staen ffrwythau ar ddwylo diniwed.

Carys: Pam bo' chdi'n deud y stori yna?

Gwen: Rhywbeth yn llacio! Dechrau cofio eto falla!! Ydw!! Mefus ac hufen. Dyddiau o heulwen. (YN BLASU UN O'R FFRWYTHAU ETO) O! Fy mhlentyndod i.

Carys: Be? Be ddwedes di?

MAE'R GOLAU'N DIFFODD AR Y DDWY.

MAE'R GOLAU'N CODI AR CARYS YN SAFLE 3. SAIF
CARYS YNGHANOL LLANAST Y BWYD. MAE HI'N
DIODDEF O BOEN BOL SY'N CYNYDDU YN YSTOD
YR ISOD.

Carys: (FEL EX GWEN) "Watshia hi" medda fo. "Watshia di
be ma hi'n roi i ti. 'Swn i'n taeru. 'Swn i'n fodlon taeru ei
bod hi wedi trio fy ngwenwyno i, tra roeddan ni ... wsti".
"Dychmygu petha wyt ti," medda fi. Ond fe wnaeth o
fwydo fy nychymyg i. Codi ofn! Digon i wneud i mi
gwmpo i gysgu. Cyn dod yma.

(FEL EX GWEN) "Ia. Ti'n iawn," medda fo. (FEL EX
GWEN) "Sori. Just mod i 'di cael llond bol arni hi. Ti'n
deall 'dwyt Siwgr Candi?"

"Mm" medda fi. "Ond roeddach chdi'n arfer ei charu hi."

(FEL EX GWEN) "Gwneud i mi deimlo'n sâl just
meddwl am fod efo hi."

"Hei! Hei! Ma hi'n ffrind i mi cofia! Wyt ti'n meddwl ei
bod hi'n gwbod? Am ni'n dau?"

(FEL EX GWEN) "Pam arall bod hi 'di dy wahodd di i
swper? E? Watsia di be ma hi'n roi i ti. 'Swn i'n taeru ei
bod hi wedi bod yn rhoi rhwbath yn fy mwyd i."

SAIB

Llawn storis. Dyn hardd. Cyhyrog. Dyn. O'i gorun i'w
sawdl. Na ... (SAIB) o'i sawdl i'w sgwyddau rŵan bo' fi'n
cofio, achos gwyneb bachgen sydd ganddo fo. Isio fi.

(YN DYNWARED GWEN) "Tyd at y bwrdd. Tyd. Isda"
medda hi. Ti 'di mynd i drafferth. (FEL GWEN) "Iesgob
naddo"! (SAIB) "Wel isda!" medda hi. (FEL GWEN)
"Isda. Isda Byta. Byta fel tase ti adra. Wel mi wnei di yn
gwnei! (SAIB) Wel gwydriad bach ta, ia, falle?" Ia plîs.
(FEL GWEN) "Tyd! Ti'n byta fatha dryw" medda hi.
(FEL GWEN) "Na'r cwbl ti werth? O yli, yli, sori. Sori"

medda hi, yn edrych i fyw fy llygaid i. A wedyn ar ôl i mi fyta chydig, (FEL GWEN) "Na welliant. Cymera fwy". Na! well i mi beidio. (FEL GWEN) "Cymera fo'i gyd" medda hi, (FEL GWEN) "Waeth i ti". Sori? "Sdim pwynt cadw rhyw fymryn fel'na" medda hi. Dwi'n llawn diolch. (FEL GWEN) "Wel, dim ond dy fod ti'n cael dy ddigoni". Fe aeth 'na dipyn o amser heibio wedyn. Wnaethon ni ddim siarad rhyw lawer.

"Dwi 'di dod â rhain yn bwdin", medda fi. (FEL GWEN) "O! A minnau wedi paratoi rhai i tithau," medda hi. (FEL GWEN) "Wn i. Fe wnawn ni eu cymysgu nhw. Ia."

Ia.

(FEL GWEN) "Mefus i bwdin," medda hi. "Mefus. Mmm". Medda fi.

SAIB

Rhoddodd o y mefus i mi. (FEL EX GWEN) "Cer â'r rhain" medda fo. (FEL EX GWEN) "Dwi'n gwbod eu bod nhw'n ffefryn iddi hi. Dwi'n meddwl mod i'n cofio hi'n sôn. Oes yn ôl. Falle y bydd o'n gwneud pethau'n haws i chi os wyt ti'n cyrraedd efo anrheg. *Peace offering.* Titha 'di dwyn ei dyn hi!" "Mefus bach gwyllt," medda fo. (FEL EX GWEN) "Dwi'n cofio'u blas nhw rŵan. Dwi'n cofio gwres haul ar groen ifanc, a chyffyrddiad cotwm wedi'i grasu ar goesau, sŵn pistyll yn y pellter, persawr glaswellt diwrnod cynnes, gwyrdd llachar, a staen ffrwythau ar ddwylo diniwed."

"Ti'n lwcus cofio petha mor glir fel'na" medda fi.

Cymysgodd hi'r cwbl gyda'i gilydd. Y mefus. Roeddan nhw'n flasus. Diwedd perffaith.

Ailadroddodd hi ei stori o. Pam 'sa hi 'di gwneud hynny? Ei stori o! "Mefus a hufen, dyddiau o heulwen. O! Fy mhlentyndod i".

WRTH I'R GOLAU AR CARYS DDIFFODD CODA OLEUNI AR FWRDD A DWY GADAIR YM MHEN PELLAF Y GOFOD.

MAE GWEN YN LLED-ORWEDD AR Y BWRDD, YNGHWSG NEU WEDI MARW – DOES DIM MODD DWEUD. MAE MEFUS YN EI LLAW, AC UN AR Y LLAWR.

MAE'R GOLAU'N DIFFODD YN ARAF.

Mab,
Eisteddfod Sir Ddinbych, 2001:
Owen Arwyn, Catrin Epworth
(llun: Andy Freeman)

Cyflwyniad i

Mab

"Rhoi llais i lanciau'r isfyd"

Sian Summers

Wrth imi ysgrifennu'r rhagair yma ym mis Rhagfyr 2019 mae'r Torïaid newydd ennill buddugoliaeth ysgubol yn yr etholiad. Dichon dweud mod i a'r mwyafrif mawr o nghydnabod sy'n gwyro tua'r chwith yn hytrach na'r dde yn wleidyddol yn gwaredu ac yn ofni bod dyddiau tywyll iawn o'n blaenau. Deffrodd y wlad fore Gwener i'r newyddion mai Boris Johnson fydd ein Prif Weinidog am y bum mlynedd nesaf. Dyn sydd wedi tynnu pob ciwed leiafrifol bosib yn ei ben yn y gorffennol. Dyn nad yw'n poeni dim am alw merched sy'n gwisgo'r niqab yn "letterboxes" a dyn a honnodd fod mamau sengl yn magu "ill-raised, ignorant, aggressive and illegitimate children". `Rwyf yn ofni ein bod ar drothwy cyfnod newydd o bardduo ac ystrydebu carfannau cyfan o fewn cymdeithas, heb geisio deall amgylchiadau eu byw. Er gwaetha'r ffaith i Sera Moore Williams ysgrifennu *Mab* bron i ugain mlynedd yn ôl, yn rhannol fel gwaedd o brotest yn erbyn y modd y mae rhai o'n plant yn cael eu magu, mae'r darluniau sy'n cael eu rhannu ynddi yn gywilyddus o gyffredin yn ein cymdeithas ni heddiw. Mae piwsio rhywiol, corfforol a seicolegol, tlodi a digartrefedd yn llawer mwy cyffredin nag efallai r'yn ni'n tybio, ac mae o ar gynnydd ac mae llawer iawn, iawn gormod o'n pobl ifainc ni yn ceisio magu eu hunain mewn teuluoedd a chartrefi o anhrefn a dibyniaeth. Yn 2019! Ym mhumed economi fwyaf y byd!

Yr isfyd yma, o alcoholiaeth a defnydd cyffuriau caled, ac o gamdrin beunyddiol oedd yn ddechreubwynt i'r ddrama hon. Cyfnod o gydweithio gydag Uned Gyfeirio Plant Sir Ceredigion, a thystio i ddiffyg gofal a chariad enbyd rhai o'r bobl ifainc ddifreintiedig yno oedd y sbardun. Sut gallwn ni ddisgwyl i'n plant a'n pobl ifainc ymrwymo i egwyddorion a gwerthoedd ein cymdeithas pan mae pob un sefydliad yn y gymdeithas honno wedi'i fradychu ac wedi methu yn eu gofal, ac yn enwedig felly sefydliad y teulu? Mae'n rhwydd defnyddio'r cocyn hitio ystrydebol – mam sengl ansefydlog – i egluro pob achos o'r fath fel y gwna Johnson, ond tydi hynny ddim yn wir. Mae 'na gamdrin achlysurol, *casual* mewn cartrefi tlawd ac ariannog fel ei gilydd, ac mae yna blant heb blentyndod oherwydd camweddau a hunanoldeb rhieni ym mhob haen o gymdeithas.

Rhyw wacter dirfodol ac angen dirfawr am gariad efallai a barodd i Frédéric Bourdin esgus mai efô oedd Nicholas Barclay, bachgen o Austin, Texas yn UDA a ddiflannodd ym Mehefin 1994. Ymddangosodd Bourdin yn yr Unol Daleithiau ym 1997, wedi newid ei ymddangosiad a honni mai ef oedd y llanc coll. Llyncodd y teulu y stori a bu Bourdin yn byw gyda hwy am bum mis. Roedd hyn er gwaetha'r ffaith bod Barclay yn lygatlas tra bod gan Bourdin lygaid brown, a'i fod yn siarad gydag acen Ffrengig. Llwyddodd ef i berswadio'r teulu bod y cylch puteinio plant y bu'n rhan ohono wedi newid lliw ei lygaid a bod cyfnod tramor wedi llywio ei acen. Dim ond ditectif llygad barcud a lwyddodd i ddatgelu'r twyll a hysbysu'r awdurdodau a'r teulu. Hawdd gweld efallai sut mai canfod y stori yma a gynigiodd ffocws i syniadau a phryderon Sera. O ymchwilio rhyw fymryn i fywyd Bourdin, buan iawn y cawn ddarlun o greadur unig ac ynysig. Yn rhyfeddol, ar ôl cael ei ddal yn dynwared Barclay, aeth ymlaen i wneud yr un peth sawl tro wedyn. Cafodd ei ddal bob tro. Ond pam? Beth oedd ei fwriad? Er gwaethaf difrifoldeb y drosedd, hwyrach y medrwn ni weld dyn heb deulu yn chwilio am gariad ac am le i berthyn ac yn fodlon gwneud unrhywbeth er mwyn eu canfod.

Beth bynnag am resymau Bourdin, cynigia'r stori ddechreubwynt cyfoethog i ddrama. Mae ynddi ddau gwestiwn cymhleth ac amlochrog yn ei chraidd: sut gall gŵr ifanc ddyfnhau ing teulu mewn colled, a sut gall teulu (a mam yn fwyaf arbennig) gael eu twyllo i gredu mai'r dyn ifanc yma oedd eu mab? Nid dyma'r tro cyntaf i'r naratif yma gynnig ei hun i ymdriniaeth ddramatig. Yr enghraifft amlycaf efallai ydi stori wir y milwr Ffrengig Martin Guerre a wnaethpwyd yn ffilm *La Retour de Martin Guerre* (Daniel Vigne, 1982) gyda Gérard Depardieu yn serennu, a'r addasiad Americanaidd *Somersby* (Jon Amiel, 1983) gyda Richard Gere a Jodie Foster. Efallai mai'r cwestiwn amlycaf ydi – pam bod gwraig neu fam yn dewis credu anwiredd, ac yn anwybyddu eu greddf gan dderbyn y dieithryn fel eu hanwylyd? Buan y down i ddeall nad cael ei thwyllo wna'r fam yn *Mab* oherwydd ei heuogrwydd ac oherwydd cymaint ei cholled a'i hiraeth yn sgil diflaniad ei mab. Mae'n well ganddi fyw celwydd na byw hebddo. Dyna ydi dagrau pethau.

Cwyd sawl cwestiwn difyr o'r penderfyniad yma gan y fam megis natur y gwir, a beth sydd yn ein gwneud yn deulu. Ond efallai mai'r ffactor amlycaf i glymu holl linynnau'r ddrama yn ei gilydd yw'r syniad mai perfformio identiti yr ydym ni, yn hytrach na bodoli fel un endid cyflawn. Mae cymeriad y fam yn perfformio ei rôl fel y wraig sydd wedi colli, ac yna'n cael yn ôl. Fe ŵyr yn iawn beth yw'r gwir, ond mae'n dewis ei anwybyddu, gan mor boenus ei galar. Felly hefyd gymeriad y mab, yr ymhonnwr sydd yn cael cyfle i chwarae'r mab cariadus. Hwyrach nad yw hi'n syndod mai gair cyntaf y ddrama, sy'n cael ei ebwch gan Owen, yw "Mam!". Mae hi bron iawn fel tae o wedi glanio yn y cartre wedi oes gyfan o esgeulustod gan ei deulu ei hun i ganfod Mam gynnes a chyflawn, yn bopeth na chafodd yn ei blentyndod. A chwarae cymeriad hefyd y mae'r trydydd cymeriad yntau: Joe yr heddwas sydd yn bathu ieithwedd ac agwedd *louche* y ditectif o draddodiad ffilm *noir* er mwyn cyflawni ei ran fel ymchwilydd penderfynol ond sinigaidd, sy'n llwyddo i ddatgelu'r gwir a datrys y dirgelwch.

Llwydda Moore Williams i gyfuno'r consyrn thematig yma gyda ffurf y ddrama hefyd. Os yw'r cymeriadau yn perfformio rôl arbennig, yna fe'i gwneir yn berffaith amlwg mai dyma wna yr actorion hefyd. Ceir drama o fewn drama wrth i'r "actorion" ymdrin â'r deunydd, ac yn aml ffraeo a chael eu heffeithio ganddo. Mae cymeriad yr actor sy'n chwarae'r fam hithau yn fam ifanc sydd wedi gadael ei phlentyn yng ngofal ei nain ac yn teimlo'n euog am hynny. Hawdd gweld ei bod yn uniaethu â thynged y ddynes y mae hi'n ei phortreadu. Mae'r actores a'r fam hithau yn amddiffynnol o'u rôl ac yn mynnu eu bod yn ei chwarae yn llawn. Ond mae 'na awgrym falle nad yw hynny'n wir i gyd yn gorwedd o dan y brotest. Yn sicr mae'r actor ifanc yn amheus ohoni. Pan mae hi'n mynnu ei bod yn caru ei mab, fel mae pob mam, buan iawn y mae ef yn cwestiynu ei gosodiad gan fynnu "'Dan ni ddim yn gwybod hynna"(t. 200) Y mae'r actor (Owen, a enwir ar ôl yr actor a'i bortreadodd yn y cynhyrchiad gwreiddiol) sydd yn perfformio'r mab yn ymdebygu iddo yn ei hanes o drawma pan yn iau. Mae'n uniaethu â'r mab o'r prolog ymlaen gan ddisgrifio eu stâd fel un "Anweledig. Neb isio ni". Mae'r ffin, yn achos yr Actores ac Owen, felly, yn un tenau iawn rhwng rhith a bywyd go iawn.

Efallai nad ydi'r cysylltiad mor syml yn achos y trydydd cymeriad. Person sydd yn ceisio gwneud synnwyr o bethau ydi o a pherson ry'n ni'n teimlo, sydd â phrofiad helaeth o'r byd a'i bethau ac wedi profi sawl sefyllfa anodd yn ei dro. Dyn sarcastig, byr ei dymer, sy'n dueddol o fod yn negyddol am y bobl fel sy'n gweddu efallai i dditectif (Joe). Mae'n traethu wrthym ni wedi'r digwyddiad mewn modd digalon a blinedig. Ei bersbectif o, gallem ni ddadlau, yw'r hyn ry'n ni'n ei weld yn y stori. Ond a ddylem ni dderbyn ei air, fel gŵr sinigaidd sy'n treulio llawer gormod o amser mewn bar, am y ddynol ryw? Dyma ddyn sydd wedi cael ei wrthod yn gyhoeddus gan ei gariad, a'i boen yn cael ei wfftio gan ei fam. A ddyliem ni dderbyn ei air o am ferched a'r modd y mae nhw'n ymddwyn? Mae'r ffactorau hyn, wedi eu cyplysu â'r ffaith ei fod o'n siarad yn arddull symbolaidd ffilmiau ditectif *noir* y 1940au, yn awgrymu mai ffigwr sydd yma, amcangyfrif o gymeriad yn hytrach na dyn cig a gwaed. Rhyw greadur, efallai, y byddai dramodydd yn ei gonsurio petai hi'n meddwl am dditectif. A rhywsut mae o yn awgrymu yr awdur ei hun. Dyma'r person sydd yn rhoi'r cliwiau at ei gilydd, yn creu'r stori a'i harwyddocâd i ni ac yn datgelu'r gwir. Neu o leiaf yn ceisio cyrraedd rhyw fath o gasgliad a ffurfio neges allan o swp o ffeithiau llwm.

Llwydda'r berthynas rhwng fframiau gwahanol y ddrama i gynnig disgwrs naturiol a rhwydd rhwng y stori wreiddiol, fersiwn yr awdur ohoni a'r hyn, efallai, a gredwn fel cynulleidfa am y digwyddiadau a welwn. Mae'r ddrama ei hun yn cwestiynu dilysrwydd a gallu drama fel ffurf i wneud cyfiawnder â chymhlethdod y digwyddiadau a'u harwyddocâd i gynulleidfa. Byddwn ni'n gadael gan ddewis credu yr hyn sy'n ein siwtio ac yn adlewyrchu y modd y gwelwn ni'r byd. Does yma ddim un ffordd i ddehongli'r digwyddiadau nac o weld y byd.

Mae arddull ddramataidd soffistigedig ar waith yma sydd â'i gwreiddiau yng ngwaith Bertolt Brecht ond sydd hefyd yn arf craidd o fewn y traddodiad o Theatr Mewn Addysg fel y noda Sera yn ei chyflwyniad. Ond os datblygwyd y ffurf, *Verfremdungseffekt* neu'r Techneg Dieithrio gan Brecht i wneud cynulleidfaoedd dosbarth gweithiol Yr Almaen yn gynulleidfaoedd mwy gwrthrychol a beirniadol o systemau rheoli cymdeithas, nid yw'n cael ei ddefnyddio yn yr un modd yma. Nid addysgu a chodi ymwybyddiaeth gymdeithasol a gwleidyddol efallai yw prif fwriad yr awdur yma ond yn hytrach arddangos yn theatraidd yr hyn sy'n cael ei wyntyllu yn thematig. Mae bywyd yn berfformiad parhaus ac nid oes llinell galed rhwng y rhith a welwn ar lwyfan unwaith y pyla goleuadau'r tŷ â'r hyn ry'n ni'n ei wneud, pob un ohonom, bob dydd o'n bywydau. Cyhoedda yr Actor yn barod ar ddechrau'r ddrama mai cyflwyno "Stori, yn hytrach efallai na drama" bydd y cwmni heno, a bod honno'n stori wir yn hytrach na ffuglen. O'r dechrau'n deg felly ry'n ni'n derbyn y perfformiad yma mewn modd gwahanol i ddrama naturiolaidd, a buan y down i ddeall bod y ddrama yn gorwedd yn rhywle rhwng y perfformiad o'r digwyddiad ac ymateb yr actorion iddo.

Mae'r ddrama ôl-ddramataidd yma yn coleddu y ffurf, nid oherwydd ei fod o'n cynnig arddull neu dôn slic a chlyfar a chyfoes, ond yn hytrach oherwydd ei fod yn helpu i gadarnhau consyrn canolog y ddrama, sef natur gwirionedd. Ydi'r ffaith fod Mab ddim yn perthyn trwy waed i'r Fam yn golygu na allen nhw fwynhau perthynas gariadus rhwng rhiant a phlentyn? Yn sicr, mae rhywun yn teimlo bod yr angen dirfawr am gariad a gofal sydd gan y ddau ohonynt yn cael ei ddiwallu gan yr undeb gelwyddog yma. Yn ôl llythyren y gyfraith, y gwirionedd yw bod trosedd ofnadwy wedi digwydd, un y mae'n rhaid ei chosbi, ond mae'r gwirionedd emosiynol yn dweud gwirionedd amgen: mae'r Fam a'r Mab yn fwy anhapus ac unig ar ddiwedd y ddrama nag y maent wedi'r aduniad, waeth pa mor ffals. Mewn trasiedi glasurol, fe'n gadewir gyda theimlad fod y diweddglo yn anorfod, ac yn addas, waeth pa mor waedlyd ac eithafol y bo. Tynn Oedipus ei lygaid ei hun o'i ben fel cydnabyddiaeth symbolaidd o'i ddallineb gynt. Mae'r byd yn ôl ar ei echel, er gwaethaf cael ei sigo yn ystod y ddrama. Ond ni chawn ein bodloni yn yr un modd mewn trasiedi fodern. Gwyddom nad yw'r byd yn ymddwyn mewn modd teg na threfnus, ac o'r herwydd, nid yw'n teilyngu diweddglo twt sy'n ein bodloni. Nid oes *catharsis* i ni, ond yn hytrach anhrefn ac anhapusrwydd heb reswm. Dyma, yn anffodus, ydi'r cyflwr dynol cyfoes ac mae'r stori hon yn ei hoferedd, yn ei fframiau toredig a'i chwilio am gysylltiad dynol, yn ei adlewyrchu yn glir.

Ond os ydi'r diweddglo yn dywyll, mae elfennau o hiwmor yn gweu trwy'r ddrama hefyd. Mae'r camu mewn ac allan o gymeriad yn ei hun yn cynnig rhywfaint o ysgafnder gyda'r actorion wedi eu sefydlu fel rhai cystadleuol gyda syniadau gwahanol am sut ddylien nhw ddweud y stori. Mae'r ddau hŷn wedi cytuno ar yr arddull berfformiadol, er enghraifft, ond mae Owen yn anghytuno â hwy, gan ystyried efallai nad ydi'r ffurf yn gwneud cyfiawnder â'r sefyllfa. Ceir ffrae arall am fewnosod egwyl ar y pwynt pan mae'r Mab yn cyrraedd adre, a phawb yn wynebu "Diwedd Hapus" ys dywed Joe.

Er gwaetha bod y sgyrsiau hyn yn cynnig pont rhwng ffeithiau'r digwyddiad gwreiddiol a'r gynulleidfa, maen nhw hefyd yn cynnig ychydig o ryddhad i gynulleidfa sydd am gael ei diddanu. Mae gweld yr actorion yn ffraeo am rhyw faterion pitw yn ddigri ac yn gwneud i'r gynulleidfa ymlacio, o'i gymharu â'r stori ddwys y maen nhw'n ei hadrodd o fewn ffrâm y ddrama. Un o'r ffactorau pwysig am y ddrama yma o'i gymharu â gweithiau eraill Y Gymraes y mae Sera Moore Williams wedi ei nodi ydi ei hymdrechion i wneud yn siwr nad oedd cynulleidfaoedd Eisteddfodol wedi'u heithrio gan ffurf rhy arbrofol. Yn hynny o beth, mae'n cydnabod efallai bod *Mab* yn ddrama fwy confensiynol na'r rhelyw o ddramâu Y Gymraes cyn hynny. Y mae iddi naratif, cymeriadau sydd yn mynd drwy blot ac yn newid oherwydd y digwyddiadau hynny. Ond gan siarad o brofiad (gweithiais fel actores ar ddau o gynyrchiadau Y Gymraes) mae hiwmor sych a slic, sydd yn aml yn deillio o'r berthynas rhwng perfformiad a'r eiliadau sydd yn ei ddilyn, yn nodweddiadol o waith Y Gymraes. Dyma'r datchwyddo (*anti climax*) neu *bathos* ac mae'n dechneg y defnyddia Sera yn aml i gloddio hiwmor ac i dynnu'r gwynt o hwyliau unrhyw berfformiad, yn ogystal â thynnu sylw cynulleidfa at rith y perfformiad. Cwyd enghraifft berffaith o'r dechneg hon ar ddiwedd llith fawr Owen ble mae'n rhestru sawl enghraifft dorcalonnus o lanciau ifainc yn dioddef oherwydd teuluoedd anghyfrifol a chreulon. Mae'n dod yn amlwg inni, wrth rythm ac angerdd yr areithiau, bod hwn yn bwnc sydd yn agos at galon, os nad yn brofiad personol iddo. Serch hynny, ar ddiwedd araith hir a thanbaid, nid yw'r awdur yn gadael i'r geiriau dwys hongian yn yr awyr. Yn hytrach, rhy bin yn y balŵn gan chwalu'r tensiwn gyda jôc sych a ffraeth. Ymateba yr Actor/Joe i araith danllyd Owen gyda'r sylw bachog:

ACTOR: Ti 'di meddwl 'rioed am wneud sioe un dyn? (t. 226)

Mae'r effaith yma yn ddeublyg: mae'r sylw yn chwalu tensiwn ac ing yr araith gan Owen gan adael teimlad o ryddhad yn y gynulleidfa.

Ond mae hefyd yn creu synnwyr o anesmwythyd yn ein plith. Gwyddom na ddylien ni chwerthin mewn ymateb i groniclau mor drychinebus, ac eto dyna mae'r perfformiad yn goglais ohonom ni. Rydym ni'n chwerthin oherwydd bod jôc yr Actor yn cadarnhau nad ydi'r straeon yma yn wir. Ac eto, fe wyddom ni yn reddfol bod Owen yn siarad o brofiad, a bod yna erchyllterau tebyg yn digwydd yn ddyddiol. Ac felly, mi wnawn ni chwerthin, fel cynulleidfa, ac hwyrach y gwnawn ni gytuno gyda'r Actor bod Owen yr actor ifanc fwy na mymryn yn ymhonnus yn ei berfformiad. Ond ar y llaw arall, mae yna elfen sarrug ac annifyr yn ein chwerthin oherwydd ein bod yn gwatwar poen a dioddefaint go iawn.

Nodwedd arall amlwg yng ngwaith Sera Moore Williams sy'n cael ei harddangos yn *Mab* yw ei defnydd o elfennau theatraidd i danlinellu elfennau yn y stori. Mae adran swmpus, os toredig, o glipiau ffilm ar y cychwyn yn portreadu grŵp o lanciau ifainc ar feiciau. Mae'n gwneud criw Evan Wyn, y mab gwreiddiol, yn gynrychiadol o unrhyw griw tebyg, mewn trefi ledled Cymru. Dyma griwiau sydd yn ymgasglu yn y gwyll, yn rhegi'n uchel y tu allan i siopau, neu'n reidio beiciau'n wyllt o flaen ceir cyn codi dau fys ar y gyrrwr sy'n canu corn. Llanciau ifainc blin, gwrthryfelgar ac anwar ydyn nhw i lawer ohonom, a chriw y mae ganddom ni fwy na tipyn o'u hofn. Ond o osod yr ystrydeb mewn darlun ar ddechrau'r ddrama, gan ei danlinellu gyda'r *graffiti* coch blêr, mae'r awdur yn datgymalu ein disgwyliadau o'r ffigwr nodweddiadol yma yn ystod y ddrama gan ddatgelu ei ofnau, ei wylltineb haeddiannol tuag at gymuned a theulu, a'i angen am gariad. Mae cyfosod y darlun ystrydebol seliwloid gyda'r ffigwr cig a gwaed yn creu tensiwn dramataidd effeithlon.

Felly hefyd y defnydd o gerddoriaeth yn y ddrama. Mae yma sawl math o gerddoriaeth yn *Mab*, o hwiangerddi i ganeuon poblogaidd sentimental am golli cariad. Maent oll yn ychwanegu at theatricalrwydd yr arddull, nodwedd gyffredin arall o waith yr awdur. Defnyddia gerddoriaeth i danlinellu digwyddiadau dramataidd (fel yr hwiangerdd y sua'r Fam ei Mab gyda hi) ac i greu cysylltiadau rhwng cymeriadau (fel yn achos y gân y mae Joe a Mab yn ei chanu). Yn sicr mae cerddoriaeth yn ychwanegu at naws drama ond hefyd fe rydd gyfle i ni dystio i gymeriad mewn ffordd wahanol i'r modd y gweithreda mewn golygfa, a hyd yn oed mewn ymson. Mae 'na elfen breifat a synfyfyrgar neu unigolyddol mewn cân sydd yn tynnu cymeriad allan o sefyllfa y funud i realiti arall, llawer llai gwrthrychol.

Gorffenna'r ddrama gydag ymson hir gan Owen ble down i ddeall beth yw ei stori ef. Mae'n dilyn y patrwm o biwsio trwy esgeulustod sydd wrth wraidd cymaint o'r straeon sydd yn cael eu rhannu yn y ddrama. Gwraig lled-ifanc yn methu ymdopi, oherwydd dibyniaeth neu broblemau iechyd meddwl, neu'r ddau. Mae ei lwybr yn un cyfarwydd: cael ei gymeryd oddi ar ei fam, ei osod mewn cartrefi plant a bodoli heb fawr o gariad a gofal. Ac felly mae o'n perthnasu'n llwyr â stori yr ymhonnwr yn y ddrama. Yr un yw ef yn union, meddai Owen. Digwydd cymeryd llwybr arall wnaeth o, ac osgoi trosedd a thrasiedi. Ond gallasai ef fod wedi disgyn oddi ar y dibyn yr un mor rhwydd, ag ystyried amgylchiadau ei fagu. *There but for the grace of God...*ys dywed y Sais.

Ynghlwm wrth eiriau Owen mae cwestiwn mwy yn hongian yn y ddrama uchelgeisiol a thaer yma. Faint yn fwy o blant sydd yna hyd y wlad sydd wedi'u cleisio a'u niweidio gan rieni gwael, cartrefi ansefydlog a phiwsio? A faint o'r rheini sydd yn cuddio tu ôl i façade parchusrwydd dosbarth canol? Oherwydd mae esgeulustod a dibyniaeth a chamdrin yn trigo yno yr un mor llwyddiannus ag y maent mewn fflatiau moel. Nid mamau sengl anystywallt sydd yn creu dynion ifainc ynysig a throseddol, ond cymunedau cyfan sydd yn eu labelu, eu gwrthod a'u hystrydebu, dro ar ôl tro. Yr hyn a wna Sera mor angerddol a chelfydd yma yw rhoi cri amrwd a chroyw a chlir i'r holl feibion nad ydym ni yn gwrando ar eu lleisiau. Diolch amdani.

Mab

(2001)

Cast gwreiddiol:

Actor/Joe:
Heddwas. Tua 40 oed   Llion Williams

Actores/Mam:
Tua 34 mlwydd oed   Catrin Epworth

Owen/Mab:
26 oed ond yn gredadwy
fel bachgen 17 oed   Owen Arwyn

Mae'n bwysig fod ychydig o wahaniaeth rhwng acen y fam ac acen y mab.

Gofod:

Ceir cefndir syml gwyn ble bydd deunydd fideo yn cael ei daflunio trwy gydol y perfformiad. Mae'r gair 'Mab' wedi ei baentio'n fawr a blêr mewn paent coch ar ddarn o'r cefndir hwn. Mae'n amlwg mai newydd ddigwydd y mae hyn. Mae pot paent ar y llawr.

Bydd y prif chwarae yn digwydd mewn tair ardal.

Dylai'r ardal gyntaf (yn agos at y gynulleidfa) awgrymu bar reit llwm gydag un stôl uchel, sawl bwrdd, a chadeiriau (ar gyfer rhai o'r gynulleidfa). Dim ond un cymeriad fydd yn ymddangos yn y lleoliad hwn.

Soffa (sy'n troi'n wely) yw'r unig beth yn yr ail ardal, i awgrymu stafell fyw, gweddol dlawd. Bydd hyd at dri chymeriad yn ymddangos yn y lleoliad hwn.

Dylai'r drydedd ardal fod yn foel oni bai am gadair syml, gyda chamera fideo wedi ei osod o'i flaen ar dripod. Ar adegau fe fydd Owen/Mab yn perfformio i'r camera, gyda'r perfformiad yn cael ei daflunio ar y cefndir gwyn, a thros ddeunydd fideo arall efallai.

Does dim o'r ardaloedd chwarae wedi eu goleuo wrth i'r gynulleidfa gyrraedd, ond fe ddylai'r actores sy'n chwarae rhan y fam gymryd ei lle, heb fod yn amlwg, wrth un o fyrddau'r bar, ynghyd â rhai o'r gynulleidfa. Fe ddylai'r actor sy'n chwarae rhan Joe fod yn eistedd ar y soffa. Fe fydd yr actor sy'n chwarae'r mab yn sefyll yn ddiymadferth yn y cefndir, gyda brwsh paent yn ei law. Ni ddylai'r gynulleidfa sylwi ar yr actorion yn arbennig felly, ond o sylwi fe fyddant yn deall fod rhywfaint o densiwn rhwng yr Actor ac Owain.

Bydd cymysgedd o gerddoriaeth a sain i'w glywed yn gyson drwy gydol y perfformiad.

Bydd fideo sy'n gefndir i'r chwarae yn gymysgedd o ddelweddau a ddefnyddir yn y fideo byr a ddangosir ar ddechrau'r perfformiad ynghyd â delweddau o law (fel dagrau) ar ffenestr.

Bydd cerddoriaeth gyfoes i'w glywed wrth i'r gynulleidfa eistedd yn eu seddi. Yna tywyllwch a thawelwch.

Ar y cefndir gwyn mae delweddau'n ymddangos i gyfeiliant cerddoriaeth gyfoes gyda rhythm cryf caled heb fod yn arbennig o swynol, wedi ei gymysgu â sŵn bechgyn yn siarad fel bo' ambell air i'w glywed.

Mae'r fideo fel a ganlyn:

Rhan 1: Mae grŵp o oddeutu deg bachgen ifanc yn eistedd (efallai ar ffrâm ddringo). C.U. agos iawn ar esgidiau, dillad, rhannau o gyrff ac wynebau (tra bo' llaw un o'r bechgyn yn gorffwys ar handlebar beic blêr, un o'r lleill yn ysmygu, un arall yn yfed allan o gan, ac un ohonyn nhw'n lluchio sbwriel ar lawr).

Rhan 2: Eto mewn C.U. o rannau o'r corff, gyda dau berson yn rhan o'r lluniau bob tro, gwelir y grŵp yn dechrau chwalu, a'r bechgyn yn dechrau crwydro a gwneud beth bynnag maen nhw'n ei wneud ... dringo, rhedeg, bod yn fechgyn. Esgus ymladd efo'i gilydd. Mae 2 feic i chwarae â nhw. Trwy ganolbwyntio ar y beiciau i ddechrau, lledaena'r olygfa fel bod y gwyliwr yn deall am y tro cyntaf mai mewn maes chwarae y mae'r bechgyn.

Rhan 3: Gwelir y beiciau (ac yna yr olwynion yn fwyaf arbennig) yn teithio'n gyflymach a chyflymach. Fel 'blur' yn y diwedd. Gwelir fod bachgen sy'n reidio un o'r beiciau yn cael ei dynnu i'r llawr gan un o'r bechgyn eraill sydd eisiau tro. Mae'r beic yn cwympo a gwelir yr olwynion yn troi wrth i draed y ddau fachgen ddiflannu wrth iddynt ymladd yn chwareus.

Rhan 4: Olwyn beic ar ei ochr yn troi. Wrth i ni wylio delwedd yr olwyn yn troi, fe fydd y gerddoriaeth a'r siarad yn tawelu a sŵn clic clic clic yr olwyn yn dod yn ei le. Wrth i'r llun ledaenu eto, gwelir fod y bechgyn i gyd wedi gadael.

Daw'r fideo â'r sŵn i ben, gan adael yr actor fydd yn chwarae'r mab (sef Owen) yn sefyll yn erbyn cefndir o olau gwyn. Mae'n lluchio'r brwsh paent i'r llawr ac yn bloeddio.

OWEN: Mam!

ACTOR: (WEDI DYCHRYN. YN CODI O'R SOFFA)
Noswaith dda. Diolch am ddod. Ac am wylio a gwrando mor astud hyd yn hyn! Noson (braf/fudr) eto. Ffrindia! Trwy gyfrwng y gelfyddyd a elwir yn theatr, fe fyddwn ni, gwmni bach o dri actor,

(MAE O'N DISGWYL YN OFER AM LINELL GAN OWEN) Owen?

OWEN: ... Cerddor, a dau dechnegydd,

ACTOR: ... yn gweithio heno i gyflwyno stori, yn hytrach efallai na drama, i chi, y gynulleidfa.

OWEN: A honno wedi ei seilio ar stori wir. Barod?

ACTOR: Wyt ti'n iawn?

OWEN: (YN SARRUG) Yndw. Iawn.

ACTOR: Er mwyn deud y stori fe fydd yr actorion, ran amlaf, yn ymgorffori cymeriadau, wedi eu creu yn ystod wythnosau o weithio. Ond ar adegau, rhyw rybudd bach fa'ma – fe fydd 'na ddiosg cymeriadau.

OWEN: (YN DDIRMYGUS) Huh!

ACTOR: Bydd! ... Er mwyn gwasanaethu thema, mewn ffyrdd eraill.
Siarad efo chi, fel hyn, er enghraifft.
Siaradwch yn ôl ar bob cyfri.
Byrfyfyrio falle! Pwy a ŵyr!
Rhyw bwt bach o fideo yma ac acw ...
A sain.
Ychydig o arbrawf – ond peidiwch â phoeni!
Waeth faint mor anghyfarwydd ydi theatr fel cyfrwng i chi.
Fe fyddwch chi'n iawn! (SAIB)
Fe fyddwch chi'n cael eich effeithio heno.

OWEN: Gobeithio!

ACTOR: Fe fyddwch chi'n teimlo fel chwerthin.

OWEN: Teimlo fel crio.

ACTOR: Oherwydd trwy gyfrwng y gelfyddyd a elwir yn theatr ...

OWEN: Come on!

ACTOR: ... Fe fyddwn ni'n manipiwleiddio synhwyrau. Eich arwain chi ar hyd llwybr o deimladau torfol. Codi cwestiynau. Gwneud i chi feddwl ...

OWEN: Dyna natur ein gwaith ni, dyna'i werth o.

ACTOR: O! Ac wrth gwrs, yn amlwg felly, fe fyddwn ni'n eich difyrru chi.

'Dan ni gant y cant o ddifri am hynny!

OWEN: Reit!

ACTOR: Cyn i ni gychwyn, sawl un ohonoch chi yma, sy'n fab i fam? Dwylo i fyny? Neu'n nabod rhywun sy'n fab i fam?

Cymaint â hynny!

A sawl mam i fab sydd yma? Neu'n nabod ... wyddoch chi ... mam i ...?

Grêt.

Bydd heno yn berthnasol i'r rhan fwyaf felly.

Mae Joe, y cymeriad dwi'n chwara, yn ista, mewn bar (YN PWYNTIO AT Y BAR) draw fan'na. Joe fydd yn adrodd y stori.

O, ac un peth pwysig, tra mod i'n cofio, wnaeth y stori yma ddim digwydd yng Nghymru. Saesneg fyddai'r cymeriadau wedi siarad yn wreiddiol, ac mae hynny'n arwyddocaol ar adegau. Ond fe fydd rhaid dychmygu'r peth wrth reswm! O ia! Ac mae hyn yn dyngedfennol i'r awr a hanner nesaf – gall pawb sicrhau fod pob ffôn symudol wedi'i ddiffodd, os gwelwch chi'n dda?

OWEN: (YN DDIAMYNEDD) Dechra wnei di.

ACTOR: Dwi wedi.

OWEN: Dechra'r stori.

ACTOR: Be 'di'r brys? – Be sy? (ER BUDD Y GYNULLEIDFA) Rhyw hogan fach handi'n disgwyl amdanat ti rhywle?

OWEN: Be? (YN DDIRMYGUS) Na!

ACTOR: Pam? Be sy'n bod efo chdi?

OWEN: 'Di cael llond bol o wrando arnat ti'n mynd trwy dy betha!

ACTOR: Dy syniad di oedd o!

OWEN: Dwi'n gwbod hynny, ond just isio i chdi ddeud wrthyn nhw bo' ni o ddifri o'n i.

ACTOR: Y prolog 'dan ni'n alw fo'n y busnas.

OWEN: (YN DDIRMYGUS) Ia? (WRTH Y GYNULLEIDFA. YN CYFLWYNO EI HUN) Y Mab.

ACTOR: (WRTH Y MAB) O'n i ar fin dy gyflwyno di! Paid â phoeni! (WRTH Y GYNULLEIDFA) Owen sy'n chware rhan y mab. A fo sy'n gyfrifol am y paent coch hefyd. (YN DAWEL) Er pam fod o 'di penderfynu troi'n Bicasso ar y funud olaf Duw a ŵyr? SAIB. (WRTH OWEN) Pwl o greadigrwydd munud olaf?

Ta 'nerves' falle!

OWEN: Be 'di o i chdi?

ACTOR: Dipyn bach o 'nerves' yn llesol sdi.

OWEN: Be?

ACTOR: Pan fydd gen ti dipyn bach mwy o brofiad ...

OWEN: Mae gen i ddigon o brofiad.

ACTOR: ... fyddi di'n croesawu 'nerves'. Dysgu i'w defnyddio nhw! A beth bynnag (AM Y GYNULLEIDFA) Sbia. Ti ymysg ffrindia yn fa'ma!

OWEN: (YN DDIRMYGUS) Ydw i?

ACTOR: (WRTH Y GYNULLEIDFA) Y mab. Bachgen digon tebyg i'r rhai welsoch chi yn y prolog bach gweledol 'na ar y dechra.

OWEN: Yn loetran ...

MAE'R ACTOR SY'N CHWARAE RHAN JOE YN CERDDED DRAW AT Y BAR TRA'N SIARAD. MAE'N CYFARCH AELODAU O'R GYNULLEIDFA SY'N EISTEDD AR FYRDDAU.

ACTOR: Su' mae?

OWEN: ... ar gyrion eich bywydau bach cyffordus chi.

ACTOR: (YN ANWYBYDDU OWEN. AM Y DIODYDD) Gewch chi yfed rheina.

OWEN: Neb yn cymryd diawl o sylw ...

ACTOR: (AM MAB) Doedd 'na ddim byd arbennig am y bachgen yma,

OWEN: ... tan bo' raid iddyn nhw. Anweledig.

ACTOR: (WRTH OWEN) Dwi am ddechra ta iawn?

OWEN: Anweledig. Neb isio ni.

ACTOR: (O DAN EI ANADL) Be sy'n bod efo chdi? (WRTH Y GYNULLEIDFA) Reit. Ta-waeth ...

YN YSTOD YR ISOD MAE'R ACTOR YN PARATOI I DDECHRAU CHWARAE RHAN JOE.

Mae'r bar yma'n far lle does 'na neb call yn mynd.

O HYN YMLAEN YN YSTOD Y GOLYGFEYDD BLE MAE ACTORION YN CHWARAE RHANNAU JOE, Y FAM A'R MAB BYDD CYFEILIANT CYSON CYNNIL O GERDDORIAETH A SYNAU.

Ar ochr stryd ble does 'na neb yn cerdded mewn llinell syth. Mae'n le ble mae bywydau yn gwegian dros wydra pwt trwm eu gwaelodion sy'n cael eu gwagio'n rhy aml. Mae'n le llwm iawn i lyncu llymed, byddai hyd yn oed Joe yn cyfaddef hynny, ac ma Joe yn adnabod llwm.

Dyn da. Mae o'n trio. Mae o'n gweithio ar ddatrys problema – pobl eraill. Ditectif. Ond weithiau ma 'na broblema'n agosach i gartra, ac i'r bar yma mae o'n dod bob tro mae gofid yn taro fel morthwyl ar bostyn ffens bywyd.

Mae o'n licio – diflannu – i le ble fydd 'na neb sy'n amlwg yn yr hen fyd ma'n ei weld o. Mae o'n nabod y dyn sy tu ôl i'r bar. Dyn byddar sy ddim am ailadrodd dim o'r hyn mae o'n fethu ei glywed. Ond unwaith i'r llwnc lacio ma Joe yn siarad efo pawb, pob estron, fel ffrind mynwesol. A dim ots lle mae o'n cychwyn, yr un hen epilog gawn nhw ar ddiwedd pob noson ...

MAE JOE YN SIARAD (BOB TRO MAE O YN Y BAR) EFO'R GYNULLEIDFA SY'N EISTEDD WRTH FYRDDAU Y BAR.

JOE: O'n i'n barod. Yn blydi barod. Y bocs yn 'y mhoced i, a
mysedd i'n gwasgu'r bocs 'na mor blydi caled o'dd o'n
anodd 'i sythu nhw pan ddaeth hi'n amser i wneud beth
o'dd raid i ddyn neud.

SAIB.

O'dd y golau yn isel … isel.

Neb yna. Neb yna ond ni. O'n i'n chwys, o'n i ofn, o'n i
wedi cynhyrfu. Ofn mentro, ond eto gwybod bo' rhaid
i mi …!

SAIB. YFED.

(YN FLINEDIG IAWN) Doedd hi ddim isio fo.

(WRTH OSOD BOCS MODRWY AR Y BAR).

Bocs bach lleia, blydi pwysica'n y byd i gyd. I fi. Ar y pryd.

SAIB.

Doedd o'm yn jôc … proposio, ar fy nglinia, efo llaw 'di
cyffio!

(YN TYWALLT DIOD)

Dim hyd yn oed isio'i agor o. Dim hyd yn oed isio gweld
os oedd 'na rwbath gwerth 'i gael dros dro yno fo! Sut o'n
i'n teimlo? Fatha bo' rhywun 'di cymryd cyllell 'di rhydu
at 'y mherfedd i. 'Gutted' ma nhw'n ddeud 'de? Dyna be
o'n i!

SAIB

O'n i'm yn gwybod be i ddeud.

Dim fatha fi.

Ma gen i eirfa … pan dwi o gwmpas fy mhetha, pawb yn
deud …

Ond do'n i'm yn gwybod be i ddeud pan nath hi
ngwrthod i …

SAIB.

O'n i isio mynd o 'na ond 'y nhraed i'n cau symud. Hi a'th
gynta'n y diwedd … dwi'm yn cofio be ddwedodd hi … ar
ôl "Na … Sori".

Sori! Dydio'm yn cyfro fo nac'di?

Pan o'dd y stafell yn wag mi ddechreuodd y walia o 'nghwmpas i ysgwyd. Vesuvius myn diawl! (YN CODI EI DDWYLO I AMDDIFFYN EI BEN) A'th y breichia i fyny! A'r penlinia yn syth lawr am y llawr eto, a finna 'mond newydd godi. Ond fi o'dd o! Fi o'dd yn crynu. O'r brillcream i'r careiau. Ac yn crio fatha babi. O'dd rhaid i fi wneud uffar o ymdrech i godi a mynd o 'na.

Wedi ypsetio'n lân. Glinia 'di cleisio.

Blydi brifo.

SAIB.

"Pawb yn colli rhywun rhywbryd." 'Na chi rhywun efo geirfa.

O'dd Mam ar ei gora pan oedd rhyw greadur anffodus arall dan deimlad!

" 'Di o ddim fatha colli braich nac'di?" – Doedd Mam 'rioed wedi colli braich gyda llaw!

(AM Y FODRWY)

Wnes i feddwl rhoi lluch i'r bin.

Ond wnes i ddim.

Meddwl 'swn i'n gwneud hynny, 'swn i 'di colli bob dim.

SAIB.

(YN SOBRI CHYDIG) Colli bob dim!!

SAIB.

'Do'n i'm yn gwybod ystyr colled.

SAIB.

O'n i'n meddwl mod i. Ond 'do'n i ddim.

SAIB. (AM Y DDYNAS) Wnaeth hi ddim diflannu naddo? (YN LLYNCU DIOD, A CHYFEIRIO ATO FO) Fel'na, naddo? Wedi mynd. Pwff. Dim golwg ohoni hi.

(AM Y GWYDR GWAG) Well i fi roid un arall yn fan'na dydi? (YN BLOEDDIO)

Barman! – O na hidia. Wna'i o fy hun. (YN TYWALLT
DIOD ALLAN O BOTEL SYDD AR Y BAR) SAIB. Ma 'na
foi arall rwan. Wel ... ma 'na dipyn o amser – lot ok lot –
wedi mynd heibio ... Ma hi'n iawn. Ma'n gysur. Mae o! Er
'sa'n well gen i 'sa hi adra rŵan, yn disgwyl amdana i ...
wyddoch chi! SAIB. Hen stori ... dwn i'm pam bo' fi ...
sori ... mwydro ... (AM Y FODRWY) Am ei gwerthu hi.
SAIB. Fory.

MAE'R ACTORES SY'N CHWARAE RHAN Y FAM YN
CODI O'R GADAIR GER Y BWRDD, BLE MAE HI WEDI
BOD YN EISTEDD O'R DECHRAU.

Hei! Lle ti'n mynd? O ... dos ta ...

ACTORES: Joe druan. Fel arfer ma diwedd hanes y fodrwy yn
arwydd i bawb fod Joe am faglu a llusgo ei ffordd i'w wely
– dwbl – gwag! Ond ma heno 'ma'n wahanol. Ma heddiw
'di bod yn gythral o ddiwrnod. Yn ddiwrnod hir. Yn
ddiwrnod anodd. – Fi sy'n chwarae rhan y Fam.

OWEN: A mae pob Mam yn caru ei mab.

ACTORES: Mi'r oedd y fam yma!

OWEN: 'Dan ni ddim yn gwybod hynna!

MAE'R ACTORES YN ANWYBYDDU OWEN ER EI
FOD O'N AMLWG YN GWYRO ODDI WRTH Y
SGRIPT.

ACTORES: (YN EDRYCH O'I CHWMPAS AR Y STAFELL FYW)
Yma. Yn y tŷ bach yma. Bydd Joe'n cyflwyno'r fam i chi
toc. Yn byddi Joe? (DOES DIM ATEB) Mi fydd o.

JOE: (WRTH Y BOBL YN Y BAR) Faint o'r gloch 'di? Eh? O
peidiwch â phoeni. Dim ots nac'di? SAIB HIR. O'dd Mam
yn un am boeni. Ddwedes i? Amdana i. "Mwy o le i boeni
am hogia na sy 'na am genod" medda hi. "Hen fyd 'ma
ddim mor straight forward ag o'dd o ers talwm 'sdi".
'Do'n i byth yn meddwl amdani, deud gwir 'tha chi,
ffonio weithia, tan iddi farw. SAIB. 'Do'n i'm yn gallu
meddwl yn sdrêt wedyn am wythnosa. 'O'n i'm yn fi fy

hun am fisoedd. Fues i fa'ma lot 'do, 'dach chi'n cofio
ma'n siŵr rhan fwya ohonoch chi ... diawled ... ond hyd
yn oed adeg hynny, 'do'n i'm yn nabod colled cystal â
'dach chi'n gallu ... O'n i'n meddwl mod i'n gwybod sut
beth oedd o. Colled. Ddwedes i? Ond pob parch Mam,
do'n i ddim. Iesu! Doeddan ni 'rioed yn glòs, colled a fi.
SAIB.

'Ma chi stori. 'Dach chi'm 'di clywed hon. 'Dach chi ddim,
'dach chi ddim! Wna'i ddechra o'r diwedd. Fel bo' chi'n
gwybod, fod 'na ddiwedd hapus! Fod o werth gwrando ar
Joe feddw gachu, achos bo' gynno fi ddiwedd hapus i chi.
'Sa ni'n gwybod diwedd pob stori cyn ei chychwyn hi, 'sa
fo'n safio lot arna ni basa?...

(AR GOLL YN EI FEDDWL) Lle o'n i?

MAE'R ACTORES YN PARATOI I CHWARAE RHAN
Y FAM. MAE'R FAM YN TYNNU SYLW JOE TRWY
DANIO SIGARÉT.

O ia.

MAE O'N GWYLIO Y FAM TRA'I FOD O'N SIARAD.

Mewn rhyw dref fach fechan ddi-nod. Reit debyg i fa'ma.
Mewn tŷ. Cyffredin.

Bydd rhaid i chi weithio rŵan. Dychmygu. Dim llawer
o lewyrch ar y lle, ond bob dim yna 'sa chi'n ddisgwyl.
Papur wal, soffa, teledu, a pan 'dach chi'n edrych yn
ofalus, a dyna 'di gwaith 'Joey boy' cofiwch, ôl plentyn,
hogyn, llun, tystysgrif nofio, Nintendo.

MAE'R MAB YN TYNNU FFÔN SYMUDOL O'I BOCED
A DEIALU.

Dynas reit ifanc, canol ei thridegau falle del ...

ACTORES: Diolch. (YN SYLWEDDOLI EI BOD WEDI SIARAD
ALLAN O GYMERIAD) Sori!

JOE: ...ond wedi bod drwyddi, digon hawdd deud ar ei golwg
hi... (AM Y FAM) Ma hi'n smocio. Pwy 'sa ddim yn ei lle
hi. Mwy a mwy yn gwneud, merched, medda nhw. (YN
CODI EI WYDR) Pawb yn haeddu rhyw gysur dydi?

Eniwei, cefndir 'di hyn i gyd.

OWEN: Hwrê!

JOE: Un diwrnod ...

MAE FFÔN SYMUDOL JOE YN CANU.

(WRTH Y BOBL YN Y BAR) Un diwrnod. Hei 'dach chi'n gwrando? Gath Joe alwad ffôn.

MAE O'N ATEB EI FFÔN. Y MAB SY'N GALW. MAE O'N DEFNYDDIO ACEN SBAENEG.

MAB: Señor?

MAE JOE YN SOBR YN YR OLYGFA YMA.

JOE: Heddlu'r Gogledd.

MAB: Plîs? Heddlu?

JOE: Heddlu'r Gogledd. Ia.

MAB: Señor...

JOE: (YN SIBRWD WRTH GYDWEITHWYR) Foreigner! (I'R FFÔN ETO) Be alla'i wneud i chi?

MAB: Rwy'n ffonio o Linares, Granada.

JOE: Uh huh.

MAB: Llety plant...

JOE: Ia?

MAB: Rwy'n weithiwr cymdeithasol. Mae genna'i fachgen yma sy'n honni ...

JOE: Dwi'm yn eich clywed chi'n dda iawn.

MAB: Gweithiwr cymdeithasol. Mae gennym ni fachgen yma...

JOE: Ia?

MAB: Deud fod o'n dod o'ch hardal chi. Deud mai ...

JOE: Daliwch mlaen wnewch chi ... un munud os gwelwch yn dda ... (WRTH Y BOBL YN Y BAR) O'dd o'n uffernol o anodd i'w ddeall o.

MAB: Mae gennym ni fachgen yma. Deud mae Evan Wyn yw ei enw o.

JOE: Evan Wyn? Evan Wyn, Evan Wyn? (YN COFIO) Iesu!

	(WRTH EI BENNAETH) Gov, Gov …
MAB:	Mae angen cymorth. Manylion.
JOE:	'Dan ni'n gwybod amdano fo. Evan Wyn. Sut ddaeth o i'ch sylw chi?
MAB:	Bydd rhaid sicrhau manylion …
JOE:	Wrth gwrs.
MAB:	Dyma rif ffôn yr heddlu lleol … Ac fy rhif i. Bydd angen gwybodaeth …
JOE:	Bydd. Siŵr. Pwy ddwedsoch chi oeddech chi?
MAB:	Siaradwch yn araf. Dwi ddim yn eich deall chi …
JOE:	Wnawn ni bopeth allwn ni. Gewch chi siarad efo rhywun rŵan fydd yn gallu trefnu bod yr heddlu pen acw yn cael pob dim 'dach chi angen (YN GWEIDDI AM EI FOS) Gov …

MAE'R DDAU YN GORFFEN YR ALWAD. MAE JOE YN DEIALU ETO, TRA'I FOD O'N SIARAD EFO'R POBL YN Y BAR.

(YN FEDDW) Roedd 'na lot o alwadau ar ôl hynny. Roedd hi'n anodd weithia i ni allu cael gafael ar unrhyw un o'dd yn siarad Saesneg ar y rhif roddodd y gweithiwr cymdeithasol 'na i ni. Ond pan roeddan ni'n llwyddo, roeddan ni'n cal gwybod ychydig o hanes Evan ganddo fo. Ar ôl i ni wneud bob dim oeddan ni'n gallu dros y ffôn …

MAE FFÔN SYMUDOL Y FAM YN CANU. MAE HI'N DIFFODD EI SIGARÉT AC YN ATEB.

MAM:	Helo?
JOE:	(WRTH Y BOBL YN Y BAR) Fi gath y fraint o ddeud wrthi hi.
MAM:	Na, dwi ar ben fy hun!
JOE:	(WRTH Y BOBL YN Y BAR) Y fam! O ro'i y newyddion da iddi hi. Bod 'na bosibiliad cryf …
MAM:	(YN GWRANDO AR Y FFÔN. METHU CREDU) Na! Lle?
JOE:	(WRTH Y BOBL YN Y BAR) … bo' ni'n gwybod ble roedd ei mab hi. SAIB. Chwe mis yn ôl oedd hynny.

MAE'R FAM YN LLONYDD IAWN. MAE'N GWRANDO'N
HIR CYN YSGWYD EI PHEN FEL PETAI HI'N METHU
CREDU BETH MAE HI'N EI GLYWED.

MAM: Evan!

JOE: (WRTH Y BOBL YN Y BAR) Chwe mis yn ôl! SAIB.
Uffern o beth rhyfedd. Ges i bwl o ansicrwydd wrth roi'r
newyddion iddi hi. Fatha ges i pan o'dd rhaid i mi ddeud
wrth 'aunty' Gles fod mam 'di marw. Peth mwya od 'dydi?
– Er mod i'n gwybod fod Mam 'di marw, ofn mod i'n
camarwain 'aunty' Gles. Gwirion 'dan ni!

MAM: Sut? (MAE'N AMLWG FOD HI'N CAEL
GWYBODAETH YN ANODD I'W DDERBYN) Dwi'n
gweld! SAIB. Pryd fyddwch chi'n siŵr?

JOE: (I'R FFÔN. YN SOBR IAWN) Ma'r manylion 'dan ni 'di
roi iddyn nhw hyd yn hyn i gyd yn ffitio. Ma pawb mor
siŵr ag y gallan nhw fod o'u petha.

MAM: Ond mae o'n iawn ydi?

JOE: O ystyried bob dim, maen nhw'n dweud ei fod o.

MAM: Linares! Lle mae fan'na?

JOE: 'Dan ni angen ychydig o bethau gynnoch chi. Lluniau
o'r teulu falle. Llefydd cyfarwydd. Petha y gallan nhw
ddangos iddo fo, er mwyn gwneud yn hollol sicr ...
(WRTH Y BOBL YN Y BAR) Yr unig beth o'dd ar ôl i'w
wneud wedyn o'dd gwneud trefniada. Roedd ei mab hi
dramor ac fe roedd o isio dod adra. O'dd rhaid i rywun
fynd yna i'w nôl o.

MAE O'N CANU WRTH GADW'R FFÔN.

Ia da-da, 'off to sunny spain, eh viva espagnia'.
(YN SIARAD) Diwedd hapus! Ddwedes i!

MAE'R FAM YN DAL I SIARAD AR Y FFÔN.

MAM: Diolch. Diolch yn fawr iawn iawn i chi.

MAE HI'N CADW'R FFÔN.

MAE'N DECHRAU CHWERTHIN, YNA MAE'R
CHWERTHIN YN TROI'N GRIO TAN EI BOD HI'N
BEICHIO CRIO. MAE EI RHYDDHAD YN ENFAWR.

JOE: (GYDAG EIRONI) Braf gallu gwneud rhywun yn hapus, 'dydi!

SAIB.

Doedd y ddynas yna, dwi'n deud 'tha chi, ddim wedi ymarfer y cyhyrau 'na sy'n troi'r corneli (YN PWYNTIO AT OCHRAU EI GEG) i fyny ers tair blynedd a phedwar mis cyn yr alwad ffôn yna. 'Dan ni gyd yn nabod rhywun fel'na 'dydan? Ond roedd gan hon esgus doedd! Tair blynedd a phedwar mis o beidio gwybod ble roedd o. Evan. Ia. Cythraul o 'cliff-hanger'. Tipyn o amser 'dydi?

SAIB

ACTORES: Tair blynedd a phedwar mis cyn yr alwad ffôn wyrthiol yna – dyna pryd wnaeth y fam gyfarfod Joe gyntaf.

JOE: O'dd hi'n hwyr y nos pan wnes i ei chyfarfod hi gynta. Ac mi'r oedd gen i ben fatha bwced, ers bod fa'ma y noson gynt y diawled! Be 'da chi'n wneud i mi? Eh? Fydda'i 'run peth fory rŵan byddaf! 'Dach chi'm ffit nac 'dach!

YN YR YSTAFELL FYW.

MAM: Croesi'r ffordd tu allan fan'na, lawr y stryd, croesi eto. Nôl y papura o'r siop. Wedyn, mynd am yr avenue, wrth y station, heibio'r toileda, y maes chwara, heibio'r ddwy ysgol, ac allan pen pella ar gyrion y dre a'r ganolfan hamdden. Mae o'n gweithio'i ffordd yn ôl wedyn ar hyd y ffordd yna, efo'r papura, tan ei fod o nôl bron gyferbyn â tŷ ni.

MAE JOE YN CAMU MEWN I'R OLYGFA. MAE'N ACTIO'N SOBR OND YN DIODDEF O HANGOVER.

JOE: Steddwch.

MAM: Dwi'n iawn.

JOE: 'Sa fo'n well 'sa chi'n ista.

MAM: Steddwch chi. Dwi ddim isio. – 'Dach chi'n iawn?

JOE: (WRTH Y BOBL YN Y BAR) Hi'n gofyn wrtha i!

MAM: Dwi isio gwneud rhywbeth. Helpu chwilio.

JOE: Ma'n well bo' chi fan hyn. Ella fydd o adre mewn dim.

MAM: 'Dach chi'n meddwl?

JOE: Ma'r rhan fwyaf ohonyn nhw adre mewn llai na thridia. Pryd welsoch chi o tro diwethaf?

MAM: Bore 'ma ... wel dim i weld o. – Ga'i nôl dŵr i chi?

JOE: (YN DDIAMYNEDD) Dim diolch. (YN YMDDIHEURO) Na. Dim diolch. Welsoch chi mohono fo?

MAM: 'I glywed o wnes i. ... Mae o'n mynd yn gynnar.

JOE: Pryd yn union?

MAM: Hanner awr wedi chwech. Rownd bapur. (MAE HI'N TANIO SIGARÉT) 'Dach chi'n smocio?

MAE JOE YN GWRTHOD SIGARÉT.

JOE: Faint di oed o?

MAM: Pedair ar ddeg.

JOE: A 'dach chi'm yn codi?

MAM: (YN AMDDIFFYNNOL) Nac'dw! Dwi'n gweithio'n hwyr weithia.

JOE: A tydi o byth yn hwyr adra?

MAM: Yndi! Bachgen ydi o. – Ond byth yn y bora. Mae o'n cael brecwast cyn mynd i'r ysgol.

JOE: Ei wneud o ei hun?

MAM: Weithia! Dim just hwyr 'di hyn beth bynnag naci? Es i nôl i gysgu ma'n rhaid. O'n i 'di blino. (YN SYLWEDDOLI) ... Doedd na'm llestri budr!! Wnes i'm meddwl ... wnes i'm meddwl dim byd! Doedd na'm llestri budr. Ddaeth o ddim yn ôl o gwbl felly naddo? O'n i'n meddwl fod o 'di bod. O'n i'n disgwyl iddo fo ddod adra o'r ysgol.

JOE: Mae plant yn crwydro.

MAM: Dwi'n gwybod ond fuodd o ddim yn yr ysgol. Dwi 'di ffonio'i ffrindia fo.

JOE: Ydi o'n mynd bob dydd fel arfer?

MAM: Ydi!

JOE: Siŵr?

MAM: Does 'na neb wedi deud fel arall!

         SAIB

JOE: Fyddwn ni angen edrych o gwmpas os gawn ni.

MAM: Fan hyn?

JOE: Ia.

MAM: Pam?

JOE: Wnawn ni drio ein gorau i beidio gwneud llanastr.

MAM: Llanastr? 'Dach chi'm yn mynd i ffeindio fo fa'ma nac 'dach?

JOE: 'Sa chi'n licio i rhywun wneud paned i chi?

MAM: (YN GWRTHOD Y CYNNIG) Pam bo' chi isio sbïo fan hyn?

JOE: Dyna'r drefn. Mae'n ddrwg gen i.

         SAIB

         Oes 'na rhyw reswm iddo fo beidio bod isio dod adra?

MAM: Be?

JOE: Ydi o'n bosibl mai aros allan o ddewis mae o?

MAM: Nac 'di!

JOE: Wnaethoch chi ffraeo ella?

MAM: O'n i'n y gwely pan a'th o! Dwi 'di deu'tha chi.

JOE: Dim bore 'ma o'n i'n feddwl.

MAM: 'Dan ni'n ffraeo trwy'r amser! Mae o'n bedair ar ddeg.
         Dwi ar ben fy hun. Be 'dach chi'n ddisgwyl?

JOE: Ydi o'n gweld ei dad?

MAM: Na.

JOE: Fasa fo'n cymryd yn ei ben i fynd i weld o falle?

MAM: Na fasa.

JOE: Na?

MAM: Does ganddo fo ddim tad.

JOE: Dwi'n gweld.

MAM: Doeddan ni ddim yn gwpl. O'n i'n ifanc. Iawn! Mae o'n
         digwydd dydi.

JOE: Dwi'n gweld!

MAM: Wnes i'm deud dim byd. Do'dd na'm pwynt.

JOE: So! Pryd oedd y tro diwetha?

MAM: Be?

JOE: I chi ffraeo!

MAM: (SAIB. DIM ISIO CYFADDEF) Ddoe am wn i. Ia ddoe.

JOE: Ddoe?

MAM: Ia ond ...

JOE: A bore 'ma, ben bore, mae o'n mynd allan o'r tŷ ...

MAM: Fel arfer!

JOE: ... a ddim yn dod nôl! A 'dach chi ddim yn meddwl fod
          gan y ffrae ddim byd i wneud efo fo'n diflannu?

MAM: (WEDI CAEL BRAW) Be?

JOE: Mae'n ddrwg gen i. (MAE EI BEN O'N AMLWG YN
          BRIFO)

MAM: Dydi o'm 'di diflannu nac 'di

JOE: Just gair. Mae'n ddrwg gen i.

          SAIB HIR.

MAM: O'dd o isio sgidia. Trainers. Gwyn efo streipen las,
          fan'na. Do'n i'm yn gallu fforddio nhw ... 'run hen stori.
          Doedd hi'm yn ffrae fawr.

JOE: 'Sa fo'n aros allan i'ch cosbi chi?

MAM: Dydi o 'rioed wedi.

JOE: Siŵr?

          MAE JOE YN CRWYDRO YN ÔL I'R BAR. MAE'R
          ACTORES SY'N CHWARAE'R FAM YN DIFFODD EI
          SIGARÉT.

ACTORES: Ych!

          MAE HI'N SIARAD Â'R GYNULLEIDFA.

          (AM Y FAM) O'dd hi'n weddol siŵr. Ond ddim yn hollol
          siŵr. Druan ohoni. Ellwch chi ddim bod yn hollol siŵr na

'llwch? Dim ots faint mor dda 'dach chi'n nabod nhw.

SAIB

Do'n i'm yn siŵr pan ges i gynnig y rhan yma – os o'n i am dderbyn y gwaith ai peidio. Dwi'm yn smocio, felly fe roedd hynna'n un peth i'w ystyried ... ac a bod yn onest, dwi'n fam i fab bach fy hun, ac o'n i ofn (MEDDWL YN UCHEL) ... meddwl am y peth am wn i. Ofn y basa uniaethu efo'r cymeriad 'ma yn ormod i ddelio efo fo. Ofn 'swn i'n chwara rhan y fam yn y ddrama y baswn i rhywsut yn temptio – rhagluniaeth ...

OWEN: Dydi peidio meddwl am betha ddim yn amddiffynfa.

ACTORES: Be?! Na – ond beth bynnag, fe wnaethon ni benderfynu fel cwmni bo' ni ddim am drio uniaethu'n llwyr efo'r cymeriadau, ddim am drio gwneud i chi gredu maen nhw ydan ni, achos ... oeddan ni ofn peidio gallu gwneud cyfiawnder â nhw.

OWEN: Yeh yeh!

ACTORES: Ofn bod yn sarhaus i'w profiada nhw. Felly 'dan ni'n camu mewn ac allan o gymeriad ... just deud y stori fel 'dan ni'n teimlo bo' ni'n gallu ... oeddan ni'n teimlo mai dyna'r peth iawn i'w wneud.

OWEN: Do'n i ddim.

ACTORES: Wel ... (WEDI'I LLUCHIO ODDI AR EI HECHEL. WRTH Y GYNULLEIDFA) Gaethon ni bleidlais!

OWEN: O do!

ACTORES: Do so (WRTH OWEN) hisht!

OWEN: 'Dach chi'n cytuno efo'ch gilydd drwy'r amser.

ACTORES: Be? (WRTH Y GYNULLEIDFA) Sori!

OWEN: Gangio fyny!

ACTORES: 'Dan ni ddim. (WRTH Y GYNULLEIDFA) Ond mae gynnon ni dipyn bach mwy o brofiad na ...

OWEN: A ma hynny'n eich gwneud chi mor ddoeth dydi!

ACTORES: (WRTH Y GYNULLEIDFA) Sori! Tipyn bach o fyrfyfyr fa'na! Felly, eniwei, dyma fi! – Mae Mam yn edrych ar ôl y babi, a ma gen i job arall i ychwanegu at y C.V.!

OWEN: (YN DDIRMYGUS) Sy'n hynod o orlawn a diddorol yn barod wrth gwrs! Rhag ofn bo' 'na rhywun yn gwatsiad! Rhywun yn y busnas hynny ydi! (WRTH Y DDAU ARALL) 'Dach chi'n gwneud fi'n sâl.

MAE OWEN YN DIFFODD EI SIGARÉT AC YN SIARAD Â'R GYNULLEIDFA.

Pan ma hogia'n diflannu, mae'r rhieni, fel arfer, yn gwybod pam.

ACTORES: Ond dim bob amser.

OWEN: (WRTH YR ACTORES) Ran amlaf! Ffaith!

(WRTH Y GYNULLEIDFA) Ma'r cartref i fod yn le sâff. Ond dydi o ddim i bawb nac'di? Dyna pam o'dd yr heddlu isio chwilio rownd y tŷ. Rhag ofn ei bod hi (YN PWYNTIO AT Y FAM) – 'di brifo fi!

ACTORES: Ond doedd hi ddim wedi ei frifo fo.

OWEN: (YN BENDANT IAWN) 'Dan ni ddim yn gwybod hynny.

ACTORES: Wrth gwrs ein bod ni!

JOE: (WRTH Y BOBL YN Y BAR, AM Y FAM) O'n i'n amheus ohoni hi. Y diwrnod cynta 'na. Mi ddweda i'r gwir wrthoch chi. O'n i 'di gweld lot gwaeth, ond doedd na'm lot o lewyrch ar y cartra, a pha fath o fam sy ddim yn codi i wneud yn siŵr fod plentyn yn cael tamaid o fwyd ben bore?

ACTORES: Un 'di blino.

OWEN: Dim esgus!

ACTOR: (YN GWYLLTIO) O cau dy geg wnei di! Neu awn ni byth drwy'r awr nesa! (WRTH Y GYNULLEIDFA) Sori!

ACTORES: (WRTH OWEN) Ti'n siarad o brofiad rŵan wyt ti? Sgen ti blant? Nag oes!

OWEN: Mae gen i farn does!

ACTORES: Gawn ni weld sut siâp fydd arnat ti, pan ti 'di bod ar dy draed drwy'r nos efo babi sy ddim isio cysgu!

ACTOR: (WRTH ACTORES) Wnaeth Osian ddim cysgu neithiwr?

ACTORES: Naddo.

OWEN: Chdi ddewisodd gael teulu.

ACTORES: So! 'Di hynna'm yn golygu mod i'm yn cael blino nac'di. Gei di weld pan ddaw dy dro di.

OWEN: Ddaw o ddim.

ACTORES: Ti'n deud?

OWEN: 'No way'.

ACTORES: Ti'n 'sad', ti'n gwybod hynny?

OWEN: Pam na fasa ti'n aros adra os wyt ti'n poeni cymaint am Osian. Eh?

ACTORES: Wyt ti isio gwneud y perfformiad 'ma neu beidio?

ACTOR: (WRTH OWEN) Cau hi!

ACTORES: (WRTH OWEN) Wyt ti?

ACTOR: Caewch hi!

ACTORES: (WRTH Y GYNULLEIDFA) Sori.

ACTOR: (WRTH ACTORES) Sori! (WRTH OWEN) Be ti'n drio'i wneud? E? (WRTH Y GYNULLEIDFA) Sori. Rown ni drefn ar betha rŵan.

ACTORES: (WRTH Y GYNULLEIDFA) Sori.

SAIB.

JOE: (WRTH Y BOBL YN Y BAR) Mi'r oedd hi'n cyfaddef, y fam, bod nhw'n ffraeo. A dim tad!

ACTORES: (WRTH Y GYNULLEIDFA) Doedd 'na ddim byd o gwbl i'w weld yn y tŷ i grybwyll fod 'na unrhywbeth o'i le rhwng y fam a'r mab, ac yn amlwg, doedd y bachgen ddim wedi bwriadu mynd i ffwrdd. Doedd o ddim wedi pacio bag, ddim wedi mynd â pres efo fo ... Roedd popeth yna, fel arfer, yn disgwyl amdano fo ...

Y FAM: (YN DAWEL) Lle wyt ti? (YN WYLO YN UCHEL) Evan? Lle wyt ti?

OWEN: Very touching!

ACTORES: Dwi'n trio ngora!

OWEN: (YN SIBRWD YN EITHAF BYGYTHIOL) Dwi'n dod adra Mam. Dwi'n dod adra.

MAE'R FAM YN EISTEDD GYDA LLYFR
FFOTOGRAFFAU AR EI GLIN. MAE HI'N TROI'R
TUDALENNAU.

ACTOR: Oedd Joe'n amheus ohoni hi, ond wnaeth hynny ddim
para. (FEL JOE, WRTH Y BOBL YN Y BAR) O! Crist!
'Di'r stôl ma'n llithrig ta 'nhîn i ydi o?

MAM: Pedair ar ddeg. Pum troedfedd 4 modfedd. Reit dena.
Gwallt golau. Dim rhy fyr. Llygaid glas.

ACTOR: (WRTH ACTORES) Disgwyl funud, dwi'm yna eto.

MAE O'N CAMU I FEWN I'R OLYGFA, GAN SYLLU
AR Y LLAWR. SAIB.

ACTOR: Iawn. Sori. (FEL JOE. AM EVAN) Llygaid glas? Dim
creithiau?

MAM: Na. Dim creithia. Gwisg ysgol. (SAIB. AM UN O'R
LLUNIAU) O'n i ofn y darn bach meddal 'na ar ei ben o.
Ofn rhoi 'mys drwyddo fo.

JOE: Mm.

MAE'R FAM YN DISGRIFIO FFOTOGRAFFAU WRTH
EDRYCH ARNYN NHW.

MAM: Yr het 'na! God! Un ysbyty!
Rhywun 'di mynd i drafferth i wau o! 'Di cael style by-pass
ma'n rhaid pwy bynnag o'dd hi.
Bach 'di o fan'na!
Fydd o'n fwy na fi ... cyn bo hir.
SAIB
(AM FEICHIOGI)
O'dd o'n sioc. Deud wrth bawb yn job. Ond wedyn, o'dd
o'n iawn. Wnes i setlo. Bwyta bob dim o'n i isio! Am naw
mis cyfan. Er chwydu ...

OWEN: Chwdu?

MAM: Chwydu ... rhan fwyaf o beth bynnag o'n i'n lyncu nôl

fyny'n syth!

O'n i newydd sgwrio'r plancia 'na, a wedyn dyma'r poena'n dechra.

Y tro cyntaf iddo fo gael ei bwyso 'di hynna. Golwg 'di dychryn arno fo.

O'dd pawb yn 'i gusanu fo. Pawb! Neb yn ca'l rŵan! Blaw fi. Weithia! Os dwi'n lwcus! Na! Mae o'n licio mwytha o hyd rhyngddoch chi a fi!

Mam 'di honna. O'dd hi'n grêt.

Ma 'na hogla sy'n gwneud i chi fod isio bod reit fyny'n agos atyn nhw pan maen nhw'n fach does. Anifeiliaid 'dan ni.

Dad dda'th o hyd i honna'n y papur. O'dd hi'n sglyfaethus erbyn i mi gael gwared ohoni hi. Yoghurt dros y breichia i gyd. (AM Y SOFFA) Newydd gael hon 'dan ni. O'dd o'n tynnu ei hun i fyny fel 'na bob munud. Gwên anferth pan oedd o'n cerdded ar 'i draed am eiliad. Dydi o'm yn gwenu cymaint ag oedd o ... Ddim yn cŵl ar ôl rhyw oed nac'di!

O sbïwch! Wnaeth o wrthod yn lân mynd, y diwrnod cynta. Cyn i ni gychwyn i'r ysgol 'di hynna. O'dd golwg y fall arno fo tua pum munud ar ôl hynna. Wnaeth o strancio bob diwrnod am bythefnos ond o'dd o'n iawn wedyn.

Uffernol. O'dd o'n gwneud i fo'i hun chwydu!

OWEN: Chwdu, chwdu!

MAM: O'n i'n teimlo fatha bo' fi'n 'i fradychu o'n ei adael o. O'n i'n teimlo'n rêl hen ast. Ond ... ma'n rhaid iddyn nhw fynd 'does?

Mae o am fynd i coleg gynted a gallith o, rhywle agos, fydd o dal i fyw adra, fo sy'n deud hynny, ond dwn i'm be wneith o yn y pen draw. Rhywbath efo sborts 'swn i'm yn synnu. Fyddai'n hapus beth bynnag wneith o cyn belled â'i fod o'n ...

JOE: Oes gynnoch chi lun mwy diweddar ohono fo?

MAM: Mae hwn yn un da. Sbïwch. Nofio. Neu hwn. Faint oedd o fa'ma?

JOE: Oes gynnoch chi un mwy diweddar na hwnna?

MAM: Parti penblwydd Mam – edrych yn anghyfforddus yn dydi? Pam bo' nhw'm yn licio gwisgo i fyny?

JOE: 'Sa ni'n cael cymryd un o'r lluniau diweddaraf ohono fo, 'sa fo'n help.

MAM: Mae o'n agos iawn at ei Nain. – Be?

JOE: (YN CYDIO'N Y LLUN SYDD YN EI LLAW) 'Sa fo'n help 'sa ni'n cael un o'r lluniau. Un da.

MAM: (YN CYDIO'N Y LLUN YN DYNNACH) Na peidiwch.

JOE: 'Sa fo'n help mawr i ni.

MAM: (YN TORRI EI CHALON) Na. Plîs. Peidiwch â'i gymryd o. MAE HI'N GOLLWNG Y LLUN.

Ga'i o'n ôl yn câf? Cofiwch mod i isio fo nôl wnewch chi?

JOE: Peidiwch â phoeni.

MAE JOE YN CERDDED ALLAN O'R OLYGFA YN ÔL AM Y BAR GAN SIARAD WRTH FYND. MAE'R FAM YN EISTEDD, GAN DDAL Y LLYFR FFOTOGRAFFAU YN AGOS, AC YN SIGLO I GYSURO EI HUN.

JOE: (AM EI WYDR) Barman! Gyfaill! Ma hi'n sych fatha Sahara'n fa'ma! O na hidia, wna'i wneud o fy hun, eto! (WRTH Y BOBL YN Y BAR) Dal yma? Diod arall? Na? – Jibars!

SAIB

Erbyn bore wedyn, roedd bob dim yn ei le. Roeddan ni'n siarad efo perthnasau, efo ffrindia. Yr heddlu yn yr ardaloedd lle roedd ganddo fo deulu yn ymwybodol o'r sefyllfa. Blah blah blah. Dal i ddeud wrthi hi, y fam, i beidio poeni. Ac erbyn y pnawn, (WRTH UN O'R MERCHED YN Y BAR) Ti'n ddel. Ti'n gwbod hynny? Sori, sori. – Erbyn pnawn, roedd 'na fachgen bach arall 'di dod lawr i'r station efo'i fam, rêl hen jadan, nabod nhw'n iawn, i ddeud ei fod o 'di ffeindio beic yn y parc, wrth fynd i'r ysgol y bore cynt os liciwch chi, ac wedi bod yn reidio rownd drwy'r dydd, cyn mynd adra i frolio wrth ei ffrindia am be oedd o 'di ffeindio, a sut oedd o am ei gadw fo. Do'dd y fam ddim yn fodlon, er Duw a ŵyr be dda'th drosti hi.

Fe wnaethon ni bopeth oeddan ni'n gallu ar ôl hynny. Y petha arferol ... Heddlu a gwirfoddolwyr allan yn chwilio yn lleol, dosbarthu posteri, pasio'r wybodaeth ymlaen. Ond dim golwg ... dim golwg ohono fo. Dim golwg ohono fo. Doedd hi'n methu deall.

MAM: 'Di pobl ddim yn diflannu.

OWEN: Un pob pum munud yn gadael cartref. Yn y wlad yma. Ffaith. Am bob math o resyma.

JOE: (WRTH Y FAM) 'Dan ni angen eich caniatâd chi i ddosbarthu posteri ac i gysylltu efo mudiadau eraill falle fydd o help i ni.

MAM: Iawn.

JOE: A gyda'ch caniatâd chi ... falle y papura newydd? Gawn ni weld be ddaw o hynny ...

MAM: Ia.

JOE: Ac fe aeth y dyddiau heibio.

MAM: Mae'r dyddiau'n hir.

JOE: Fe drodd y dyddiau'n wythnosau. Dim gair, dim golwg ohono fo.

MAE'R ACTORES YN AGOR Y SOFFA I GREU GWELY.

ACTORES: (WRTH WEITHIO) Mae'n siŵr ei bod hi 'di trio cario mlaen i ddechra. Gwneud y petha oedd angen eu gwneud. (FEL Y FAM) Hospital corners. Taclus. Fel'na.

JOE: (YN GWYLIO'R FAM YN GWEITHIO) Fe drodd yr wythnosau yn fisoedd. Pawb oedd yn nabod o – y teulu, ffrindia, athrawon, pawb yn teimlo'n euog.

MAE'R FAM YN GORFFEN RHOI CYNFASEN AR Y GWELY, YN GOFALU FOD Y GYNFASEN YN ESMWYTH IAWN, AC YNA YN OFALUS MAE'N MYND I BENLINIO AR GANOL Y GWELY, AC YN GWEDDÏO'N DAWEL I DDECHRAU, AC YNA'N DAER IAWN.

MAM: Beth bynnag wnes i, dwi'n sori. Os dwi 'di gwneud

rhywbeth i haeddu ... Dwi'n sori. Oes 'na rhywun yn fy nghlywed i? Oes 'na? Dwi wedi gwneud petha drwg, dwi'n gwybod bo' fi ond ... Plîs plîs plîs plîs plîs. Wna'i unrhywbeth, plîs. Dim ond fod o'n cael dŵad adre ata i. Plîs. Plîs.

JOE: Ac fe drodd y misoedd yn flwyddyn.

MAE'R FAM YN EISTEDD AR YMYL GWELY BLÊR. MAE'N SIARAD YN DAER AR Y FFÔN.

MAM: Ffonia, just ffonia i ddeud bo' chdi'n sâff. Evan. Evan. Ffonia fi. Ffonia fi. Evan ffonia fi. Ffonia fi. Ffonia fi. Ffonia fi. Evan. Evan. Ffonia fi.

JOE: Doedd 'na ddim byd oeddan ni'n gallu wneud. Dyna'r gwir amdani. 'Dan ni byth yn cau y llyfr ar achosion fel hyn, ond doedd na'm byd oeddan ni'n gallu ei wneud. Weles i hi gwpl o weithia ... Barman ... rho un arall mawr yn fanna.

MAE'R FAM YN EISTEDD AR GYNFASAU BLÊR AR YMYL Y GWELY, FEL PETAI HI NEWYDD GODI. MAE HI'N CYMRYD TABLEDI. MAE JOE YNA. MAE HI'N YMWYBODOL OHONO FO I RYW RADDAU.

MAM: (AM Y TABLEDI) 'Dyn nhw'm yn gweithio. Dim digon cryf. Dwi'n meddwl mod i'n cael nhw fel bod y doctor ddim yn gorfod siarad efo fi. Dwi'm yn cloi drws cefn rhag ofn iddo fo ddod adra.

Dyna sut ddaethoch chi mewn ia?

Ond ma drws y ffrynt ar glo. Byth yn 'i ddefnyddio fo – sŵn y glicied yn brifo. Dod o nunlle ... sŵn y glicied 'na. Drosodd a throsodd. Deffro fi weithia – a dwi'n meddwl, bob tro, ma fo sy yna, ond ddim fo sy yna, a mae o'n anodd iawn dechra diwrnod fel'na.

(HEB DDISGWYL ATEB CADARNHAOL) Sgynnoch chi newyddion i fi?

JOE: Nag oes. Dim byd. Mae'n ddrwg gen i.

MAM: Pam bod o 'di mynd a ngadael i?

SAIB.

Fydda'i ddim yn gwrando ar y radio, fyddwch chi? Na gwylio'r teledu. O'n i, tan i mi weld hanes yr hogan fach 'na'n cael ei chipio. O'n i'n flin efo'r fam, achos, wyddoch chi pam, achos fod ganddi hi ddau blentyn arall. Be sgen i? Ac mi gafodd hi gymaint o sylw'n do? A minnau 'di cael dim byd. Ges i'm byd fel'na naddo? Tudalen flaen papur lleol. A wedyn – dim byd. Neb yn pigo'r stori i fyny. Rhywbeth mwy diddorol yn digwydd rhywle arall, 'run pryd, ma'n siŵr, 'blaw bo' fi'm 'di sylwi.

OWEN: (WEDI GWYLLTIO) Hogan o'dd hi! Ma nhw'n rhoi mwy o sylw o lawer i genod sy'n diflannu! Ffaith. 'Dan ni ddim mor newsworthy nac 'dan!

MAM: O'dd ei phlentyn hi'n haeddu mwy o sylw nag Evan? Mewn folder mewn filing cabinet. 'Dydi?

Llwch arno fo. 'Does?

Dwi byth yn croesi'r lôn gyferbyn â'r tŷ. Hyd yn oed ar ddyddia da alla'i'm edrych ar y siop bapur 'na. Alla'i'm mynd heibio'r avenue. Ac â'i byth ar gyfyl y parc 'na eto. 'Dan ni'n gwybod fod o 'di stopio fan'na tydan. Pam? Er mwyn Duw. I chwara? Pedair ar ddeg! Hanner awr wedi chwech y bore? Dyna lle oedd y beic 'de? Pwy oedd yna? Hanner awr wedi chwech y bore? Er mwyn Duw. Mewn parc chwarae? Go brin.

Dwi'm 'di gallu gweithio. Dwi'n trio. Dim amynedd 'molchi a gwisgo. 'Di'r cyhyrau yma (YN PWYNTIO AT GORNELI EI CHEG) ddim yn gweithio. Dwi ddim yn gallu gwagio mhen am eiliad. Mae o yna drwy'r amser. Dwi'm isio iddo fo adael, dim ond ei boen o sy gen i, ond o, mae o'n pwyso ... mor drwm.

JOE: (WRTH Y BOBL YN Y BAR) Ac fe drodd y flwyddyn yn ddwy. A mwy ... Mae 'na derfyn ar be ellwch chi wneud heb fod 'na ddim cliw.

OWEN: Yeh yeh!

JOE: Dim gronyn o ddim byd i helpu. Missing persons ac ati yn cymryd mwy o'r baich wrth i amser fynd heibio.

OWEN: Can mil o alwadau pob blwyddyn. Lot dydi? Lot dydi.

MAE'R FAM YN DECHRAU DAWNSIO YN YR
YSTAFELL FYW.

OWEN: Be ddiawl ti'n wneud?

ACTORES: Wel ma'n rhaid ei bod hi wedi gwneud petha normal
weithia. Ta wyt ti'n meddwl fod o 'di bod yn full on angst
am yr holl flynyddoedd?

OWEN: Mae o ar goll, a ti'n dawnsio?

ACTORES: Yndw! Oeddat ti yn yr ystafell ymarfer pan wnaethon
ni wneud y darn yma, oeddat ti? (YN DAWNSIO ETO.
FEL Y FAM) Mae o'n dal yn fyw. Dwi'n dal i gredu.
Penblwydd hapus Evan. Penblwydd hapus i ti.

JOE: O'n i 'di anghofio pob dim deud gwir 'tha chi...

OWEN: Digon hawdd anghofio am bobl fatha fo dydi!

JOE: ... pethau eraill ar fy meddwl i ...

ACTORES: Yn raddol fe wnaeth y fam ddechrau arfer efo'r
sefyllfa. Wnaeth pethau ddim gwella. (YN PWYNTIO
AT EI PHEN) fa'ma (AC AT EI CHALON) na fa'ma...

OWEN: Mae nghalon i'n gwaedu!

ACTORES: ... ond fe wnaeth hi ddechrau byw ei bywyd eto.
Ac mewn rhyw ffordd od, doedd o ddim yn anodd felly.
Dim cyfrifoldebau. Dim byd ar ôl i'w golli.

JOE: O'n i'n brysur yn mwydro mhen efo busnas y fodrwy, a
cholli Mam a ballu tan ... (YN DYNWARED FFÔN) Ring
ring, ring ring ... Diwedd hapus fel 'dach chi'n gwybod.

MAE JOE YN GALW AR Y MAB.

Tyd.

MAE'R MAB YN DOD MEWN I'R STAFELL FYW.
MAE JOE YN AROS YNA I WYLIO.

MAM: Evan?

MAE'R FAM YN EI GOFLEIDIO A'I GUSANU O. MAE
HI YN EI DAGRAU. MAE JOE YNTAU TAN DEIMLAD.

Evan?

MAE'R MAB YN DDIYMADFERTH HOLLOL.

Evan. Tyd yma.

SAIB HIR.

Wyt ti'n iawn? (SAIB) Plîs, plîs, paid â ngadael i eto. Na wnei? Na wnei? Na wnei?

ACTOR: (WEDI YMLACIO) Gafodd Joe uffar o seshiwn y noson honno. – Er ga'th pawb yn y bar y pleser o glywed stori'r fodrwy 'run peth cyn iddo fo'i throi hi am adre! Efo'r barmaid newydd os liciwch chi! Tro cynta iddi hi glywed y stori mae'n siŵr! Cymryd piti drosto fo am wn i! So fel'na ddigwyddodd petha.

Bachgen yn mynd ar goll. Hunllef. Ond bywydau pawb yn mynd yn eu blaenau. Y fam yn dioddef.

OWEN: (YN GOEGLYD) Druan o'r fam.

ACTOR: Y ditectif, Joe druan, yn cario mlaen i feddwi'n rhacs. Does na'm lot o gysur yn ei job o. Oni bai am farmaid yma ac acw!

Ac wedyn gwyrth. Y mab yn cyrraedd adra ...

OWEN: Just fel'na. Y mab yn cyrraedd adra. (YN DDIRMYGUS) Diwedd hapus!

ACTOR: 'Dan ni am gael egwyl ta?

ACTORES: (WRTH YR ACTOR) O grêt. Oes gen i amser i ffonio Mam ta? Just i weld os 'di bob dim yn iawn adra?

ACTOR: (WRTH Y GYNULLEIDFA) Doeddan ni'm yn siŵr os o'dd o'n syniad da i gael egwyl fama, ond ...

OWEN: (METHU CREDU) Wnaethon ni benderfynu peidio!

ACTORES: Wel dwi'm yn meddwl bo' ni wedi gwneud penderfyniad hollol bendant, naddo?

ACTOR: Rhwng dau feddwl.

ACTORES: O'dd Osian yn crio pan adewais i.

ACTOR: (WRTH Y GYNULLEIDFA) Be 'dach chi'n feddwl?

ACTORES: Uffernol deud gwir. Gas gen i ei adael o.

OWEN: Wnaethon ni benderfynu peidio!

ACTOR: Ma 'na doriad naturiol ar y pwynt yma yn y stori a ...

ACTORES: Iawn i fi ffonio ta yndi?

OWEN: Pam 'sa ti'm yn aros adra efo fo?

ACTORES: Achos mod i'n gorfod gweithio 'Run peth â chdi.

OWEN: Er fod Osian bach yn ypsetio?

ACTORES: (YN GWYLLTIO) Yli ...

ACTOR: (WRTH ACTORES) Ffonia. Ma'n iawn.

MAE'R ACTORES YN DEIALU.

Wnawn ni osod petha ar gyfer yr ail ran. (WRTH OWEN) Yn gwnawn?

OWEN: Dwi'n barod.

ACTOR: Tyd i helpu fi gau y gwely 'na nôl i fyny ta ...

OWEN: 'No way'!

ACTOR: Be?

OWEN: Dwi'n barod. Ti'n deall? A dwi'm isio helpu neb i dacluso bastard gwely ok?

ACTORES: O paid ta. (WRTH ACTOR) Wna i wneud o.

ACTOR: Na mae'n iawn. Gwna di dy alwad ffôn.

ACTORES: Na. Dim ots. Gynted yn y byd wnawn ni o. Gynted yn y byd ga'i fynd o 'ma.

ACTOR: Dim egwyl ta!

OWEN: 'Dach chi'n gwneud fi'n sâl. 'Dach chi'n gwybod hynny? Ymroddiad! 'Di hyn yn golygu diawl o ddim byd i chi nac'di?

ACTORES: Ydi mae o. (WRTH Y GYNULLEIDFA) Sori.

OWEN: Just job de? Fatha bob job arall.

ACTORES: Ma pob job yn bwysig.

OWEN: Be ddigwyddodd i theatr fatha arf? Rhywbeth i'w ddefnyddio, i newid petha? I safio bywyda?

ACTOR: I be?! Wyt ti'n trio cocio hyn i fyny ar bwrpas ta be? Ti'n boen ti'n gwbod hynny? Poen yn dîn go iawn (WRTH Y GYNULLEIDFA) Sori!

OWEN: (O DAN EI ANADL) Piss off.

ACTORES: (WRTH Y GYNULLEIDFA) Sori.

ACTOR: Oeddan ni'n hollol barod am heno, tan i hwn ...

OWEN: Dwi'n barod!

ACTOR: Barod! Ti dros bob man.

ACTORES: (WRTH Y GYNULLEIDFA) Gaethon ni 'dress' da ...

MAE OWEN YN CERDDED I FYNY AC I LAWR YN ANNIDDIG. MAE'N CHWARAE GYDA'I FFÔN SYMUDOL TRA BOD Y DDAU ARALL YN CAU'R GWELY.

OWEN: Dwi'n barod dwi'n deud 'tha chi! (YN DDIAMYNEDD) Barod ta be?

ACTOR: 'Dan ni'n barod. Wyt ti?

ACTORES: Na! Dwi ddim. Sori! Dwi angen munud neu ddau gynta.

ACTOR: O!

OWEN: (WRTH YR ACTORES) Be?

ACTORES: (WRTH OWEN) Ti 'di ratlo fi! (WRTH ACTOR) Just i anadlu ok?

ACTOR: Dau funud ta!

MAE'R ACTORES YN MYND I YMLACIO AR Y SOFFA.

ACTORES: I ymlacio.

ACTOR: (YN EISTEDD WRTH EI HOCHR HI) Syniad da.

OWEN: Fo 'di tad y babi?

ACTORES: O ha ha!

ACTOR: (WRTH OWEN) Be sy'n bod arna chdi? Setla wnei di!

OWEN: Dwi'n barod! Dwi 'di deud 'tha chi 'dwn i'm faint o weithia. Dwi 'di gwneud yr ymchwil. Dwi'n gwybod 'i hanes o, gallu byw yn ei groen o! Gwybod sut o'dd o'n teimlo.

ACTOR: (YN PRYFOCIO) A be am gadw at y sgript yn yr ail hanner? Sut ti'n teimlo am hynny? E?

SAIB

Pryd wnes 'di'r ymchwil 'ma beth bynnag?

OWEN: Be?

ACTOR: Yn y pub?

OWEN: Naci.

ACTOR: (WRTH ACTORES) Dwi'm yn cofio neb yn sôn am wneud ymchwil. Wyt ti?

ACTORES: O paid!

MAE OWEN YN SIARAD YN REIT GYFLYM.

OWEN: Andy.

ACTOR: Andy?

OWEN: 'Seventeen. Very old. No fixed abode'.

ACTORES: Be ti'n wneud rŵan!?

OWEN: "Not very clever see. Can't go home". Ei fam o'n 'pissed' ei Dad o'n 'pissed'.

ACTORES: Be'?

OWEN: Ymchwil! Ma'i fam a'i dad o'n yfed, smocio, anghofio bwyta. Anghofio bod nhw 'rioed 'di bod yn ffrindia. Ei Dad o'n dyrnu pawb am y peth ffycin lleia.

ACTORES: Hei!

OWEN: Ei fam o'n iwsio sodla'i sgidia (PWYNTIO AT EI BEN) "Hitio fi just fan'na. Ffycin brifo man!"

ACTORES: (WRTH ACTOR) Deud 'tho fo!

OWEN: Lot o greithia. Ei 'uncle' o'n shagio'i chwaer fach o'n y stafell drws nesa.

ACTOR: Hei come-on!

OWEN: Ymchwil. – Neb yn malio. 'Slag' fach 'di hi.

ACTOR: 'Na ddigon!

OWEN: "Don't give a shit. Don't give a shit." Sniffio poppers, smocio sbliff. "Am fynd o 'ma. Am ffeindio lifft." "Don't look back, don't look back". Dim pres. "So what?" Dim ots. "Dim ots gen i am zip." Gadael adra. Neb yn sylwi. Rhedeg.

D. I. F. L. A. N. N. U.

(YN ARAFU) Ma 'na lot o amser ers i mi weld Andy.

222

ACTORES: Pwy ydi o?

OWEN: Rhywun o'n i'n nabod. – Ella fydd 'na rywun gymerith biti drosto fo! Gobeithio. Gobeithio ma dyna sut ddaw Andy i'r golwg eto.

MAE'R ACTOR YN RHOI MASSAGE I SGWYDDAU YR ACTORES.

ACTORES: O lovely.

OWEN: Ma 'na lot o hogia fatha fo.

ACTORES: Bechod.

OWEN: Lot o hogia'n diflannu. Fatha'r hogyn yn y stori. Rhan fwyaf ohonyn nhw achos fod rhaid iddyn nhw. Ond y drafferth ydi 'di pawb ddim yn llwyddo i ddod nôl i'r golwg nac 'dyn!

ACTORES: Hei hisht!

OWEN: Lleuad lawn, gwynt yn newid cyfeiriad. Dwi'm yn gwybod pam. Ma nhw'n mynd yn sownd 'n rhywle o'r golwg, a dach chi byth yn gweld nhw eto. A'r rhai yna – y rhai sy'n diflannu am byth, sy'n cael y sylw de? A'r cydymdeimlad de?

ACTORES: Hisht. (WRTH YR ACTOR) Deud 'tho fo!

ACTOR: (WRTH OWEN) 'Di gorffen?

OWEN: Nac'dw!

MAE OWEN YN MYND I EISTEDD YN Y GADAIR O FLAEN Y CAMERA. MAE EI WYNEB YN CAEL EI DAFLUNIO'N FAWR AR Y NAILL OCHR IDDO AR Y CEFNDIR GWYN.

ACTORES: Paid mynd i fan'na! Fyddi di'n sbwylio'r effaith nes ymlaen.

OWEN: (DDIM YN MALIO) Fydda i?

MAE OWEN YN SIARAD YN REIT ARAF AC YN FEDDYLGAR.

Mal.

Pymtheg oed. 'Rioed 'di bod i'r ysgol! 'Rioed!

"Triwch chi roi addysg i ysbryd." Ysbryd 'di Mal wir i chi!

Llais tawel. Gwên swil. Prin bod o'n neud argraff ar yr aer o'i gwmpas o. Prin ei fod o'n bodoli! Ond mae 'na rhywbeth creepy pan 'dach chi yn sylwi arno fo. Mae o'n rhy dawel, rhy llonydd, yn rhy ddiymhongar. Yn toddi'n rhy hawdd i'r cefndir. Dwi'm yn gwybod o ble ddaeth o. Ond mae o'n fab i rhywun dydi? Bydd Mal yn beryglus rhyw ddydd. Ddim mewn ffordd meddwi a ffraeo a dyrnu. Ond fe fydd o'n rhywun i'w osgoi. Gwell peidio datgelu dim byd personol wrtho fo.

ACTORES: Ma 'na griw o fechgyn yn loetran ar stryd ni. Ma'n nhw'n codi ofn arnach chi.

OWEN: Ma Mal yn gwybod be 'di poen, ac yn meddwl fod poen yn normal. Mae hwn am gamu o'r cysgodion, rhyw ddydd, i wneud yn siŵr fod rhywun yn talu. A wedyn fe fyddwn ni i gyd yn sylwi arno fo. O byddwn. Ond yn y cyfamser welwn ni mohono fo am amser hir hir. 'Dach chi isio clywed mwy? Ma 'na filoedd ohonyn nhw allan fan'na.

ACTORES: (WRTH ACTOR) Dwi'n meddwl dylsan ni fynd yn ein blaenau rŵan. Wyt ti?

ACTOR: Os 'di hwn 'di gorffen mynd trwy'i betha! Wel? Wyt ti?

OWEN: Chiko. – 'Dach chi'n gwrando?

ACTOR: (YN FLIN) All ears! Iesu! (WRTH Y GYNULLEIDFA) Sori.

MAE OWEN YN SIARAD YN GYFLYM IAWN.

OWEN: Chiko. Mynd mynd mynd mynd mynd mynd mynd. Rhywbeth yn ei waed o'n rhoi egni iddo fo! Lot o egni! Gormod o egni. Gormod o egni i'w reoli. Ond does 'na neb 'di sysio hynny.

Er fod o'n deud bob dim mae o'n feddwl, y geiriau'n dod allan ribedi res. Er fod yr iaith yn anweddus ran amlaf. Er fod o'n afreolus. Er ei fod o'n anufudd reit o'r dechra! Does 'na neb wedi trafferthu i drio darganfod pam.

Mae o'n gwylltio pobl. Rhieni, athrawon, plismyn, ynadon. Tydi ei waed o ddim yn deall y rheolau yn yr ysgol, nac adra. Mae'r gwaed 'na'n dyrnu mynd. A fel tasa hynny ddim yn ddigon, mae'i dad o'n dealer a'i fam o'n yfed ei hun yn dwll i drio anghofio'r dynion sy'n chwythu ei byd hi'n ddarnau.

Mae Chiko yn ddel ac yn ffit ac yn glyfar. Clyfar iawn. Ond 'tydi ei gryfderau o'n cyfri dim. Ddim yn y patrwm arferol. Felly mae o'n defnyddio ei ddoniau i greu bywyd tu allan i'r ffiniau. Fo 'di canolbwynt ei gylch o ffrindia. Fo sy'n gwerthu cyffuriau, lladrata o siopa. Dim tai.

Fo 'di'r un caled ma'r genod i gyd yn licio. Tydi o byth yn hitio neb, heblaw bo' nhw'n ei hitio fo gynta. A 'sa fo byth yn codi ei law at hogan. Mae o'n frenin yn nhref bach arddegau ei ffrindiau. Mae o'n niwsans i bobl mewn oed.

Mae o'n cael ei erlid. Ei wrthod. Ei anwybyddu – pan bo' modd. Mae o ar ei ffordd i'r carchar ers pan roedd o'n bedair oed yn rhuthro rownd Portacabin yr ysgol feithrin ar ei feic bach tair olwyn, i gyfeiliant plant eraill yn canu "Clapio dwylo, clapio dwylo, clapio a clapio a clapio fel hyn".

Yn yr ysgol uwchradd fe wnaeth o gynna' tân mewn cwpwrdd llyfrau er mwyn tynnu sylw yr athro oedd wedi ei gloi o mewn yna. Fydd o dan glo eto cyn bo hir. Mae ganddo fo gof hir. Mae o'n un deg pedwar. Ma ganddo fo dymer erbyn hyn. Dydi o ddim yn madda'n hawdd.

Mae o'n deall faint mor annheg ydi petha. Ei gorff o sy'n gyfrifol am y ffordd mae o. Ac amgylchiada. Does 'na neb 'rioed wedi trio ei helpu o. Mae o'n flin am hynny.

Mae ganddo fo gariad. O'dd hi'n straight, merch i blismon, tan iddyn nhw gyfarfod, a chwympo mewn cariad a dechra byw efo'i gilydd. Gath hi'r chuck-out gan ei thad. Maen nhw'n bedair ar ddeg. Maen nhw wedi diflannu. Dim ond lawr y lôn, ond fydd 'na neb yn sylwi. Sdim bwys gan y rhieni. Tydyn nhw ddim yn licio nhw, heb sôn am eu caru nhw.

Maen nhw wedi diflannu. Yn cysgu drwy'r dydd, ac yn effro trwy'r nos. Mae ei gariad o'n feichiog. Ma hynny yn cool. Mae o am edrych ar ôl ei blant o. Am fod yn dad da.

Prynu petha iddyn nhw. Ond fydd o'm yn gallu. Mae pawb yn gwybod. Fydd o'm o gwmpas i wthio'r buggy. Ac fe fydd hi'n methu côpio ar ben ei hun.

Ma Chiko, yn ei galon, yn gwybod hynny. Tydi Chiko ddim yn dwp. Mae Chiko yn gwybod wneith petha ddim gwella. Blynyddoedd. Blynyddoedd. O fyw fel hyn. Ar yr ymylon. O gael eich gwastraffu. A gwybod hynny. Rhywbeth yn y gwaed. A neb yn helpu. Dychmygwch y straen. Dychmygwch y straen. Dychmygwch y straen o wybod.

'Di pawb sy'n diflannu ddim yn mynd yn bell.

ACTOR: Ti 'di meddwl 'rioed am wneud sioe un dyn?

MAE'R ACTORES YN CHWERTHIN.

OWEN: Mae mam Tom yn greulon.

ACTOR: Dwi'n meddwl bo' ni 'di cael digon rŵan!

ACTORES: Do.

OWEN: Wedi dysgu hynny gan ei mam hi pan oedd hi'n fach.

ACTOR: Digon. Ti'n gwrando?

OWEN: Na. Nac'dw! Gwrandewch chi arna i am change!

ACTORES: Owen! 'Dan ni wedi gwrando ...

OWEN: Llond tŷ yn y cartre rownd y rîl. Tydi Tom byth yn gwybod pwy fydd yna pan mae o'n cyrraedd adra. Byth yn gwybod pwy na beth mae o am orfod ei wynebu.

Pan roedd o'n fach o'dd i fam o'n rhoi lager iddo fo i frecwast. Ei feddwi fo, fel bo' dim rhaid iddi hi gymryd dim sylw ohono fo wedyn drwy'r dydd. Just topio fo 'i fyny o bryd i bryd. Mae o'n trio'i orau i aros ar ochr dda ei fam. Mae o'n coginio i bawb, yr holl frodyr a'r chwiorydd a'r rhieni, a'r teulu estynedig, a'r ymwelwyr o leiaf deirgwaith yr wythnos ... mae o'n trio cadw y tŷ a fo ei hun yn daclus. Golchi ei ddillad. 'Molchi mor aml â mae o'n cael llonydd i wneud. Cribo'i wallt yn fflat ar ei dalcen. Mae o'n trio'i ora i fynd o 'na i'r ysgol. Digon aml i beidio tynnu sylw at unrhyw absenoldeb.

Ond tydi o byth yn gwybod beth sy'n mynd i ddigwydd

nesa. Pwy sy'n mynd i ffraeo efo pwy. A tydi o 'rioed 'di deall pam mai fo allan ohonyn nhw i gyd 'di'r cocyn hitio. Mae o'n trio'n galetach na'r lleill i blesio. Ond fo sy'n ei chael hi ... y dirmyg didostur, y colbio, y cosbi ofnadwy, dydi o byth yn deud be yn union – dydi o ddim isio i neb wybod. Er gwaethaf bob dim, tydi o ddim isio creu helynt i'w fam. Mae o ofn ei fam, ond mae o'n ei charu hi hefyd, a weithia mae o'n cael llonydd am ddiwrnod neu ddau. 'I fam o ydi hi. Ac yng nghefn ei feddwl mae o'n teimlo efallai ei fod o'n haeddu be sy'n digwydd. A mae o 'di dysgu delio efo lot ohono fo. Mae rhywun yn gallu arfer efo bob dim yn y pen draw dydi? Mae o 'di diflannu i bob pwrpas yn barod. Heb symud. O olwg gwasanaethau cymdeithasol, meddygon, athrawon ... maen nhw i gyd yn ymwybodol ... ond yn cymryd yn ganiataol y bydd rhywun arall yn delio efo'r peth. Dim ond pan fydd y gosb mae ei fam o'n ddidoli rhyw ddiwrnod yn ormod i'w gorff o ddioddef fydd o'n dechra dod i'r golwg eto. Fyddan nhw'n gweld yr anafiadau yn fwy clir na welson nhw'r bachgen erioed.

ACTORES: So ti'n nabod nhw i gyd? Yr hogia 'ma? Wyt ti?

MAB: Mi o'n i.

ACTORES: Sut? Dwi'm yn nabod neb fel'na. Wyt ti?

ACTOR: Nac'dw diolch byth.

ACTORES: Lle ddois di ar eu traws nhw?

ACTOR: Gawn ni ailddechra?

ACTORES: Gweithio efo nhw?

OWEN: Naci.

ACTOR: Rŵan?

ACTORES: Iawn. Sori!

ACTOR: (WRTH OWEN) Mae gynnon ni gynulleidfa!

OWEN: (YN DDIRMYGUS) Cynulleidfa!

ACTOR: (WRTH Y GYNULLEIDFA) Pawb 'dal yma ydyn? Ail ran ta! Os 'di pawb yn fodlon. Dwi'm isio colli last orders, 'dach chi?

ACTORES: (WRTH OWEN) Barod Owen?

        TYDI OWEN DDIM YN YMATEB.

        Iawn ta! (WRTH YR ACTOR) Nôl at Joe gynta?

ACTOR: Ia decin i! Joe druan. Joe'r meddwyn.

ACTORES: (WRTH Y GYNULLEIDFA) Ar ôl i Evan ddod yn ôl rwan.

ACTOR: Ia.

        MAE'R ACTOR YN YMLWYBRO YN ÔL AT Y BAR.
        MAE'N SIARAD GYDA'R BOBL SYDD YN Y BAR.

JOE: Oeddach chi'n licio'r stori? O gwd. Dwi'n falch am hynny.
        A'r diwedd hapus? Oeddach chi'n licio hynny? Ma'n siŵr
        bo' chi. A rhyngddoch chi a fi ges i dipyn o lwc y noson
        honno hefyd (YN WINCIO) os 'dach chi'n fy neall i!
        'Rhen 'Joey charm' yn dal i weithio! Chwe mis yn ôl!
        'Good job' fod gen i gof da! Wnaeth o'm arwain at ddim
        byd mwy na'r 'one-night stand' 'na ... 'Di hi ddim yn
        gweithio 'ma rŵan. Dwi'm yn gwybod lle a'th hi.
        MAE JOE YN CANU RHYWFAINT O GÂN
        BOBLOGAIDD (AM GOLLI CARIAD)

        (WRTH Y BOBL YN Y BAR) Canwch. Canwch!

        Be sy matar efo chi? Ddim yn gallu canu? 'Dach chi 'di
        clywed hon ta? Ddim stori. Naci naci. Jôc! Reit, su' mae'n
        mynd rŵan 'efyd. O ia ...

        MAE'N DWEUD JÔC DDI-CHWAETH.

        Ddim yn ddoniol? OK, ddim yn ddoniol. Sori. Be o'dd hi?
        Sexist, racist, ta be?

        Dwi'm yn gallu barnu erbyn adeg yma! 'Sa gen mam
        gywilydd ohonof i basa?

        Na! Sori.

        A 'dach chi'n gwybod be arall sy ddim yn ddoniol?
        Dyddia fatha heddiw. Dyna be.

        Chwe mis yn ôl. Y mab adra. Pawb yn ofalus ofalus
        ohono fo. Edrych ar ei ôl o. Trio normaleiddio petha eto.
        Dim byd yn ormod o drafferth. Trio esgus fod 'na ddim
        byd mawr wedi digwydd iddo fo.

MAE'R MAB YN LLED-GANU CÂN GYFOES YN
DAWEL IAWN. O'R YCHYDIG EIRIAU SYDD I'W
CLYWED YN GLIR, CLYWN MAE CÂN YN
FFRANGEG YDI HI.

MAE'N TAWELU'N SYTH WRTH I'R FAM DDOD
MEWN I'R STAFELL FYW. MAE HI'N CARIO TRI
BOCS 'SGIDIA'. MAE HI'N EU GOSOD NHW AR Y
LLAWR AC YN EU HAGOR FESUL UN. MAE'R TRI
PÂR O TRAINERS YN WAHANOL FEINTIAU, I GYD
YN WYN GYDA STREIPEN LAS. MAE'R MAB YN EI
GWYLIO YN DDIEMOSIWN.

MAM: Wnes i brynu nhw i ti. Dyfalu pa size fasa ti. Dwi'm yn
        meddwl wnaiff hyd yn oed y rhai brynes i eleni dy ffitio
        di. (DAN DEIMLAD. YN YMDDIHEURO AM Y FFRAE
        GAWSON NHW FLYNYDDOEDD YN ÔL, CYN IDDO
        FO DDIFLANNU) Dwi mor mor sori Evan!

        NID YW'R MAB YN DEALL ARWYDDOCÂD Y
        SGIDIAU...

        Bo' ni wedi ffraeo. Dwi mor sori.

        OND MAE'N ESGUS BOD O.

MAB: Mae'n iawn.

MAM: 'Swn i 'di prynu nhw 'swn i'n gallu. Doedd gen i'm pres
        adeg hynny! Hyd yn oed llai na s'gen i rŵan!

MAB: Ma'n iawn.

MAM: Awn ni i brynu rhai i ti. Beth bynnag ti isio. Ga'i brynu
        rhai i ti? Ga' i?

MAB: (YN BENISEL) Iawn.

MAM: (YN CRIO) Wnawn ni ddim ffraeo byth eto na wnawn?

JOE: Doedd pethau ddim yn hawdd.

MAM: Dwi'm isio ffraeo efo chdi.

JOE: Doedd o ddim yn cyfathrebu fel roedd o'n arfer gwneud.
        Ddim fel tasa fo isio siarad am betha. Doedd 'na neb yn
        synnu.

MAM: Sbïa arna' i! (YN SYCHU DAGRAU) Na paid! Golwg y fall. (SAIB) Ti'n iawn? Evan?

TYDI O DDIM YN YMATEB.

Evan?

MAB: (YN CODI EI BEN) Mam ...

JOE: Ond yn araf bach fe ddechreuodd o ddweud ei stori ... Roeddan ni'n gwybod rhyw faint yn barod. Roedd y fam yn gwybod y byddai ei chalon hi'n torri. Ond roedd hi'n stori roedd rhaid gwrando arni hi. Er ei fwyn o.

MAE'R MAB AR EI LINIAU AR LAWR, A'R FAM HITHAU WRTH EI OCHR YN TRIO EI GYSURO FO.

MAB: (YN LLAWN CASINEB) Oeddan nhw'n brifo fi.

MAM: Evan.

MAB: Oeddan nhw'n mwynhau hynny. SAIB. O'n i isio'u lladd nhw Mam.

MAM: Evan.

MAB: Ac wedyn ar ôl sbel o'n i just isio marw.

MAM: Paid.

MAB: I gael mynd o 'na Mam.

MAM: (YN GAFAEL YN DYNN IAWN AMDANO FO I DRIO EI GYSURO) Paid Evan.

MAB: Isio marw a sbwylio'u ffycin hwyl nhw.

MAM: Paid.

MAB: (MEWN PANIG. OHERWYDD EI BOD HI YN EI GAETHIWO FO) Ffyc off. Peidiwch, peidiwch, peidiwch wnewch chi.

MAE O'N YMLADD I WTHIO'R FAM I FFWRDD, AC YN EI BYGWTH HI.

MAM: (WEDI DYCHRYN) Evan. Sori. Evan! Fi sy 'ma. Mam sy 'ma. Ti'n gwybod hynny. Evan ti adra. Ti adra.

MAE'R MAB YN TAWELU. MAE'R FAM YN GAFAEL AMDANO FO ETO. MAE HI'N CANU HWIANGERDD AC YN EI SIGLO.

ACTORES: (YN TORRI ALLAN O'R OLYGFA YN DDISYMWTH)
Sori, sori. Ga'i ddeud rhywbeth yn fa'ma? Cyn bo' ni'n
mynd ymlaen. (WRTH OWEN) O'n i'n meddwl bo' ni 'di
cytuno y basa 'na ddim rhegi. Ti'm yn trio! Sbïa ar dy
gynulleidfa di! Dwi'm yn meddwl fod nhw 'di talu i
ddŵad i glywed iaith fel'na? Wyt ti?

TYDI OWEN DDIM YN YMATEB I DDECHRAU
HEBLAW AM GODI EI 'SGWYDDAU.

OWEN: (YN DDIDWYLL) Sori. Dyna be ddaeth allan.

ACTORES: Wel. Iawn ta. O'n i just isio deud. (WRTH YR ACTOR)
Sori.

MAE'R FAM YN MYND YN ÔL I GANU A SIGLO'R MAB.

JOE: (DROS Y GÂN) Fesul tipyn datgelodd ef ei stori. Stori
anhygoel bachgen oedd wedi cael ei gipio. Mae o'n
digwydd yn fwy a mwy aml y dyddia yma 'sa chi'n credu.
Rhieni'n gwahanu a ballu. Ond roedd hwn wedi cael ei
gipio un bore gan estron, a'i gludo i wlad arall, a'i gadw,
yn erbyn ei ewyllys, gyda bechgyn eraill, er mwyn i grŵp
o ddynion ... Wel, wyddoch chi ...

ACTORES: (WRTH Y GYNULLEIDFA) Ffiaidd dydi? Allai'm
dioddef meddwl am y math yna o beth. Dwn i'm amdano
chi?

OWEN: (YN DDIRMYGUS) Methu dioddef meddwl am y peth!
Hogia'n cael eu trin sut bynnag oedd criw o ddynion yn
dewis eu trin nhw, a ma 'na lot o ddewis ...

ACTORES: O paid!

OWEN: A 'dach chi'n methu dioddef meddwl am y peth! Neb yna
i amddiffyn nhw. Dim ffinia. A 'dan ni'n methu dioddef
meddwl am y peth! Hogia'n cael eu cam-drin tra maen
nhw'n para ...

ACTOR: OK.

OWEN: Ma 'na ddynion allan fan'na sy'n treisio ...

ACTOR: Iawn.

OWEN: Deall?

ACTOR: OK.

OWEN: ... PLANT.

JOE: Roedd y bachgen yma yn dioddef o trauma ...

OWEN: A 'dan ni'n methu dioddef meddwl am y peth! Sut allwn ni ddechra deud y stori 'ma, os ellwn ni ddim dioddef meddwl am betha?

JOE: Roedd o'n dioddef o trauma. Roedd hynny'n amlwg. Ac wrth gwrs, wrth i fwy o'r stori ddod i'r wyneb, roedden ni, wrth reswm yn cymryd diddordeb eto. A'r cyfryngau. Heb wahoddiad y tro 'ma. Roedd ganddyn nhw fwy o ddiddordeb nag oedd ganddyn nhw pan aeth o ar goll yn y lle cyntaf.

OWEN: Stranger danger! Mae o'n denu cynulleidfa. Yn gwerthu papurau.

ACTORES: Doeddan ni'm yn siŵr os oedd o'n addas i ni fynd fewn i'r stwff ych a fi really.

OWEN: Does gynnoch chi ddim syniad sut beth ydi o i beidio gallu troi at neb am help nag oes? I fod yn gyfan-gwbl ddigymorth.

ACTORES: (YN DDIRMYGUS) Ac mae gen ti mae'n siŵr!

SAIB. MAE'R ACTORES YN SYLWEDDOLI EFALLAI FOD GAN OWEN SYNIAD.

(YN DYNERACH) Owen?

OWEN: Be?

SAIB.

O cer i grafu.

ACTORES: Bydd fel'na ta.

MAE JOE YN CAMU MEWN I'R YSTAFELL FYW. YN SOBR NAWR.

JOE: Ti'n deud mai un dyn oedd 'na i ddechra. Yn y maes chware.

MAB: Ia.

JOE: Sut ges di dy gludo?

MAB: Sach. Mewn bŵt car.

JOE: Holl ffordd?

MAB: O'dd o'n drewi.

JOE: Be?

MAB: Drewi. O'n i'm yn gallu anadlu.

       SAIB.

JOE: Be ti'n gofio am y dyn wnaeth dy gymryd di?

MAB: Dim.

JOE: Taldra? Pwysa? Pa liw oedd ei wallt o?

MAB: Digwydd rhy gyflym.

JOE: Y tŷ ble ges di dy gadw. Sgen ti unrhyw syniad ble oedd
       o, neu elli di ddeud pa fath o le falle?

MAB: Croes rhwng ysgol feithrin a puteindy. 'Di hynny'n
       ddigon plaen i chi?

       SAIB.

JOE: A beth am y dynion? Be am rheina?

       SAIB.

       Dwi'n gorfod gofyn Evan. Be ti'n gofio?

MAB: Roeddan nhw'n mynnu bo' ni'n clymu cadachau dros ein
       llygada.

JOE: Wnest ti'm gweld dim un ohonyn nhw?

MAB: Oeddan nhw'n gwisgo mygydau weithia.

JOE: Pa fath o betha?

MAB: Gwynebau bwystfilod. Oeddan nhw'n dychryn yr hogia
       lleiaf. SAIB. Roeddan nhw'n cysuro nhw wedyn. SAIB.
       Fel'na mae o'n gweithio. Dychryn. Cysuro. Dychryn.
       Cysuro. Dychryn. Cysuro.

       SAIB.

       Tan bo' chi'n edrych mlaen am y cysur – dim ots be
       oedd o.

JOE: A'r bechgyn craill oedd yna? Sgen ti enwau?

MAB: Doedd neb yn cael siarad.

JOE: Dim un enw mewn mwy na tair blynedd?

MAB: Ddown nhw ar fy ôl i.

JOE: Mae hynny'n annhebygol Evan.

MAB: Annhebygol?

JOE: Rho di unrhyw wybodaeth y galli di i ni, ac fe wnawn ni
         ein gorau glas i sicrhau bo' nhw byth yn mynd ar ôl neb
         eto.

MAB: Gorau glas? SAIB. Sori. Na! Dwi ddim yn cofio.
         MAE JOE YN MYND NÔL AT Y BAR.

JOE: Doedd o'm yn hawdd ei holi fo. Ond o'n i'n disgwyl
         hynny. 'Swn i'm 'di bod eisiau meddwl am y peth chwaith
         'swn i yn ei le o. Ac a bod yn onest er bo' ni 'di cael
         hyfforddiant, do'n i'm yn siŵr be i ofyn a be i beidio.
         Ond beth bynnag, yn sicr, doeddan ni'm yn cael y
         wybodaeth oeddan ni isio gynno fo.
         SAIB.

         Dwn i'm pryd wnes i ddechra sylwi, ond o bryd i'w
         gilydd, roedd 'na betha o'dd yn fy nharo i amdano fo.
         (WRTH Y FAM) Ydach chi wedi sylwi ar ...

MAM: Yr acen? Do. Ddim 'run peth â f'un i nac'di? Ond ma
         hynna i'w ddisgwyl dydi? Tydi o'm 'di siarad efo neb o
         fa'ma ers blynyddoedd nac'di.

JOE: Ia. O'n i 'di sylwi, ia – ond ddim yr acen, na – ei glustia fo!

MAM: Sori? Clustia?

JOE: Ia. Ydach chi 'di sylwi rhywbeth am ei glustia fo?

MAM: (YN CHWERTHIN) Naddo! Pam? Be sy mater efo nhw?
         MAE JOE YN CYMRYD HEN BOSTER 'MISSING
         PERSON' ALLAN O'I BOCED.

JOE: Ma'n nhw'n wahanol i'r clustia fan hyn.

MAM: Wel ydyn ma'n siwr! Ma hwnna'n hen dydi? Bachgen
         bach oedd o fan'na. Mae Evan 'di tyfu fyny. Mae o bron
         iawn yn ddyn rŵan dydi?

JOE: Dwi'n gwbod, ond sbïwch. Dim byd tebyg nac'di? Ydi siâp
         clustia pobl yn newid dwedwch?

MAM: (YN CHWERTHIN) Dwi'm yn gwybod. Ydi ma'n rhaid
         am wn i!

JOE: (WRTH Y BOBL YN Y BAR) Wrth i'r wythnosau fynd heibio roedd ei ymddygiad o'n gwaethygu, a phawb wrth gwrs yn trio peidio beirniadu rhyw lawer – achos pa hawl oedd gynnon ni, i feirniadu rhywun oedd wedi bod drwy uffern ac yn ôl? Roedd 'na broblemau mawr, roedd hynny'n amlwg. Oeddan ni'n disgwyl y gwaetha o ran ymddygiad a dyna be gaethon ni ...

MAE'R MAB YN ESGUS GYRRU CAR. MAE O'N GWNEUD SŴN Y CAR YN NEWID TRWY'R GÊRS, YN CYFLYMU, YN MYND ROWND CORNELI AR SBÎD, YN GORFOD OSGOI CAR ARALL, AR SBÎD. MAE'R HOLL BETH YN EGNÏOL A SWNLLYD IAWN. MAE'N RHAID I JOE WEIDDI ER MWYN I'W GYNULLEIDFA EI GLYWED.

Ffraeo efo perthansau. Colli tymer. Ffraeo efo tiwtoriaid. Cael ei ddiarddel o'r coleg lleol. Ymosod ar fachgen arall. Roedd o'n treulio oriau ar ei ffôn. Ffonio pob math o lefydd. Gwario ffortiwn. Gwybod yn iawn y basa'i fam o'n talu rhywsut. Ac wedyn, fe wnaeth o ddwyn car ei fam a gyrru am bron i ddiwrnod cyfan cyn iddo fo gael ei stopio a'i gymryd i'r ddalfa. Doedd ganddo fo ddim trwydded. Dim byd.

MAM: Evan yn gyrru?

JOE: Wnaeth yr heddlu ddim byd pellach unwaith iddyn nhw ddarganfod ... pwy oedd o.

MAB: 'Dach chi'n gwybod pwy ydw i?

JOE: Roedd o fel tase fo'n trio cosbi pawb am be oedd wedi digwydd iddo fo. SAIB. Beth bynnag. Roedd o drosodd. I mi beth bynnag. Ro'n i wedi chwarae fy rhan. Wedi gwneud fy ngwaith.

SAIB.

Dwi'm yn siwr pam mod i ddim wedi gadael petha fel'na.

'Swn i'n licio 'swn i wedi.

Dwi'n difaru.

Ma Joe meddw gachu yn difaru.

Barman! O, na hidia.

MAM: Evan. Brysia.

MAE'R MAB YN CERDDED AT Y GADAIR O FLAEN Y CAMERA. MAE O'N EISTEDD.

JOE: Roedd o'n cael ei gyfweld ar gyfer rhaglen ddogfen.

MAE DELWEDD FAWR O WYNEB Y MAB YN CAEL EI THAFLUNIO AR Y CEFNDIR GWYN WRTH IDDO FO GAEL EI FFILMIO.

MAB: O'n i ofn lot o'r amser o'n i yna. O'n.

JOE: O'n i yna. Yn gwylio …

MAB: O'n i'n meddwl am redeg i ffwrdd drwy'r amser.

JOE: Yn syllu arno fo'n mynd trwy'i betha…

MAB: Ond do'n i'm yn meddwl y byddwn i'n llwyddo i wneud be wnes i.

JOE: Yn syllu arno fo'n siarad yn nerfus gyda'r camera. Yn syllu ar y gwyneb 'na. Y llygadau …

MAB: Dod yn ôl. Dod adre. Gweld Mam a pawb eto.

JOE: Y llygada! Iesu! Llygadau brown oedd gan y bachgen yma. Llygadau glas oedd gan Evan. Disgrifiad y fam. Lluniau. Llygadau glas glas glas! (WRTH Y FAM) Edrychwch ar ei llygada fo!

MAM: Be?

JOE: Brown!

MAM: Dwi'n gwybod.

JOE: Be?

MAM: Dwi'n gwybod!

JOE: Ond Iesu …

MAM: Fe wnaethon nhw pob math o bethe i'r plant 'na.

JOE: Be?

MAM: Er mwyn newid eu golwg nhw. Rhag ofn i rywun eu gweld nhw. Eu nabod nhw. Neu falle fod well gynnon nhw fechgyn efo llygaid brown. Fe wnaethon nhw chwistrellu rhywbeth i lygaid Evan er mwyn newid y lliw.

JOE: Na!

MAM: Mae o'n meddwl falle ddaw y glas yn ôl efo amser. Bydd rhaid i ni holi. 'Swn i'n licio 'sa ni'n gallu. 'Swn i'n licio ei gael o yn ôl fel oedd o.

JOE: Dwi'm yn meddwl mod i wedi meddwl am oblygiadau'r amheuon oedd gen i, ond erbyn hyn roedd 'na rywbeth yn dechrau drewi. Dechreuais holi. Fforensig. Na! Tydi siâp sylfaenol y glust ddim yn newid ond wedi dweud hynny, roedd 'na debygrwydd rhwng siâp penglog y bachgen yma a phenglogau'r teulu. Meddyg. Na! Does 'na ddim byd all newid lliw llygadau glas yn frown. Ond mae 'na gyffur sy'n cael ei ddefnyddio i drin glaucoma sy'n tywyllu llygaid weithiau.

MAM: Seiciatrydd plant?

JOE: Ia.

MAM: 'Dach chi'n meddwl? 'Dach chi'n meddwl 'sa hynny'n gwneud lles iddo fo?

JOE: Aeth o i'w gweld hi. Na! Nid iaith gyntaf y bachgen yma oedd yr iaith oedd o'n siarad efo ni. Doedd o'n sicr ddim yn frodor o'r wlad yma. "Nid Evan ydi o felly?" Ym marn y seiciatrydd, ac ro'n i'n ei thrystio hi. "Naci. Yn bendant naci!". Oedd o'n gythraul o sioc!

MAM: Be 'dach chi'n drio'i ddeud?

JOE: Mae'n rhaid bo' chi'n gwybod.

         NID YW MAB YN YMATEB.

MAM: (WRTH JOE) Be?

JOE: Mae'n rhaid eich bod chi. Dwi'n amau ers ...

MAM: Evan, lle wyt ti?

         NID YW MAB YN YMATEB.

         (WRTH JOE) Be?

JOE: Dwi ddim yn meddwl mai Evan yw'r bachgen yn eich tŷ chi.

MAM: Be?

JOE: Mae'n ddrwg gen i.

MAM: 'Dach chi'm yn gall. Be sy'n bod efo chi?

JOE: (WRTH Y GYNULLEIDFA) Fe wnaethom ni gynnig poligraff iddo fo.

MAB: Poligraff?

MAM: I be? Pam?

MAB: Be dwi 'di neud?

JOE: Wnei di gymryd y prawf?

MAB: Pam dylswn i? Oes rhaid i mi?

MAM: Nac oes.

JOE: Wnei di?

MAE'R MAB YN MYND I EISTEDD AR Y GADAIR O FLAEN Y CAMERA. MAE EI WYNEB YN CAEL EI DAFLUNIO AR Y CEFNDIR GWYN.

(WRTH EI GYNULLEIDFA) 'Sa ni 'di gallu mynnu. Ond doedd dim rhaid. Cytunodd o i wneud y prawf celwyddau, a mwy na hynny cytuno i'r cwmni teledu oedd yn dilyn ei stori i ddarlledu'r prawf.

MAB: 'Dach chi'n gweld! Sdim pwynt i chi drio!

JOE: Wnaeth o basio. Wel hynny ydi, wnaeth o ddim methu! Roedd y poligraff yn amhenodol. Roedd 'na bosibiliad uchel, 62%, fod y bachgen yn dweud celwydda, ond roedd o'n ymddangos fel petai o wedi ateb nifer o gwestiynau allweddol yn onest.

MAM: Evan ydi o.

JOE: Ond do'n i'm am ei gadael hi fan'na. (WRTH MAB) 'Dan ni angen olion bysedd gen ti a phrawf gwaed, 'dan ni isio i ti gymryd un o'r rheini.

MAM: I be?

MAB: Rhowch lonydd i mi wnewch chi? (YN GOFYN AM HELP) Mam!

MAM: Ydi o wedi gwneud rhywbeth tra roedd o ffwrdd? Dyna be sy? (WRTH EVAN) Wyt ti? Sdim rhaid i ti boeni. Deud. (WRTH JOE) Dyna pam 'da chi'n ein plagio ni?

JOE: Naci. 'Dach chi'n gwybod pa ...

MAM: Evan?

MAE EVAN YN YSGWYD EI BEN I DDWEUD NA.

(WRTH JOE) 'Dach chi isio i mi ei golli fo eto? Ydach chi? 'Dach chi'n ei ddychryn o. 'Dach chi'm yn gweld hynny?

JOE: Fe aeth o i'r sbyty, i gael y prawf gwaed. Disgwyl ei dro, aros reit tan y funud olaf cyn colli ei dymer...

MAB: Ffyc off wnewch chi.

ACTORES: Iaith!

MAB: Ffyc off. Pam bo' chi gyd yn syllu arna i?

JOE: A gadael.

SAIB HIR.

Ond. Y noson honno, fe gafodd y fam newyddion. Wnaeth hi ddim dweud dim byd am rai dyddia. Alla'i ddeall hynny. Wnaeth hi ddim deud tan heddiw. Heddiw.

MAE FFÔN JOE YN CANU. Y FAM SY'N GALW.

MAM: Helo ... Fi sy 'ma ... mam ... mam Evan.

JOE: (WRTH EI GYNULLEIDFA) Isio i mi alw. Mae'r ddau yn gorffen yr alwad. Ma heddiw 'di bod yn ddiwrnod hir. Hir. Anodd.

MAE JOE YN MYND AT Y FAM I'R STAFELL FYW.

MAM: (WRTH JOE) Ffoniodd o ffrind i mi.

JOE: Evan?

MAM: Gofyn iddi hi fynd i nôl o adre o'r ysbyty.

JOE: 'Dach chi'n gwybod ei fod o wedi osgoi'r prawf gwaed?

MAE'R FAM YN DANGOS EI BOD HI. SAIB HIR.

MAM: Fe wnaeth fy ffrind ei yrru fo adref heibio'r fflatiau lle roedden ni'n arfer byw pan oedd o'n fach. Meddwl 'sa fo'n licio gweld y lle eto. Roedd Evan yn nabod pawb yn yr ardal yna. Dwi'm yn meddwl fod o 'rioed wedi maddau i mi am wneud iddo fo symud i fan hyn.

JOE: Doedd y bachgen yn y car ddim yn nabod y lle o gwbl nag oedd?

MAM: Na.

JOE: Ddim Evan ydi o naci?

MAM: Na.

JOE: Mae'n ddrwg gen i.

MAM: Ia. (SAIB. YN FLINEDIG) Be sy'n digwydd nesa? (WEDI DYCHRYN) Sut fod o'n gwybod cymaint amdanom ni?

JOE: Dwi'm yn gwybod.

MAM: Sut fod o'n gwybod yr holl bethau 'na?

JOE: Dwi'm yn gwybod eto.

MAM: Ella fod o 'di gweld Evan? 'Dach chi'n meddwl? Mae'n rhaid i chi ofyn iddo fo.

JOE: Bydd.

MAM: 'Dach chi'm yn meddwl fod o 'di gwneud rhywbeth i Evan ydach chi?

JOE: Alla'i ddim ateb hynny. Mae'n ddrwg gen i.

MAM: Na.

        SAIB HIR.

        O'n i'n gwybod.

JOE: O'n i'n meddwl y basa chi wedi dechrau amau ...

MAM: Na. (SAIB) O'n i'n gwybod o'r dechra.

JOE: Be?

MAM: Pan gerddodd o i mewn. Efo chi.

JOE: Dwi'm yn deall! O'r dechra?

MAM: Ia.

JOE: Pam na fasa chi wedi deud?

MAM: Ddim isio.

JOE: Ddim isio?!

MAM: O'n i isio fo'n ôl.

        SAIB

        Y diwrnod cyntaf. Pan es i ato fo, rhoi 'mreichiau o'i amgylch o, o'n i'n gwbod adeg hynny! Oedd o'n oeraidd.

        SAIB

Ac roedd Evan ... Mae Evan yn gynnes.

MAE'R FAM YN WYLO'N DAWEL.

JOE: (WRTH EI GYNULLEIDFA) Gwybod o'r dechra. Gwybod. Dim amau.

MAM: Mae Evan yn gynnes.

JOE: Gwybod. Ond ei gladdu fo'n ddwfn ddwfn.

Mam: (YN CRIO) Dwi'n sori Evan. Dwi'n sori. Evan madda i mi.

JOE: Dyna pryd wnes i sylweddoli cymaint oedd genna'i i ddysgu am golled. (MAE O'N ESTYN Y FODRWY ALLAN O'I BOCED) 'Dach chi'n gweld hon? (MAE'N LLUCHIO'R FODRWY) Cymerwch hi.

MAM: Plîs ewch â fo o 'ma. (YN WYLLT. AM Y MAB) Ewch â fo o 'ma wnewch chi.

JOE: Gwnaf, gwnaf. Peidiwch â phoeni.

SAIB.

(WRTH Y GYNULLEIDFA) Slowly slowly catchy monkey! Dyna oedd mam yn ddeud! Er, doedd Mam 'rioed wedi dal mwnci hyd y gwn i!

SAIB

Doeddan ni ddim isio ei ddychryn o. Roeddan ni wrthi'n brysur yn prosesu yr olion bysedd o'dd o 'di rhoi i ni. Gweld os oeddan nhw ar record yn rhywle. A ddim just yn y wlad yma. Dipyn o job! Fe es i allan efo fo ... siarad ... Mae'n rhaid fod o'n gwybod.

MAE JOE A'R MAB YN CERDDED.

"Evan" medda fi, "Fe ges i alwad ffôn heddiw gan dy fam. Mae hi'n poeni'n ofnadwy".

MAB: Joe.

JOE: Medda fo.

MAB: Ti'n gwybod yn iawn nad fy mam i ydi hi.

JOE: "OK" medda fi, efo'r hen galon 'ma'n rasio.

MAB: Ddim hi 'di fy mam i.

JOE: Medda fo wedyn...

MAB: A ddim Evan Wyn ydw i. Bernard Jarre ydw i.

JOE: Pwy?

MAE FFÔN JOE YN CANU. NID YW'N AMLWG PWY SY'N GALW.

(WRTH Y GYNULLEIDFA) Doedd dim rhaid i mi boeni, doedd Bernard Jarre ddim yn bwriadu dianc. (YN GORFFEN YR ALWAD FFÔN) Roeddan nhw wedi llwyddo i ddod o hyd i'w olion bysedd o, ac ia, Bernard Jarre oedd o. Nid o'r wlad yma.

MAB: Llydäwr ydw i.

JOE: Doedd o ddim yn ddwy ar bymtheg.

MAB: Dwi'n chwech ar hugain oed.

JOE: Ac roedd o wedi bod mewn helynt gyda'r heddlu ar hyd a lled gorllewin Ewrop. Roedd o wedi chwarae rhan llu o gymeriadau.

MAB: Ben Parker o Loegr, Antoni Gueyere o Mexico, neu Uruguay weithiau, James Morris, Robert Morris, a Charles Orion o ba bynnag wlad oedd yn ffitio'r plot. Marcel Selopin o Ffrainc, Peter Wilson o Awstralia ... Mae'n neis bod yn rhywun arall Joe. (FEL OWEN) Mae o.

JOE: Ac roedd gan bob un o'r cymeriadau dychmygol 'ma stori. Un drist ran amlaf. Ym Manceinion, fe ddwedodd o wrth y Gwasanaethau Cymdeithasol ei fod o wedi cael ei werthu i gwpl o Iwerddon oedd wedi ymosod yn rhywiol arno fo. Yn Turin, dianc rhag rhieni maeth oedd wedi'i gamdrin o'n rhywiol oedd o. Yn Brwsel llewygodd ar y stryd oherwydd ei ddioddefaint. Yn Glasgow llewygu mewn siop wnaeth o.

MAM: Bastard! Bastard! Os wyt ti wedi brifo Evan fe ladda'i chdi.

JOE: Doedd o ddim yn nabod Evan. Gweld poster wnaeth o rhywle. Dilyn y poster i fyny. Fo oedd y gweithiwr cymdeithasol wnaeth ffonio fi o Linares.

MAB: (MEWN ACEN SBAENEG) Señor?

JOE: Fe aeth o, fel Evan wedyn, at yr heddlu'n fan'na i ddweud ein bod ni'n chwilio amdano fo. Dweud y basa ni'n cysylltu â nhw. Gwrthod siarad dim mwy efo nhw ar wahân i hynny. Ato fo wnaethom ni ddanfon holl fanylion y teulu ...

MAM: Bastard. Bastard!

JOE: Stori oedd bob dim ddwedodd o wrthom ni'n fan hyn. Bastard. Pam na fasa fo wedi deud fod o 'di taro'i ben, wedi anghofio bob dim neu rhwbath fel'na? Pam bod o 'di dewis stori oedd yn torri calon y fam i wrando arni hi?

MAM: Bastard.

OWEN: Dwi'n gwybod pam!

JOE: Dwi 'di gweld poen. By-product yn fy ngwaith i. Ond dwi 'rioed 'di gweld poen fel ei phoen hi.

MAM: Evan. Evan lle wyt ti?

OWEN: Ei phoen hi? Pam fod o'i gyd am ei phoen hi?

JOE: Roedd rhaid i mi ei gadw fo'n siarad. Roedd warant i'w arestio fo ar y ffordd ... Er Duw a ŵyr be fydd yr achos yn ei erbyn o. Ei fod o wedi elwa trwy dwyll i gael lloches a bwyd ... gwastraffu adnoddau. Fydd o'm yn cael be mae o'n haeddu am y boen mae o 'di achosi, dwi'n gwybod hynny.

OWEN: Y boen mae *o* 'di achosi?

JOE: Duw a ŵyr pa fath o ddrygioni oedd ganddo fo mewn golwg.

OWEN: Doedd ganddo fo ddim byd mewn golwg! 'Dach chi'n gwybod hynny!

JOE: Dim ond diolch ein bod ni wedi darganfod y twyll mewn pryd.

OWEN: 'Dach chi'n gwybod stori Bernard gystal â fi!

JOE: Mae'n rhaid ei fod o'n gwybod fod y warant yn dŵad ond wnaeth o ddim ymdrech i ddianc. Wnaeth o ddim cynhyrfu dim. Wnaeth o ddim symud ... Dim ond siarad.

OWEN: Y cwbl oedd o isio oedd cariad Mam.

(FEL MAB) Doedd Mam ddim yn licio fi o'r dechra.

(YN DYNWARED MAM BERNARD) "Dwi'n dy alw di'n fastard achos dyna be wyt ti. Sgen ti'm tad nag oes y bastard bach? Wel 'na ni ta!"

Gofynna wrth Mam, Joe, os gei di gyfle, os ydi hi'n licio Bernard ai peidio. Dydi hi ddim. – Wnaeth hi roi fi i Nain a Taid cyn gynted ag oedd hi'n gallu. Dwi 'rioed 'di deall hynny. A pan o'n i'n saith fe wnaethon nhw roi fi mewn cartref plant. Pan o'n i'n undeg chwech ges i'n symud eto. Plant hŷn oeddan nhw'i gyd yn fanna. Wnes i ddechra rhedeg i ffwrdd Joe. Lot o resymau. A deud celwydd. Wrth yr heddlu. Dwi'di arfer deud storïa Joe, ers 'r adeg yna.

Dwi'm yn ddrwg. Ond dwi'm isio tyfu i fyny. Ond 'di hynny'm yn drosedd nac'di? Dwi'n licio sylw. Dwi'm 'di cael fy mhlentyndod eto nac'dw? Dwi'n deud storïa. Perswadio pobl i ofalu amdana'i. Dwi'n meddwl amdano fo fatha gwaith. Ia. Ffeindio cariad 'swn i'n ddweud yw fy ngwaith i.

JOE: Fe ddaeth y warant. Fe wnaethon nhw'i gymryd o,
Yn y carchar fydd o rŵan am gwpl o fisoedd mae'n siŵr,
cyn bod ei achos llys o. Ma'r petha ma'n cymryd amser
dyddia 'ma. "Llwyddiant ysgubol Joe" Diolch Gov. Grêt.
Diolch.

MAM: Lle ma Evan, Joe? Lle mae o?

JOE: Medda hi. (YN FLIN) Iesu dwi'm yn gwybod nac'dw!
Dwi'm yn gwybod. 'Di'r fam yna dal ddim yn gwybod lle
mae ei mab hi. A dyma fi. Fa'ma. Efo chi. Grêt! Dathlu!
Meddwi. SAIB. Ddwedes i fod gen i stori i chi'n do?
'Na fo! 'Dach chi wedi ei chlywed hi.

ACTORES: (WRTH Y GYNULLEIDFA) 'Di'r fam dal ddim yn
gwybod ble mae Evan.

ACTOR: Ma'r fam yn dal i ddioddef. Diolch am wrando. A sori fod
petha ddim 'di mynd cweit fel oeddan ni wedi'i fwriadu ...

OWEN: Hang on! Be am Bernard?

ACTOR: Mae o'n wir cofia. Be wnaeth o i'r ddynas 'na. 'Sa crogi'n
rhy dda iddo fo.

OWEN: Cariad oedd o angen. A cha'th o mohono fo. 'Di Mam Bernard ddim yn cael ei chosbi nac'di? Y cwbl oedd Bernard isio oedd bod yn fab. Cael bod yn fab i fam oedd yn cymryd gofal ohono fo. 'Di hynna'm yn ormod i ofyn nac'di? Ond 'di Mam pawb ddim isio nhw nac'di? Ar Mam Bernard oedd y bai am beth ddigwyddodd 'sa chi'n gofyn i mi. A dwi'm yn ei feio fo am fod isio cosbi rhywun am beth wnaeth hi iddo fo.

ACTOR: Iesu! Paid â chymryd petha cymaint o ddifrif wnei di! Faint 'di dy oed di?

ACTORES: Ia! Tyd!

OWEN: Just gad lonydd i fi wnei di. Dôs i roi mwytha i Osian neu rhwbath. Fydd o'n crio betia'i – ddim yn gwybod lle wyt ti.

ACTOR: OK, OK. Cymra fo allan ar rhywun arall wnei di! Beth bynnag ddiawl ydi o sy'n dy gorddi di. Neu cymra fo allan ar y back-drop 'na yli, pan ti'n 'llnau y paent 'na off heno. Ti'n deall? Heno! Dwi'n mynd am beint.

ACTORES: (YN CYFEIRIO AT EI WISG AYYB) Fel'na?

ACTOR: Ia. Ti'n dod?

ACTORES: Ym wel – dylswn i fynd syth adra deud gwir.

ACTOR: Tyd 'laen! Bydd Osian yn cysgu. (YN TRIO PERSWADIO) Mi fydd o!

ACTORES: Wel ... bydd ma'n siwr. Owen? Ti'n dod efo ni?

ACTOR: Duw gad lonydd iddo fo! (WRTH Y GYNULLEIDFA) Sori! (YN YMBALFALU AM RHYWBETH I'W DDWEUD) Welwn ni chi ... rhywbryd eto! Gobeithio!

MAE'R ACTOR A'R ACTORES YN GADAEL. YN SIARAD AM Y PERFFORMIAD YN DAWEL WRTH FYND.

ACTOR: 'Bloody hell'!

ACTORES: Dwi'n gwybod!

ACTOR: Dwi'm yn meddwl mai arnan ni o'dd y bai i gyd chwaith wyt ti?!!

SAIB.

MAE OWEN YN EISTEDD AR EI BEN EI HUN.

(WRTH Y GYNULLEIDFA) Sori. (WRTH Y TECHNEGYDD) Ga'i weld y fideo cyntaf 'na eto?

MAE'R FIDEO YN CAEL EI DAFLUNIO ETO AR GEFNDIR GWYN OND HEB Y GERDDORIAETH. MAE OWEN YN GWYLIO AM SBEL. YNA MAE'N CODI AC YN GWYLLTIO.

(WRTH Y GYNULLEIDFA) Ewch chi adra hefyd os liciwch chi.

AM Y BECHGYN YN Y FIDEO.

Hogia. Yn loetran ar gyrion eich bywydau chi. Prin bo' chi'n sylwi arnyn nhw. Anweledig. Tan bo' nhw'n neud rhywbeth 'de, sy ddim yn plesio. Bernard druan. Ac arnyn nhw mae'r bai am beth bynnag maen nhw 'di neud i dynnu'ch sylw chi 'de, a ddim ar y fam ddaru'u magu nhw. Anweledig. Neb – isio chi.

MAE O'N TARO'R GADAIR DROSODD.

Wnaeth yr heddlu bigo mam i fyny. Fy mam i rŵan. Fi. O'dd hi'n bwrw glaw. Crwydro allan o flaen traffic o'dd hi. O'n i efo hi. Mewn blanced. Pathetig. 'Dach chi'n gallu dychmygu fi? Cwpl o fisoedd oed. Nath rhywun ddeud 'tha fi blynyddoedd wedyn bod hi 'di trio bwydo fi – brechdan gaws a coffi! Du! Pathetig 'de? O'n i just a trengi. Gaethon ni'n gwahanu. Fues i nôl efo hi cwpwl o weithia. Ond doedd hi'm yn gallu edrych ar ôl hi ei hun, heb sôn amdana i. O'dd o'm yn sâff i fi fod efo hi. Ond sut dwi fod i ddeall hynny?

Plentyn ydw i! Sut mae plentyn i fod i allu gwneud synnwyr o gyflwr pen oedolyn? Mam oedd hi, a doedd hi ddim yna i fi. Sut o'n i fod i ddeall hynny? Ydw i fod i allu maddau iddi hi?

Doedd 'na neb yn gwybod pwy oedd 'y tad'. Dad. Fy nhad i. Ma'n siŵr bo' hi ddim chwaith. Fues i mewn cwpwl o gartrefi. Lot o flynyddoedd o hynny! Ond 'di gofal ddim ddim 'run peth â chariad nac'di? Wnes i redeg i ffwrdd ... mwy nag unwaith. 'Sa chi wedi hefyd.

MAE O'N CODI'R POT PAENT GAN FWRIADU EI
LUCHIO FO OND YN LLE HYNNY MAE'N RHOI'R
BRWSH YN Y PAENT A'I SYCHU FO AR EI GRYS-T FEL
BO'R COCH YN LLIWIO ARDAL EI FREST O. MAE
O'N SIARAD WRTH WNEUD.

Trwch blewyn sy 'na rhwng Bernard Jarre a fi. Trwch
blewyn. Y ddau ohonom ni'n hapusach yn bod yn rhywun
arall. Mae o'n neis bod yn rhywun arall. Mae o. Yn enwedig
os 'dach chi'n cael eich talu 'fatha fi. Ond 'dach chi'n
meddwl 'sa Bernard wedi gwneud be wnaeth o petai ei
fywyd fo'i hun werth ei fyw? 'Sa fo ddim. A 'dach chi'n
meddwl fod ei storïau o'n hollol ddi-sail? Mai dychymyg
oedd o i gyd? Efo'i gefndir o? Go brin. ... (YN GAFAEL
YN EI FREST) Ma Bernard fama. Dwi'n ei deimlo fo.
Roedd o'n fab i rywun ac mi ga'th o ei siomi. Ac mae
hynny yn brifo. Mae o'n brifo dwi'n deud 'tha chi. A ma'n
anodd peidio chwara 'to type' ar ôl hynny. Mynd y ffordd
ma pawb yn ddisgwyl i chi fynd. Ond mae rhai ohonom
ni'n gryf, a mae rhai ohonom ni'n goroesi. 'Dach chi'n fy
nghlywed i? Edrychwch arna i. Dwi yma dydw.

'Dach chi'n gwrando. Sbïwch arna i.

SAIB HIR. YN LLONYDD.

Wnaeth Mam farw bore 'ma. Wnaethon nhw ffonio. Yr
heddlu. Dwi'm yn gwybod sut wnaeth hi bara mor hir.
Dwi'm yn meddwl fod gen neb yr hawl i fod yn gymaint
o lanastr ag o'dd hi, os oes gynnon nhw blant. 'Dach chi?

Wnaethon nhw ddeud ma mygu ddaru hi, chwdu wedyn
mygu. Chwdu.

Mygu. Beth bynnag wnaeth hi, doedd hi 'rioed isio fi.
Doedd Mam ddim isio fi. A wnes i ddim byd o gwbl i
haeddu hynny.

SAIB.

Ges i gyfle – amlwg dydi, neu faswn i ddim fan hyn o'ch
blaenau chi. Rhywle sâff i fyw, pobl ffeind o 'nghwmpas i.
Brecwast amser brecwast, cinio amser cinio, dillad glân,
ysgol. Gwely amser gwely. Parch! Ac fe wnaeth 'na

rywbeth glicio (YN PWYNTIO AT EI BEN) Fan'na.
A doedd hi ddim rhy hwyr. Lwc oedd hynny.

O'n i'n lwcus. Doedd Bernard ddim. Doedd o ddim yn
lwcus, A dyna ei diwedd hi. Dyna ei, diwedd hi.

MAE'R MAB YN LLONYDD AR Y LLWYFAN AM
FOMENT CYN GADAEL. MAE'R FIDEO YN RHEDEG
I'R DIWEDD. CAWN EIN GADAEL YN GWYLIO
DELWEDD YR OLWYN BEIC YN TROI A THROI
A CHLYWN GLIC CLIC CLIC YNA TAWELWCH.

TYWYLLWCH.

Llyfryddiaeth

Adams, Carol J., *The Sexual Politics of Meat* (New York and London: Continuum, 2010).

Adams, David, 'Played in Wales', *The Guardian* (Awst 8 1988), t. 39.

Adams, G., 'Speaking to the Nation' yn A-M. Taylor (gol.), *Staging Wales, Welsh Theatre 1979–1997* (Caerdydd: Gwasg Prifysgol Cymru, 1997), tt. 167–173.

Aston, Elaine, *An Introduction to Feminism & Theatre* (London: Routledge, 1995).

Aston, Elaine, *Feminist Views on the English Stage: Women Playwrights 1990–2000* (Cambridge: Cambridge University Press, 2003).

Barba, Eugenio, *The Floating Islands, Reflections with Odin Teatret* (Holstebro: Thomsens Bogtrykkeri, 1979).

Blandford, S., 'Theatre and Performance in a Devolved Wales' yn S. Blandford (gol.), *Theatre and Performance in Small Nations* (Bristol: Intellect, 2013), tt. 51–70.

Blum, Deborah, 'The Imperfect Myth of the Female Poisoner', https://www.wired.com/2013/01/the-myth-of-the-female-poisoner/

Bottoms, Steven a Matthew Goulish, *Small Acts of Repair: Performance, Ecology and Goat Island* (London: Routledge, 2007).

Bradbury, David and David Williams, *Director's Theatre* (London: Macmillan, 1988).

Braun, Edward, *The Director and the Stage. From Naturalism to Grotowski* (London: Methuen, 1982).

Churchill, Caryl, *Top Girls* (London: Methuen, 1982).

Conley, Verena, *Hélène Cixous: Writing the Feminine* (Lincoln: University of Nebraska Press, 1991).

Conroy, Colette, *Theatre and the Body* (London: Palgrave Macmillan, 2009).

Davies, Nick, 'The Vanishing. Did this boy come back from the dead?' *The Guardian Weekend.* 17/10/1998.

Eberstadt, Mary 'Is Food the New Sex?' (Hoover Institution, Stanford University, 2009) https://www.hoover.org /research/food-new-sex, cyrchwyd 7/10/2020.

Elis, Meg, 'Chware â'r Gwir a Geiriau', *Barn* (Hydref 1998), t. 10.

Elam, Keir, *The Semiotics of Theatre and Drama* (London: Methuen, 1980).

England, Iwan, 'Gŵyl Y Theatr', *Golwg*, 5 Awst 1998. t. 22.

Griffiths, Paula, 'Dewrder artistig, addewid – a siom', *Y Cymro*, 19 Awst 1992, t. 10.

Grieg, David, *Sarah Kane: Complete Plays, Blasted Phaedra's Love, Cleansed, Crave, 4:48 Psychosis* (London: Methuen, 2001).

Grotowski, Jerzy, *Towards a Poor Theatre* (London: Eyre Methuen, 1976).

Gurton-Wachter, Lily. 'The Stranger Guest: The Literature of Pregnancy and New Motherhood', *LA Review of Books*, 26 July 2016.

Handke, Peter, *Plays: 1. Offending The Audience, Self Accusation, Kaspar, My Foot My Tutor, The Ride Across Lake Constance, They are Dying Out* (London: Methuen Drama, 1997).

Harvie, Jen, *Staging the UK* (Manchester: Manchester University Press, 2005).

Hughes Jones, Lis, 'Atebion a Chwestiynau Actorion', *Y Faner,* 19 Tachwedd 1982,. t. 11.

Hopkins, Eirwen, *Nid Ar Chware Bach* (Caerdydd: Argraff, 2005).

Jones, A., 'Cymru Cenedligrwydd a Theatr Genedlaethol' yn L. Lewis ac A. Jones (goln.), *Ysgrifau ar Theatr a Pherfformio* (Caerdydd: Gwasg Prifysgol Cymru, 2013), tt. 35–114.

Jones, Anwen, *National Theatres in Context, France, Germany, England and Wales* (Caerdydd: Gwasg Prifysgol Cymru, 2007).

Keatley, Charlotte, *My Mother Said I Never Should* (London: Methuen, 1994).

Kirkwood, Lucy, *The Children* (London: Nick Hern Books, 2016).

Kristeva, Julia, 'Women's Time' (1981), yn Toril Moi (gol.), *The Kristeva Reader* (New York: Columbia University Press, 1986), tt. 187–213.

Lehmann, Hans-Thies, *Postdramatic Theatre* (London: Routledge, 2006).

Lecoq, Jaques, *The Moving Body: Teaching Creative Theatre* (London: Methuen, 2009).

Lewis, Lisa, 'Cabaret Cymreig', *Golwg*, Medi 1992. t. 25.

Manate, Virgine, *Grotowski, Women and Contemporary Performance* (London: Routledge, 2015).

Minier, Marta, 'Translating Welsh Drama into Hungarian Through English: A Contextual Introduction to Sera Moore Williams' *Crash* in Hungarian Translation', *AHEA: E-Journal of the American Hungarian Educators Association*, Volume 6 (2013): http://ahea.net/e-journal/volume-6-2013/17, tt. 1–11.

Morse, Toby O'Connor, 'Break, My Heart/A Slag's Gig. Sherman Theatre, Cardiff', *The Independent*, 17 Mehefin 1997.

Nagy, Phyllis, *Nagy Plays: 1: Weldon Rising, Disappeared, the Strip, Butterfly Kiss* (London: Bloomsbury, 1988).

Owen, Roger, *Ar Wasgar: Theatr a Chenedligrwydd yn y Gymru Gymraeg 1979–1997* (Caerdydd: Gwasg Prifysgol Cymru, 2003).

Owen, R., '"Irreducible Diversity": On a dispersed Welsh language National Theatre 1979–1997', Theatre Supplement *New Welsh Review* 63 (2004), tt. 74–81, http://www.theatrewales.co.uk/nwr_pdfs/NWR63%20Theatre%20section%20(low).pdf

Owen, R., 'Theatre in Wales in the 1990s and beyond', in Baz Kershaw (ed.), *The Cambridge History of British Theatre,* vol 3, since 1895 (Cambridge: Cambridge University Press, 2004), tt. 485–497.

Pearson, Mike, *Site-Specific Performance* (London: Palgrave Macmillan, 2010).

Pearson, Mike, *Theatre/Archaeology* (London: Routledge, 2001).

Pearson, M., 'The Script's Not the Thing', *New Welsh Review* 27, Gaeaf 1994, 64–71.

Pfister, Manfred, *The Theory and Analysis of Drama* (Cambridge: Cambridge University Press, 1991), tt. 7–9.

Price, Tim and Kate Wasserberg, *Contemporary Welsh Plays* (London: Bloomsbury, 2015).

Rees, Mair, *Y Llawes Goch a'r Faneg Wen, Y Corff Benywaidd a'i Symboliaeth mewn Ffuglen Gymraeg gan Fenywod* (Caerdydd: Gwasg Prifysgol Cymru, 2014).

Richards, Thomas, *At Work with Grotowski on Physical Actions* (London: Routledge, 1995).

Roberts, G, M., 'Methu Torri dros y Tresi? Y Ferch a Theatr Gyfoes Gymraeg', *Taliesin*, 105/6 (Gwanwyn/Haf 1999), 58–73.

Ros, N., 'Leaving the Twentieth Century: New writing on the Welsh-Language Mainstage 1979–1995', yn A-M. Taylor (gol.), *Staging Wales, Welsh Theatre 1979–1997* (Caerdydd: Gwasg Prifysgol Cymru, 1997), tt. 18–32.

Ros, N. and G. Harper, (eds), *Studies in Theatre and Performance*, Wales Special Issue, 24:3, 2004.

Ros, Nic, 'Y Gymraes yn Esgor ar Fab', *Barn*, 462–463 (Gorffennaf/Awst 2001), 103.

Schechner, Richard, *Performance Studies: An Introduction* (London: Routledge, 2002).

Simonsen, Barbara (gol.), *The Art of the Rehearsal: Conversations with Contemporary Theatre Makers* (London: Bloomsbury Methuen, 2017).

Stephenson, Heidi and Natasha Langridge, *Rage and Reason: Women Playwrights on Playwriting* (London: Methuen,1997).

Tannahill, Jordan, *Theatre of the Unimpressed: In Search of Vital Drama* (Toronto: Coach House Books, 2015).

Taylor, A-M., 'Surviving on the Edge, Patterns of Contemporary Theatre-Making', yn A-M.

Taylor (gol.), *Staging Wales, Welsh Theatre 1979–1997* (Caerdydd: Gwasg Prifysgol Cymru, 1997), tt. 34–46.

Taylor, Diana, *The Archive and the Repertoire, Performing Cultural Memory in the Americas*, (Durham and London: Duke University Press, 2003).

Walford Davies, Hazel, *State of Play: Four Playwrights of Wales* (Llandysul: Gwasg Gomer, 1998).

Walford Davies, Hazel, 'Wanted: a new Welsh mythology' *New Welsh Review*, 27 (Gaeaf, 1994), tt. 54–61.

Warner, Marina, *From the Beast to the Blonde: On Fairy Tales and Their Tellers* (London: Vintage, 1999).

Warner, Marina, *Six Myths of our Time: Managing Monsters. The Reith Lectures 1994* (London: Vintage, 1994), tt. 65–79.

Williams, Ioan, 'Gofod Theatr' yn A. Jones a L. Lewis (goln.), *Ysgrifau ar Theatr a Pherfformio* (Caerdydd: Gwasg Prifysgol Cymru, 2013), tt. 1–28.

Williams, Ioan, 'Towards national identities: Welsh theatres' in B. Kershaw (ed.), *The Cambridge History of British Theatre,* vol 3, since 1895 (Cambridge: Cambridge University Press, 2004), tt. 242–272.

Williams, Ioan, *Y Mudiad Drama yng Nghymru 1880–1940* (Caerdydd: Gwasg Prifysgol Cymru, 2006).

Williams, S. M., 'My Problem Sometimes', *New Welsh Review* 6/12/04, tt. 92–95, http://www.theatre-wales.co.uk/nwr_pdfs/Theatre%20 Section%2066.pdf

Young, Iris Marion, *On Female Body Experience: 'Throwing Like a Girl' and Other Essays* (Oxford: Oxford University Press, 2005).

Yorke, John, *Into the Woods. How Stories Work and Why We Tell Them* (Harmondsworth: Penguin Books, 2013).

Zarrilli, Phillip B., *Acting (Re)Considered* (London: Routledge, 1995).

Gwefannau:

Harris, Simon, 'Policy Review of Anglo-Welsh Culture. The history of drama is a history of new plays', Cynulliad Cymru, 2003, http://www.assembly. wales/ committee%20documents/ cc%2005-03 (p.6)%20simon%20 harris%20paper-12032003-9924/n000000000000000000 0000000007889-english.pdf

http://www.christinewatkins.co.uk/

http://www.senedd.assembly.wales/documents/s49404/Women%20mean%20 Business.pdf

http://www.theatre-wales.co.uk/plays/index.asp

https://writersguild.org.uk/wp- content/uploads/2015/02/WGGB_booklet_ nov12_ engaging_i. pdf

Gwybodaeth am HONNO

Sefydlwyd Honno y Wasg i Fenywod Cymru yn 1986 gan grŵp o fenywod oedd yn teimlo'n gryf bod ar fenywod Cymru angen cyfleoedd ehangach i weld eu gwaith mewn print ac i ymgyfrannu yn y broses gyhoeddi. Ein nod yw datblygu talentau ysgrifennu menywod yng Nghymru, rhoi cyfleoedd newydd a chyffrous iddyn nhw weld eu gwaith yn cael ei gyhoeddi ac yn aml roi'r cyfle cyntaf iddyn nhw dorri drwodd fel awduron. Mae Honno wedi ei gofrestru fel cwmni cydweithredol. Mae unrhyw elw a wna Honno'n cael ei fuddsoddi yn y rhaglen gyhoeddi. Mae menywod o bob cwr o Gymru ac o gwmpas y byd wedi mynegi eu cefnogaeth i Honno. Mae gan bob cefnogydd bleidlais yn y Cyfarfod Cyffredinol Blynyddol.

Am ragor o wybodaeth ac i brynu ein cyhoeddiadau, os gwelwch yn dda ysgrifennwch at Honno neu ymwelwch â'n gwefan:

www.honno.co.uk

Honno
D41, Adeilad Hugh Owen
Prifysgol Aberystwyth
Ceredigion, SY23 3DY